墨子引读

苏凤捷　程梅花　著

河南大学出版社
HENAN UNIVERSITY PRESS
·郑州·

图书在版编目（CIP）数据

墨子引读 / 苏凤捷，程梅花著 . -- 郑州 : 河南大学出版社，2024.12

（中华元典引读丛书 / 李振宏主编）

ISBN 978-7-5649-5880-0

Ⅰ . ①墨… Ⅱ . ①苏… ②程… Ⅲ . ①《墨子》 Ⅳ . ① B224

中国国家版本馆 CIP 数据核字 (2024) 第 093311 号

墨子引读
MOZI YINDU

总 策 划 孔令刚
责任编辑 时二凤
责任校对 王 珂
封面设计 翟淼淼
出版发行 河南大学出版社
地址 : 郑州市郑东新区商务外环中华大厦 2401 号
邮编 : 450046 电话 : 0371-86059701（营销部）
网址 : hupress. henu. edu.cn
排 版 郑州印之星数字文化产业有限公司
印 刷 河南印之星印务有限公司
版 次 2024 年 12 月第 1 版
印 次 2024 年 12 月第 1 次印刷
开 本 889 mm × 1194 mm 1/32 **印 张** 15. 375
字 数 285 千字 **定 价** 65. 00 元

序

中华元典创生于春秋战国的大变革时代。自夏以来的中国早期文明社会，到周代的分封制度达到成熟阶段，这一社会形态的国家政体是贵族制。以中央王朝的国君即天子为一权力主体，以公卿士大夫即贵族为另一权力主体，世袭国君和世袭贵族通过宗亲和姻亲血缘纽带组成一个统治网络，代代相传、永恒不变地占据着国家政治生活、经济生活和文化精神生活的中心。这样一个贵族制社会从夏开始，一直延续了一千多年，到公元前 770 年周平王东迁，终于走向了它的衰落和蜕变。平王东迁作为一个象征性事件，标志着一个新时代的开端。春秋时期，王室衰微，礼崩乐坏，历史表面的混乱局面，掩盖着深层的历史潜流，人们往往用“春秋无义战”来描述这个时代；但历史一进入战国时期，其演变的本质便显示出来。战国时期各国变法的主流揭示，从春秋开始的这场历史大动荡，预示着一个崭新的历史时代的到来，它是一场社会形态的变革，是中国历史从贵族政治向官僚政治的过渡。

大凡历史剧烈动荡的岁月，给人们的启迪也往往更加丰富和深刻。历史的大动荡，亵渎了一切传统的神圣的东西。传统的政治体制逐渐坍塌，传统的意识形态、社会观念、思想文化遇到了前所未有的挑战。历史何以会发生这样剧烈的变革和动荡，在动荡中崩溃的社会应该以怎样的模式重新塑造等等，一系列带有世界观、历史观、社会观性质的问题，逼迫着人们去思考，去回答。于是，在思想文化领域，展开了一场长达三百年的百家争鸣。正是在这场反省历史、洞察现实、描绘未来的思想运动中，古圣先贤们为我们提供了一批支配后世民族文化发展的中华元典。这批中华元典，诸如《周易》《诗经》《尚书》《春秋》《礼记》《老子》《庄子》《论语》《墨子》《管子》《商君书》《韩非子》等等，是夏商周以来古典传统文化的积淀和结晶，又是新旧时代交替的历史启迪；它既积累了中华先民两千年文明史的卓越智慧，又是对一个新的历史进程的揭示和预见，充当了一个新时代的号角和先声。

中华元典是春秋战国这个特定时代的产物。一方面，社会历史在政治、经济上所经历的深刻变迁，给当时的思想家们以深刻的历史启迪，使其著作具有其他时代所无法比拟的深刻性；另一方面，传统社会坍塌的剧烈震撼，促使人们从历史的根本点上思考问题，从而使当时人们所提出的问题，多具有世界观、历史观和人生观的性质，具有比较广泛的普遍性价值或意义。

三十年前，冯天瑜先生在《元典文化丛书·序》中说：

> 历史的辩证法反复昭示：发展不是简单的生长和增进，它往往不一定呈直线式进步，而是通过一系列螺旋式圈层实现的。这样“回复”便不总是重复往昔，而可能是一种上升的形式，是“唤醒”事物在其开端时即已蕴蓄着的可能性的一种形式。作为由具有自觉意识的人类创造的文化，也生动地展现着螺旋式的发展轨迹，如欧洲“文艺复兴”的崇尚古希腊、“宗教改革”的服膺《圣经》，便是对“元典精神”的发扬和再造，而欧洲文化正是在这种“回复”中赢得历史性进步的。这种向“文化元典”汲取灵感，获得前进基点的现象在中国也多次出现，著名的“古文运动”便是典型事例。考之以中国近现代思想文化史，这种“返本开新”“以复古为解放”，即回归元典精神以求新变的情形也俯拾即是。

冯天瑜先生所讲人类思想史上这种不断发生的“返本开新”现象，佐证了元典的不朽性。的确，中国先秦时代所产生的文化元典，就有其不朽性。大致说，元典的不朽性主要取决于两个方面：

其一，它所提出的问题具有普遍性意义，是不同时代人们所关注的共同性问题，处在不同历史条件下的人们，都能从元典的阐述中汲取智慧，都能使自己的思考追溯到人类智慧的最初观照。譬如在元典中一再提出的如下问题："天人之辨"（人与自然的关系）、"人性之辨"（关于人的本性善恶的思考）、"义利之辨"（社会道义与经济利益的关系）、"刑礼之辨"（刑法治理与礼制教化的关系）等等，这些问题对于两千多年的传统社会来说，无疑都是不朽的课题，像"天人之辨""人性之辨""义利之辨"等，还具有普遍的人类意义。

其二，"中华元典"的不朽性，还在于它对以上基本问题的解决，给后人的思考提供了一种具有高度抽象性的哲理性回答，从而使人们可以从各种角度受到它的启迪。在人类认识的早期时代，人们还不可能对自然界和社会进行解剖、分析，自然界和人类社会只能被作为一个整体去观察，从而得出混沌的整体性认识。这种认识，一方面有它不精确不完善的特点，而另一方面则使它有可能包含了对自然界和人类社会整体联系性的不少天才猜测。例如《老子》中的"道"，《周易》中的运动观、发展观、变易观，《论语》中孔子的仁学思想体系，等等，都是对自然变化之道，人的社会属性的整体性、哲理性把握；而这种把握，则是其后人们借以展开自己思想的重要基础。“中华元典”在后世人们借以发挥自己思想创造的过程中，一再证明着自己的生命力和不朽性。

然而，从历史唯物主义的观点看问题，“中华元典”也不可避免地具有其历史局限性，世界上没有任何一种理论观点、学说体系具有超历史的价值和意义。每一时代的理论思维，“都是一种历史的产物”，都有它所适应的、能够发挥其作用的历史环境；一旦历史条件发生了根本性的变更,它的作用就将丧失或者发生相应的改变。“中华元典”作为一种理论思维的历史成果，它的基本内容，它所提出的各种命题的具体内涵，都不能不具有这种历史性质。这个历史性，既是它在其后两千多年传统社会中能够发挥重要作用的原因，也同时决定了它的局限性。解读和阐释文化元典，就是发扬或转换其不朽性，而正视其局限性，以确保在文化传承中保持清醒的头脑，秉持科学的态度。

解读元典文化精神，研究、传承和弘扬优秀传统文化的工作，已经进行了很多年，有了颇为丰硕的成果。然反省其研究状况，还是存在某些缺憾。

一是研究大多还集中在知识精英阶层，而把对元典思想的阐释变成广大社会公众的精神食粮，还有许多工作要做。

二是就社会大众的元典文化阅读来说，所做的工作多是集中在直接的普及方面，侧重对元典文献的注释或翻译，以为社会大众借助白话读本就可以进入元典精神的世界，就完成了元典文化的普及，而这是有认识上的误区的。

三是社会大众直接阅读元典译本，并不能对元典文化的历史作用有深刻的认识，而研究元典文化或者普及元典文化精神，其最终目的是帮助社会大众认识我们的文化国情，使人们知道民族精神的来龙去脉，知道今人的思想、思维、价值观念、心理观念之来源，清醒而理智地看待传统文化，继承和弘扬优秀传统文化。

河南大学出版社策划出版的这套“中华元典引读丛书”，目的就在于弥补以上缺憾。这套丛书的特色是：读者一书在手，既可窥见一部元典的思想要旨，又可明了其全方位历史影响，进入元典文化生成与发展的历史世界。这是真正地认识中华元典文化精神的导读丛书，是写给普通读者的书。

既是为社会大众提供适宜的元典导读，就必须在著作的科学性、导向性上下功夫。我们力求用充分辩证的科学理性去阐释元典文化的基本精神，对元典著作积极的或消极的文化影响，都给予尽可能全面的历史评说，使普通读者懂得如何从积极的方面对传统文化进行扬弃和取舍。因此，冷静的历史思辨色彩，成为这套丛书在著述风格上的重要特色。此外，我们还要求作者从以往学术著作引经据典、旁征博引、烦琐考证的传统文风中解脱出来，采用夹叙夹议、以议论为主的散体笔法，无论是对元典内涵的揭示，还是对其历史价值或历史影响的阐述，都尽可能结合具体生动的历史事例来展开，力求做到深入浅出，引人入胜。

现在丛书就要出版了，作者们贡献了自己的辛勤劳动、学识和智慧，但是否真的能够实现丛书的编写初衷，它的效果究竟如何，就交给亲爱的读者去判断了。

李振宏

2023 年 12 月 10 日于开封

目　录

一　墨子、《墨子》、墨家

墨子是先秦时期一大学派——墨家的创始人，中国古代历史上著名的思想家。《墨子》一书，除亡佚的部分篇章外，基本上保存了迄今所知墨子和墨家的全部著述。是书包罗宏富，非但有墨子和墨家的思想学说，还包括自然科学等诸多学科的内容；其涉及范围之广，先秦各家都不能与之相比。墨家在战国时期广泛传布，信仰者众多，与儒家并称为显学。但是无论墨子、《墨子》，还是墨家，都存在着许多悬而难决的问题：墨子的生卒年和里籍，《墨子》与墨子的关系，墨家与墨子后分成的三派是哪三派以及他们活动的情况，如此等等，至今仍然诸说不一。

1. 墨子

中国历史上的春秋战国时期，思想界百家争鸣。在当时的社会、政治、思想和学术领域，“百家”中影响最大的是儒、道、墨、法四家。这四家的创立者及其继承发展者，在司马迁的《史记》中，儒、道、法三家，虽然详略不同，然都各有专传。儒家学派创立者孔子的一些有名的学生，《史记》还辟有《仲尼弟子列传》加以介绍。唯独墨家的创立者墨子，《史记》没有为他立传，仅在颇不相类的《孟子荀卿列传》的最后提到：“盖墨翟，宋之大夫，善守御，为节用。或曰并孔子时，或曰在其后。”司马迁有关墨子这区区二十四字的记载，与战国时期为显学的墨家的创立者的历史地位，实在太不相称了。近代学人孙诒让，对墨子其人和《墨子》一书的研究，用力最勤，创获也多。对此，他在《墨子传略》的起笔中就曾慨而言之：“墨氏之学亡于秦季，故墨子遗事在西汉时已莫得其详。”其时《墨子》已成绝学，作为一个学派的墨家已不存在；它的创立者墨子的身世，便也随着时间的流逝，为历史所湮没了。所以司马迁关于墨子的记述，便只能以“盖”起语；“或曰”“或曰”，说明严肃治史的司马迁，对孔、墨二人在世的孰先孰后，也弄不清，便只好存疑了。

上引《史记》中的二十四字，是关于墨子最早的和可信的记载，但又很难说明什么问题。因此在学术史上，关于墨子的生卒年，他出生于当时的哪个诸侯国，甚至他的姓氏名字，都有种种不同的，甚至是奇怪的说法。

可能是元代伊世珍所作《瑯環记》引《贾子说林》，谓墨子不姓墨，而是姓翟名乌。据说那是因为墨子母亲就要生墨子了，睡梦中见日中赤乌入室而惊醒，这才发现自己已经分娩。赤乌入室而产子，因名曰“乌”。《瑯環记》所述，多神怪故事，引书更是真伪相杂，实不足为训。但明末清初的周亮工，却同意伊说，他在《因树屋书影》卷十谓：“墨子姓翟，母梦乌而生，因名之曰乌，以墨为道。今以姓为名，以墨为姓。是老子当姓老耳。”对于墨子的姓翟名乌和“老子当姓老”，札记式的《因树屋书影》并无有价值的论述。

近代的江瑔，在《读子卮言》卷二罗列了八条所谓证据，发挥周说。此外他还有“新见”：“所谓‘墨’者，盖垢面囚首、面首黧黑之义也。”钱穆则认为，墨子之所以为“墨”，是因为墨子是受了墨刑的刑徒。胡怀琛、卫聚贤走得更远，他们甚至提出墨子不是中国人，而是印度人或阿拉伯人。

上面这些说法，有的属于神话故事，有的虽也出现于学术研究之中，但根本说不上有什么坚实的立论根据。所以，胡、卫之说在20世纪20年代一出，便有学者在驳论中指出，其论“持之未见有效，言之不能成理”。

上述诸种说法，一些关于墨子的学术著作，以其不经，多不称引。笔者认为，自伊世珍至卫聚贤的记述见解，表明了一个事实，那就是关于墨子的较早的和可信的资料太少，因之才有这些新奇甚至怪异之论。

（1）墨子的里籍

因为关于墨子的较早的和可信的资料太少，所以墨子是春秋时期哪个诸侯国的人氏，他的里籍，历来治墨学者所见各有不同，争论直到现今，仍然悬而未决。

宋人说 司马迁之后，晋人葛洪《神仙传》、《文选·长笛赋》、唐人李善注引《抱朴子》、《荀子·修身》、唐人林宝《元和姓纂》，都谓墨子为宋人。其中《元和姓纂》非但谓墨子为宋人，而且考索了墨氏的由来：墨氏，“孤竹君之后，本墨台氏，后改为墨氏。望出梁郡。战国时宋人墨翟著书，号《墨子》”。顾颉刚在《禅让传说起于墨家考》一文中，广征博引，颇为系统周到地论述了墨子为宋人说，其结论是：“墨确是他的真姓氏，而且从这姓上可以知道他是公子目夷之后，原是宋国的宗族。”顾氏认为，非但墨子是宋人，墨学也可以说是宋学：“兼爱、非攻、节用都是宋人思想与宋俗。其实明鬼也是宋俗……墨学与宋俗实在太接近了。”

《史记·孟子荀卿列传》说“墨翟，宋之大夫”，并没有明确肯定墨子就是宋人。春秋特别是春秋中期而后，在学术下私门、知识阶层兴起日渐活跃和不安于蜗居本土的情势下，士人们生于斯而居于彼或仕于他邦，在当时比比皆是,不再是个别现象。较墨子在世要早得多的政治家“管仲夷吾者，颍上人也”(《史记·管晏列传》)。颍水流经今天的河南、安徽两省，但管仲却“任政于齐”(《史记·管晏列传》)。孔子游历各诸侯国，他的弟子多有随师游学和在他国从政的。所以司马迁说“墨翟，宋之大夫”，也只能说明他曾经在中原小国宋国任大夫，至于籍贯里居，则可能是宋国，也可能不是宋国。

鲁人说　由于上述原因，历史上从来就有一些学人主墨子为鲁人说。

东汉末年的高诱,在《吕氏春秋》的《当染》和《慎大》两篇的注文中，都认为墨子为鲁国人。清人孙诒让也主此说。对于历史上的“或曰宋人”,孙氏在《墨子传略》中指出:“盖因墨子为宋大夫，遂以为宋人。以本书考之，似当以鲁人为是。”孙氏主墨子为鲁人说的主要根据是:“《贵义》篇云:‘墨子自鲁即齐。’又《鲁问》篇云:‘越王为公尚过束车五十乘以迎子墨子于鲁。’《吕氏春秋·爱类》篇云:‘公输般为云梯欲以攻宋，墨子闻之，自鲁往，见荆王曰:‘臣北方之鄙人也。’《淮南子·修务训》亦云:‘自鲁趋而往，十日十夜至于郢。’并墨子为鲁人之确证。”

近代张纯一著《墨子集解》，在该书的附录《墨子鲁人说》部分，同意孙说，且对孙氏所述“并墨子为鲁人之确证”加以补充，“兹更举证以实之，明墨子确非宋人”:

> 《公输》篇曰“子墨子归过宋”。其自楚归，明非楚人。曰过宋，明非宋人。《非攻》中篇曰“东方有莒之国者”。莒在鲁东也。《贵义》篇……又曰“北之齐，至淄水，不遂而返”。鲁在齐南也……《鲁问》篇鲁君与墨子问答者再，设非鲁人，何不云游于鲁见鲁君耶？又“鲁人有因子墨子而学其子者”。观此鲁人，必居距墨子不远。又“鲁之南鄙人有吴虑者，冬陶夏耕，自比于舜，子墨子闻而见之”。显见墨子居鲁北境，故曰“南鄙”。曰“闻而见之”，不甚远故也……《备梯》篇：“禽滑厘子事子墨子三年，子墨子甚哀之，乃管酒块脯寄于太山灭茅坐之。”太山即鲁北境也。《兼爱》中篇曰“挈泰山越河济”，亦借本地风光取譬也。《淮南子·泛论训》曰：“总邹鲁之儒墨，通先圣之遗教。”凡此皆足为墨子为鲁国人之确证。

祖先是宋人，居地为鲁国 上述各家，无论主墨子为宋人或鲁人，都有一定根据，但这些根据又不十分充分。主墨子为宋人说者更没有证明主鲁人说者之非；反之也是这样。因此，近年来有的学者有鉴于“用这些材料说墨子为宋人，或为鲁人未必铁证如山”，但又各有道理，便提出了历史人物的“祖籍、出生地、居住地这三者并不是一回事”，因之必须加以区别的见解，认为有关史料大致可以说明两点，即“墨子的先祖是宋人”，“墨子长期的居住地是鲁国”。（邢兆良《墨子评传》）此说似乎兼顾和调和了两者。孙诒让早在《墨子传略》中就指出，墨子“盖生于鲁而仕宋”。但确定墨子为宋人或鲁人最重要的“出生地”问题，仍然悬而未决。

楚人说 除上述主墨子为宋人说或鲁人说者外，清人毕沅、武亿则以墨子为楚人。毕沅在《墨子注叙》中说：“司马迁、班固以为‘翟，宋大夫’，葛洪以为‘宋人’者，以《公输篇》有为宋守之事。高诱注《吕氏春秋》以为鲁人，则是楚鲁阳。汉南阳县在鲁山之阳。本书多有鲁阳文君问答，又亟称楚四竟，非鲁、卫之鲁，不可不察也。”武亿在《跋墨子》一文中，说同毕氏。毕、武两人的楚之鲁阳人说，一些学者指出，这是因为他们误解了《吕氏春秋》高诱的注文。孙诒让在《墨子传略》中指出：“毕沅、武亿以鲁为鲁阳，则是楚邑。考古书无言墨子为楚人者。《渚宫旧事》载鲁阳文君说楚惠王曰‘墨子，北方贤圣人’，则非楚人明矣。毕、武说殊谬。”虽然孙氏而后，梁启超、张纯一和钱穆，都曾进一步指出了毕、武二氏“鲁”为“鲁阳”和墨子为楚之鲁阳人说的不确，但他们的认识并非就是确论，所以在对墨子里籍的研究中，自毕、武提出墨子的里籍为楚之鲁阳说之后，当前学术界仍然有学者持墨子为楚之鲁阳人说。

今之山东滕州市人说 1991年6月，首届墨子学术讨论会在山东省的滕州市召开。会后由张知寒将会议论文编为《墨子研究论丛》，反映了墨子是宋人或鲁人研究的最新成果。是书主编张知寒，自1987年以来，先后发表了五篇论文，从不同的方面研究考索了墨子的里籍问题。其结论是：墨子为春秋时期鲁国人，里籍在今天山东省的滕州市境内。张氏等有关的考辨文章，已结集为《墨子里籍考论》，由山东人民出版社1996年出版。

张氏论定墨子的里籍是在今天山东省的滕州市境内，属春秋时小郲国的滥邑，其最主要的理由和根据，现撮述如下：

> 清代著名学者俞正燮说："墨以殷后，多感激，不法周而法古。"这说明墨子的祖先原为殷人。童书业先生说："墨子实为目夷子后裔，以墨夷为氏，省为墨也。"顾颉刚先生在《禅让传说起于墨家考》一文里说："近人以墨姓多不见，对于墨子的姓氏祖籍等起了很多的猜测。我们认为，墨确是他的真姓氏，而且从这个姓上，可知他是公子目夷之后，原是宋国的宗族。"《广韵·六脂》"夷"字注谓："宋公子目夷之后，以目夷为氏。"按：公子目夷，据顾、童两先生考证，乃宋襄公之兄的长子，因封于"目夷"，名

目夷子。

“目夷”在什么地方？晋……杜预，在《左传》襄公四年条下注曰：“狐骀，邾地，鲁国蕃县东南有目夷亭。”《路史·国名纪》在商氏后“目夷”条下记曰：“今滕之东南有目夷亭。”在古代，狐与目、化、货等同音；台、骀、胎与夷同音；同音字可互为通假，所以杜预肯定地认为“狐骀”就是滕东南的“目夷”……《滕县志》说：“‘狐台山’，一名‘目台山’，……讹为‘湖山’，又曰‘壶山’，皆非也。……今山南头名‘木石’者，疑亦‘目台’之讹也。”童书业先生在《目夷亭辨》一文里曾确认：“目夷亭就在今滕县境内。”王献唐先生也说：“滕东南有木台，亦即墨胎。”

“目夷”，原为商王朝所建的同姓小方国，如《史记·殷本纪》所说：“契为子姓，其后分封，以国为姓，有……目夷氏。”“目夷”入周后，即并为小邾娄国（亦名郳国）的“滥邑”了。

公子目夷，就封于“目夷”，死后葬于“目夷”附近的微山（解放前属滕县，今为微山县），其墓在微子墓侧，目前尚存有宋代石刻可证。目夷子的后人，均生息发展于“目夷”，而“墨子实为目夷子的后裔”，可知墨子也生长于“目夷”。因此说，墨子应为小邾娄国境内的“滥邑”人。

《春秋·左传》:“昭公三十一年冬，黑肱以滥来奔。”自此之后，“滥”就成为鲁国的下邑；如说墨子是“鲁国人”，自然是完全可以的。因为邾国及其“滥邑”，均在今山东省滕州境内，所以说“墨子应为今之滕州人”。

此外，张氏还“从墨子思想学术的渊源上”，“从科技发展的渊源上”，“从当时人们的生活习俗上”，以及“今之滕州境内，尚有不少与墨子有关的遗址遗迹”等几个方面，论证“滕州正是墨翟的故乡无疑”。

张氏所论，特别是上所撮述其最主要的理由和根据，即墨子为目夷之后，“目夷”系周封地而得名，昭公三十一年（公元前511年）前，地属小邾娄国的“滥邑”，“黑肱以滥来奔”之后，成为鲁国的下邑，地在今天山东省的滕州市境内，持之有据，言之成理。不过在笔者看来，据张氏所述，说墨子的祖籍在今天的山东省滕州市，似可无疑，但谓墨子的里籍属此，直接的史证，尚嫌不足。祖籍与里籍似应有别。今天的滕州市，塑有墨子铜像，树有“墨子诞生地”碑，还建有墨子纪念馆，纪念这位以兼爱济世为务的先哲。

墨子祖籍的大致论定，这对墨子里籍的最终确考，颇有助益。笔者这里想指出的是，学术史上墨子的里籍，由长期所见不同到其祖籍大致论定，把对问题的研究向前推进了一步，这对我们应该有所启示。学如积薪，治学的过程同时也是一个积累的过程，学者个人或学术史上某一问题的最终揭示，都是这样。顾颉刚论墨子为宋人，墨学为宋学，似欠允当，但他首揭墨子“是公子目夷之后，原是宋国的宗族”，则至确，有益于墨子祖籍及其里籍的最终揭示。童书业有《目夷亭辨》之作，将目夷亭所在之地即滕县与宋公子目夷联系起来。在顾、童二氏及其他学人积累的基础上，这才有张知寒“墨子为今之滕州市人”的系统论述。没有长期论辩考索的积累，便不可能有正确结论的早日获致。这可以说是学术繁荣发展过程所揭示的一个规律性现象。

但看来关于墨子的里籍问题，仍然没有获得最终的和一致的结论。

今之河南鲁山县人说　1997 年 10 月在河南鲁山县举行了全国墨子学术研讨会。据《光明日报》1997 年 11 月 11 日报道：“在这次研讨会上，争论的焦点之一仍是墨子的里籍问题。许多学者运用史传记载、考古发现、口碑资料、方言风俗等材料分析，比较一致地认为墨子的故里在今河南鲁山，即春秋战国时期楚之鲁阳。”

这次研讨会比较一致地认为墨子故里应为今河南鲁山即楚之鲁阳的主要根据是：①从历史记载看，清嘉庆年间修的《鲁山县志》，有墨子的详细记载。②从历代研究成果及考古资料看，东汉学者高诱《吕氏春秋注》、清代考据学家毕沅的《墨子注叙》和武亿的《跋墨子》均持墨子为鲁山人说。③在文物资料方面，河南鲁山保存了大量关于墨子的文物遗址，如“墨翟故里碑”、“墨子贤圣人碑”、墨子隐居处古迹遗址、墨子讲学处古遗址、墨子庙遗址、墨子洞等等。④从口碑资料看，鲁山有许多关于墨子的传说，诸如关于墨子的出世、学艺、传教、游说、隐居等。⑤从方言看，在《墨子》一书中保留了大量的鲁山方言，过去人们对此颇难理解，一旦辅之以鲁山方言就非常明了。此外，鲁山有墨子后裔，墨家传人，墨家遗风、遗事等。

墨子的里籍为今之河南鲁山县，或今之山东滕州市，这实际上是墨子为鲁人或楚人争论的继续。看来墨子的里籍问题，今后还会继续研究和争论下去。

（2）墨子的生卒年

有关墨子里籍的考索辨证，已如上述。墨子的生卒年，同样也是众说纷纭，仍是悬而未决的问题。

前引《史记·孟子荀卿列传》谓：（墨子）“或曰并孔子时，或曰在其后”。

班固的《汉书·艺文志》认为，墨子“名翟，为宋大夫，在孔子后”。孙诒让认为班固此说，“盖本刘歆《七略》”

（《墨子年表》）。自班固以后，再也没有人认为墨子可能生在孔子之前。

《后汉书·张衡传》载张衡批驳“图纬虚妄，非圣人之法”的奏疏中说：“《春秋元命包》中有公输班与墨翟，事见战国，非春秋时也。”说明张衡认为墨子生在孔子之后。《后汉书》的注者唐人李贤于此又进一步注谓：“衡集云‘班与墨翟并当子思时，出仲尼后’也。”李贤引张衡集中的这个说法，近代以来考述墨子生卒年及其行事的学者，都无异议，但具体到生卒年的确切估定，则又所见不同，各持一说。

孙诒让认为：约在公元前468—前376年 孙氏在《墨子年表》中谓：

> 近代治《墨子》书者，毕沅以为六国时人，至周末犹存，既失之太后；汪中沿宋鲍彪之说，谓仕宋得当景公世，又失之太前，殆皆不考之过。窃以今五十二篇之书推校之，墨子前及与公输般、鲁阳文子相问答，而后及见齐太公和与齐康公兴乐、楚吴起之死，上距孔子之卒，几及百年，则墨子之后孔子，盖信。审核前后，约略计之，墨子当与子思并时，而生年尚在其后，当生于周定王之初年，而卒于安王之季，盖八九十岁。

梁启超认为：约在公元前463—前385年 梁氏在《墨

子年代考》中，同样依据的是《墨子》一书所提供的资料，但其对墨子生卒年的估定，则与孙诒让所论有出入：

要之墨子之生，最晚不能幼于公输般三十岁。（公输般之生，最晚亦当在孔子卒前十年。）墨子之卒，最早不能早于郑繻公被弑之后三年（前 390），最晚不能晚于吴起遇难之年（前 318）。卒年既大略考定，持以上推其生年；使墨子老寿能如子夏者，则亦可上逮孔子也。

钱穆认为：约在公元前 479—前 394 年 钱穆在《墨子的生卒年代》一文中，比较了墨子与孔子弟子的年岁，也主要是根据《墨子》书中一些篇章所提供的有关资料，推定墨子的生卒年为公元前 479—前 394 年（前后误差“至多不出十岁”）。

侯外庐等认为：约在公元前 490—前 403 年 侯外庐等在《中国思想通史》（第一卷）中，“酌定”墨子生于周敬王三十年（孔子卒前十年），即公元前 490 年；卒年在周威烈王二十三年，即公元前 403 年。侯氏等指出：

据各家考证，至少我们可以得出两个相关的年代：一、孔子卒年与墨子生年相距甚近。墨子至早生于孔子卒前十年，至迟生于孔子卒年。这即是说，墨子与曾子（公元前 505 年至前 436 年）、子夏（公元前 507 年至前 420 年）等所谓孔门后辈弟子，相差约 10 岁至 20 岁，大体与孔门的再传弟子同时。二、孔子学术活动的时代是在春秋末世，墨子学术活动的时代是在战国初年，二人的学术活动是衔接的。

任继愈认为：约在公元前 480—前 420 年　任继愈在《中国哲学发展史》（先秦）中又有新说：

> 墨子的生卒年虽难以确切断定，但是可以考其大略。止楚攻宋应是可信的历史事件，发生在公元前 445 年—前 440 年之间，此时的墨子当在壮年（太老不能长途跋涉，太年青不能有弟子三百人），再结合其他资料推断，墨子约生于公元前 480 年，约死于公元前 420 年，他孩童之年当是孔子老死之时，其主要活动年代在战国之初，止于韩、赵、魏三家正式分晋和田齐取代姜齐之前。

这些就是自司马迁以来，特别是近现代学术界关于墨子生卒年考订的一些主要见解。这些考订和见解，当然有重要的学术价值。然而平实地说来，就现有历史资料而论，考订出墨子确切的生卒年，已经不太可能了。这自然是件憾事。其实，在中国古代特别是先秦历史上，一些著名的历史人物，不知也无法考订出其确切的生卒年或寿数的，并不罕见。孙诒让在《墨子年表》中就指出过："先秦遗闻，百不存一，儒家惟孔子生卒年月明著于《春秋经》《传》，然尚不无差异。七十子之年，孔壁古文《弟子籍》所传者亦不能备。外此，则孟、荀诸贤，皆不能质言其年寿，岂徒墨子然哉？"好在对墨子生卒年的不同见解，时间差别并不很大，也不影响今人对墨子、《墨子》和墨家学派的研究认识，因为对墨子在世的大时代，学人所见并无不同：墨子生于孔子之后，约与子思同时，其时正值战国初年。

（3）墨子的先世

从上引张知寒考辨墨子为今之山东省滕州市人，以及顾颉刚等人的论述中，可以知道墨子的远祖是殷之后的宋国贵族公子日夷。张氏还引述顾颉刚、童书业、杨向奎的有关论述，说明墨子非孤竹君伯夷后裔，并论及墨子的先世及其何以名墨翟。

古籍中也有说墨子为孤竹君伯夷后裔的。如《通志·氏族略》引《元和姓纂》说："孤竹君之后，本墨台氏，后改为墨氏……战国时宋人墨翟，著书号《墨子》。"《史记·伯夷传》"索隐"亦引应劭："（孤竹城）伯夷之国也。其君姓墨胎氏。"童书业否定此说，指出："《史记》述夷、齐事多不经，所谓伯夷让国者，盖公子目夷让国之传讹。"顾颉刚说："《左传》僖八年，载太子兹父与公子目夷互相以仁让国，兹父说‘目夷长且仁’，目夷说‘能以国让，仁孰大焉’！这颇与伯夷、叔齐相互让国的传说相似。……事既甚相近，姓又相同，即名也有一半相同，也许是一个传说的分化。目夷居长，所以称作伯夷，叔齐当即太子兹父。墨子是伯夷之后，实在就是公子目夷之后。”杨向奎指出：“‘目夷’也作‘墨夷’，而‘翟’与‘夷’古音可以通假，因之，我颇疑‘墨翟’即‘目夷’的别写。”张知寒据顾、童、杨三氏之论，认为公子目夷是第一代目夷子，而墨子则可能是出生于小邾国的末代目夷子。

公子目夷是太子兹父即后来的宋襄公的庶兄。《左传》僖公八年（公元前 652 年）曾记有他们兄弟间以君位相让：宋桓公病笃，“太子兹父固请曰：‘目夷长且仁，君其立之！’”。宋桓公同意了，但目夷不接受，“曰：‘能以国让，仁孰大焉？臣不及也，且又不顺。’遂走而退”。兹父即位后，任其兄目夷为司马。公元前 637 年即宋楚间著名的泓之战前的一年，据《左传》“宋人为鹿上之盟，以求诸侯于楚”，公子目夷很不赞成其弟襄公之所为，颇有远见地指出：“小国争盟，祸也。宋其亡乎！幸而后败！”后来的“诸侯会宋公于盂”和泓之战的序幕宋襄公伐郑，公子目夷均持反对态度。泓之战的结果，是宋襄公大败，大腿受伤，次年身亡。到宋襄公之子成公王臣时，目夷之子公孙友被任命为左师。

如此说来，墨子的家世确属源远流长，可以上溯到商汤和商人的始祖契。墨子与孔子，先秦最著名而又对立的儒墨两大学派的创始人，其先世同为殷人。

自公孙友之后，公子目夷的后裔即墨子的先世，便史无记载，无从考索了。

（4）墨子的史事

墨子的生平行事，直接的和可信的史料太少。对此，孙诒让在《墨子传略》中便颇不满于司马迁：

> 《史记》捃采极博，于先秦诸子，自儒家外，老、庄、韩、吕、苏、张、孙、吴之伦，皆论列言行为传，唯于墨子则仅于《孟荀传》末附缀姓名，尚不能质定其时代，遑论行事？

今存《墨子》五十三篇中的有些篇章，记载了墨子的一些故事。除此而外，他书少有记载；偶有所述，也多未出五十三篇所记范围，史料价值不高。因此，人们主要只能根据《墨子》书中一些篇章所述墨子的故事，来窥见其生平行事了。

墨子的父祖辈，已不可考。关于他的出身、所从事的职业以及他在当时的社会地位，《墨子·贵义》篇中有如下一段文字：

> 子墨子南游于楚，见楚（献）惠王，（献）惠王以老辞，使穆贺见子墨子。子墨子说穆贺，穆贺大说，谓子墨子曰："子之言则成善矣！而君王，天下之大王也，毋乃曰'贱人之所为'，而不用乎？"

这说明楚惠王和穆贺都认为墨子是贱人或贱人出身了。对此，墨子自己是怎样认为的呢？为了反驳楚惠王以其为贱人而不采用他的学说，墨子以草药之微能医天子之疾，农夫之贱但其所生产的粟米能为酒醴粢盛以祭上帝鬼神，均不以其贱而不用，来喻指自己和自己的学说。他说：

> 唯其可行。譬若药然，草之本，天子食之以顺其疾，岂曰一草之本而不食哉？今农夫入其税于大人，大人为酒醴粢盛以祭上帝鬼神，岂曰贱人之所为而不享哉？故虽贱人也，上比之农，下比之药，曾不若一草之本乎？（《墨子·贵义》）

墨子的这段答词，说明他自己也认为自己是贱人或贱人出身。这可能是符合历史实际的。证之《墨子》五十三篇所述墨子的言谈立论，有一个明显的值得注意之处，那就是墨子总是时常道及百姓的耕织日用、百工技艺和他们的日常生活。能近取譬，时至今日，人们说理论事，也往往如此，墨子当时也不会例外。由此似可认为，墨子出身于当时直接从事生产的劳动者。生产劳动当时是被视为贱业的，干这种行当自然就成了贱人了。

这个当时的贱人墨子，他所从事的是什么样的贱业呢？《墨子·鲁问》篇有如下一个故事，似可说明一些问题：

> 公输子削竹木以为鹊，成而飞之，三日不下，公输子自以为至巧。子墨子谓公输子曰："子之为鹊也，不如匠之为车辖。须臾刘（斫）三寸之木，而任五十石之重。故所为功，利于人谓之巧，不利于人谓之拙。"

《韩非子·外储说左上》也有类似的记载：

> 墨子为木鸢，三年而成，蜚一日而败。弟子曰："先生之巧，至能使木鸢飞。"墨子曰："不如为车輗者巧也。用咫尺之木，不费一朝之事，而引三十石之任，致远力多，久于岁数。今我为鸢，三年成，蜚一日而败。"惠子闻之曰："墨子大巧，巧为輗，拙为鸢。"

这两则故事似难免有夸饰的成分在。否则，当时科学技术发展的水平，任凭公输子和墨子再巧，也不大可能用木材制造出飞三日或一日的鹊与鸢。但它至少可以说明，墨子是当时的能工巧匠，属于今之所谓手工业生产者之列，其能其巧甚至超过了公输子。这两则故事还说明了墨子工匠技巧的特点，是注重民生实用，看其所制造的器物是否有益于人们的生产日用，从而决定取舍。这种看法与做法，与墨子的政治思想体系是一致的。

《墨子·公输》篇全文讲了墨子如下一段故事：

公输盘为楚国制造云梯，准备用来攻打宋国。墨子听说后，从齐国启程，用了十天的时间到达楚都郢城，见到了公输盘。公输盘问墨子有何见教。墨子说："北方有人侮辱我，我想请你杀了他。"公输盘听了很不高兴。墨子说："为此我给你献上十金。"公输盘说："我的主义是从来不乱杀人。"墨子起立向公输盘拜了两拜说："请听我解释。我在北方，听说你制造云梯，准备用来攻打宋国，宋国有什么罪过？楚国土地有余，民众不足，杀伤不足而争夺有余，这不能说是智。宋国没有什么罪过而去攻打它，这不能说是仁。知道了这些而不去谏争，这不能说是忠。谏争了而又没有达到目的，这不能说是强。你的主义是不乱杀一个人，可结果却是杀了众多的人。这不能说是'知类'。"公输盘认为墨子说得很有道理而信服。墨子说："既然这样，你为什么不停止制造云梯呢？"公输盘说："那不行，因为我已经答应国王了。"墨子说："那你为什么不介绍我去见国王呢？"公输盘于是同意介绍墨子去见国王。

墨子见了国王，说："现在有这样一个人，舍弃自己饰有文采的好车，却想要窃取邻人的破旧车子；舍弃自己的锦绣衣服，却想要窃取邻人的粗布短衣；舍弃自己的好饭好菜，却想要窃取邻人的糟糠之食。这是个什么样的人呢？”国王说：“这个人一定是生了窃取病。”墨子说：“楚国的土地，方五千里；宋国的土地，方五百里，这就如同饰有文采的好车与破旧车子。楚国有云梦，那里犀兕麋鹿很多，长江汉水的鱼鳖鼋鼍是天下最多的，宋国连雉兔狐狸也没有，这就如同好饭好菜与糟糠之食。楚国有松树、樟树、楠树、梓树这些名贵木材，宋国连大树也没有，这就如同锦绣衣服与粗布短衣。我从这三个方面比较了楚、宋两国，认为你攻打宋国，实在是与这个人没有什么不同，我还认为大王你真的攻打宋国，除伤害正义之外得不到什么。”楚王说：“讲得好啊！虽是这样，不过公输盘已经为我造好了云梯，我还是一定要攻打宋国。”

于是墨子又去见公输盘。墨子解下衣带当作城，用木片当作守城的武器，公输盘多次变换了攻城的办法，墨子多次挡住，公输盘攻城的办法用尽了，墨子守城的办法还有。公输盘再也无法，就说：“我知道用什么办法对付你，我不说。”墨子也说：“我知道你用什么办法对付我，我也不说。”楚王问他们说的是什么意思，墨子说：“公输盘的意思是要杀死我。杀了我，宋国就没有人能守住城，这不就可以攻下宋国了吗？可是我的弟子禽滑厘等三百人，已经带着我所制造的守城器械，在宋城上等待着楚军的进攻了。虽然杀了我，可是守城的器械和办法仍在。”楚王说：

“好啊！我不攻打宋国了。”

这就是墨子著名的止楚攻宋的全过程。除去其夸饰成分，治《墨子》的学者多以为是可信的历史事件，孙诒让在《墨子・公输》篇的注文中还考订了这一历史事件的大致时间：“墨子之止攻宋，约当在宋昭公、楚惠王时。盖是时楚虽有伐宋之议，而以墨子之言中辍，故史无其事耳。”（孙诒让《墨子间诂》）任继愈更视止楚攻宋为墨子“一生最光辉的业绩”，认为其事当“发生在公元前 445 年—前 440 年之间，此时的墨子当在壮年”。[任继愈《中国哲学发展史》（先秦）]

此外，《墨子・鲁问》篇还记载了墨子阻止齐国伐鲁和楚国鲁阳文君攻郑。这些当也和止楚攻宋一样，都是可信的历史事件。

《淮南子・修务训》：“孔子无黔突，墨子无暖席。”《文选・答宾戏》：“孔席不暖，墨突不黔。”说的是孔子、墨子两人一样，心存救世，周游各国。席未及暖和灶囱未黑，便又汲汲他往，去宣传自己的思想学说和政治主张，反对不义的战争。

墨子曾是一个技艺高超的工匠，后来成了一个首创墨家学派的大学者。但因为他是工匠而成了学者，又以救世解纷为己任，还要立说授徒，周游各国，游说宣传，自然不能专以工匠为务。在《墨子・贵义》篇里，墨子自称“翟上无君上之事，下无耕农之难”，不废读书。由此可以说他属于当时的士阶层了。

在《墨子》的《墨辩》部分，记载着中国战国时期以前的几何、光学、力学、化学以及天文等诸多学科的成就；《备城门》以下诸篇，广泛涉及当时的城防工事、军事设施和攻防器械等诸多方面。这些篇章，研究者多以为系墨家后学之作，但又与墨子本人有着直接或间接的关系；亦有学者认为属墨子所自著者。即使这些篇章均系墨子所自著，这些涉及诸多学科的科学知识和工程技术知识，也不可能全是墨子一人的发现、发明或创造。但说墨子及其弟子是这些科学知识和技术的继承和发扬光大者，当属事实或去真不远。就此说来，墨子实在是当时，同时也是中国古代史上少有的博学多才之士、大科学家，在中国和世界科学技术史上都应占有一席之地。

墨子一生以救世为己任，和孔子一样奔走于各诸侯国，居无宁日。可惜的是，关于墨子生平史事的资料太少，因此，传记墨子已经是不大可能的事了。孙诒让在《墨子传略》中，曾综述墨子一生的行踪并加以评价说：

其平生足迹所及，则尝北之齐，西使卫，又屡游楚，前至郢，后客鲁阳，复欲适越而未果。……至其止鲁阳文君之攻郑，绌公输般以存宋，而辞楚越书社之封，盖其荦荦大者。劳者苦志以振世之急，权略足以持危应变，而脱屣利禄，不以累其心。所学尤该综道艺，洞究象数之微。其于战国诸子，有吴起商君之才而济以仁厚，节操似鲁连而质实亦过之，彼韩、吕、苏、张辈复安足算哉！

这就是孙诒让心目中的墨子。历史上没有关于墨子从政、治军的记载，因此很难说他定“有吴起商君之才”；他只是一个思想家，战国时为显学的墨家的创立者。但谓其“劳者苦志以振世之急”而又“脱屣利禄”，则是历史的实际。

2.《墨子》

流传到今天的《墨子》一书，共为十五卷五十三篇。像其他先秦典籍在传授、抄写、刻印中有不同的传本，而且篇目也有亡缺变化一样，今本《墨子》也已不再是原本《墨子》的全貌。这里且对《墨子》一书的版本流传、卷数篇目以及学人有关研究情况，做些介绍。

（1）《墨子》的古本

《汉书·艺文志》：

《墨子》七十一篇。（墨子）名翟，为宋大夫，在孔子后。

这是我们今天所知道的《墨子》一书最早的本子。对于这个古本，孙诒让在毕沅的《墨子篇目考》的按语中说：

> 《墨子》书七十一篇，即汉刘向校定本，著于《别录》，而刘歆《七略》、班固《艺文志》因之，旧本当亦有刘向进书奏录，宋以后已不传。

《隋书·经籍志》："《墨子》十五卷，目一卷。"南朝梁时的庾仲容《子钞》则谓"《墨子》十六卷"。唐代的马总，在增删庾氏《子钞》而成的《意林》中也说"《墨子》十六卷"。

上列四书关于《墨子》的著录，《汉书·艺文志》只记《墨子》七十一篇，未云卷数；《隋书·经籍志》又只记《墨子》十五卷，还有一卷为目录，未云篇数；《子钞》《意林》都说《墨子》为十六卷。显然，后三说的不同，因目录是否单列而致。毕沅据此认为："旧本皆无目……则是古本有目也。考《汉书·艺文志》云'《墨子》七十一篇'，高诱注《吕氏春秋》云'七十二篇'，疑当时亦以目为一篇耳。"

自《旧唐书·经籍志》以后，《新唐书·艺文志》、《宋史·艺文志》、北宋王尧臣等《崇文总目》、南宋晁公武《郡斋读书志》、马端临《文献通考·经籍考》以及《四库全书总目》，均谓"墨子十五卷"，未及篇目。

唯南宋郑樵《通志·艺文略》谓："《墨子》十五卷。

又三卷。”南宋王应麟辑《玉海》引《馆阁书目》谓:“《墨子》十五卷,自《亲士》至《杂守》为六十一篇。一本自《亲士》至《上同》凡十三篇者。”南宋陈振孙《直斋书录解题》谓:“墨子三卷……《汉志》七十一篇,《馆阁书目》有十五卷六十一篇者,多讹脱,不相联属。又二本,止存十三篇者,当是此本也。”明代焦竑《国史经籍考》所述和郑樵《通志·艺文略》一样:“《墨子》十五卷。又三卷。”由此可知,《墨子》一书在宋时,有十五卷本和三卷十三篇本这样两个本子。宋濂在《诸子辨》中,对于这个三卷本说得更为明白具体:“《墨子》三卷,战国时宋大夫墨翟撰。上卷七篇号曰《经》,中卷、下卷号曰《论》,共十三篇。”这个三卷十三篇本的具体篇目,如上引《馆阁书目》所说——“自《亲士》至《上同》凡十三篇”,但其据何而“上卷七篇号曰《经》,中卷、下卷号曰《论》”,现在已不可能弄明白了。

（2）《墨子》的篇目

今存《墨子》十五卷本只有五十三篇,较《汉书·艺文志》所述“《墨子》七十一篇”,亡佚十八篇。毕沅在考订《墨子》一书的目录时谓:

> 《藏》本云“阙者八篇”而有其目,《节用》下,《节葬》上、中,《明鬼》上、中,《非乐》中、下,《非儒》上是也。当是宋本如此。而《馆阁书目》云“自《亲士》

至《杂守》为六十一篇，亡九篇”，恐是“八”讹为“九”。又七十一篇亡其九，当存六十二，而云“六十一”，亦“二”之讹也。

有的学者根据《非攻》《非乐》《非命》等都有上、中、下三篇，认为从形式上看，《非儒》也应该是上、中、下三篇，而今存《墨子》只有《非儒下》，因此有目无文者应是九篇，而不是八篇。

对于亡佚的十篇或九篇，《四库全书总目》根据《汉书·艺文志》所说“《墨子》七十一篇”，宋《馆阁书目》称“《墨子》十五卷、六十一篇”，而“七十一篇之中，仅佚《节用下》……凡八篇，尚存六十三篇者，与《馆阁书目》不合”，从而提出疑问：

陈振孙《书录解题》又称有一本止存十三篇者，今不可见。或后人以两本相校互有存亡，增入二篇欤？抑传写者讹以六十三为六十一也？

除去《馆阁书目》所述可能存在的讹误而外，这个问题在今天看来，还是较易弄明白的。那就是：刘向所校订的古本《墨子》，为七十一篇，后亡佚十篇，有目无文者八篇，所以今本《墨子》便只剩下五十三篇了。

至于这十八篇亡佚的时间，《馆阁书目》和《直斋书录》均认为当在宋代之前。孙诒让在毕沅所考订的《墨子目录》

中认为："《荀子·修身》篇杨注云'墨子著书三十五篇'，疑当作'五十三篇'。或唐中叶以后此书即有缺佚，篇数已与今本同也。"孙氏根据《荀子》的注家杨倞在世时代，判定《墨子》可能在唐中叶以后即有缺佚，是有相当道理的。

这亡佚的十篇，在毕沅考订的七十一篇《墨子目录》中，均在第五十篇《公输》篇以后，据此后篇目可知，亡佚者大体都是关于攻战中的守城器械与守城战法的论述。孙诒让在毕沅考订的《墨子目录》中注谓"依《备城门》篇所列攻具十有二"，即"临、钩、冲、梯、堙、水、穴、突、空洞、蚁傅、轒辒、轩车"。而今本中已有《备高临》《备梯》《备水》《备突》《备穴》《备蛾傅》等六篇，因之这亡佚十篇中的六篇应为《备钩》《备冲》《备堙》《备空洞》《备轒辒》《备轩车》。此说有理。十篇中另外四篇的篇目已无可考。这十篇与有目无文的八篇，其文字，除毕沅、孙诒让等所辑之《墨子》佚文外，倘非考古学上的意外发现，便只能永远堙没不传了。

（3）《墨子》与墨子

今本《墨子》五十三篇与墨子的关系，《墨子》的成书年代，这些问题，历代治《墨子》的学者，说法各异。

关于《墨经》 历史上《墨子》的第一个注家晋人鲁

胜，称《经》上、下和《经说》上、下为《墨辩》，认为这四篇文字为墨子自著。《晋书·鲁胜传》谓鲁胜："惟注《墨辩》，存其叙曰：……墨子著书，作《辩经》以立名本，惠施、公孙龙祖述其学，以正别名显于世。"鲁胜的《墨辩注》不传于世。依鲁胜说，非但这四篇文字是墨子自著，惠施、公孙龙也是墨家的传人了。清人毕沅同意鲁说，认为《墨经》即鲁胜所说的《墨辩》四篇，乃墨子自著。

孙诒让是历史上第一个提出《墨辩》四篇不是墨子自著的学人。他在《墨子间诂》卷十《经上》篇的附论中说：

> 四篇皆名家言……其坚白异同之辩，则与公孙龙书及《庄子·天下》篇所述惠施之言相出入。……似战国之时墨家别传之学，不尽墨子之本从。毕谓翟所自著，考之未审。

在《墨子间诂》的自序中，孙氏又谓：

> 《经说》上下篇，与庄周书所述惠施之论及公孙龙书相出入，似原出《墨子》，而诸巨子以其说缀益之。

前谓"似战国之时墨家别传之学，不尽墨子之本从"，这里则谓"似原出《墨子》，而诸巨子以其说缀益之"，两处说法，不尽相同。

胡适在《中国哲学史大纲》中，同意孙说，并进而把

《大取》《小取》两篇也列入鲁胜所说的《墨辩》之中。胡氏立说的根据是，这六篇与《墨子》其他篇章的文体不同，理想不同，《小取》篇两称“墨者”，所言与惠施、公孙龙相同，当为二人所著。

梁启超针对胡说，力辩其非。他驳诘道：

> 《经》上、下，《经说》上、下，《大取》，《小取》六篇，虽皆多言名学，而诸篇性质各异，不容并为一谈。《大取》《小取》既不名《经》，自是后世墨者所记，断不能因彼篇中有“墨者”之文，而牵及《经》之真伪，盖彼本在《经》之范围外也。《经》分上下两篇，文例不同。《经上》必为墨子自著无疑；《经下》或墨子自著，或禽滑厘、孟胜诸贤补续，未敢悬断。至《经说》与《经》之关系，则略如《公羊传》之于《春秋》。……《经说》固大半传述墨子口说，然既非墨子手著，自不能谓其言悉皆墨子之意；后学引申增益，例所宜有。……至《经》之文体与他篇不同，此正乃《经》为墨子自著之确证耳。何也？诸篇皆有“子墨子曰”云云，则其必为门弟子所记述，而非墨子自著甚明。……胡谓《经》为惠施、公孙龙之徒所著；殊不知以文体论，《墨经》决非施龙时代之产物，而实为墨子时代之产物。……胡云：与他篇理想不同，此实不然。墨子之

> 教，曰智与爱；他篇多教爱之言，此《经》多教智之言，其范围本应有别。且此《经》根本理想，实与墨教一致。（《读〈墨经〉余记》，载《古史辨》第四册）

方授楚在《墨学源流》中提出："《墨经》辞约义丰，包罗甚富，如决定为一人所著，亦非一人所能著也。……吾颇疑其如佛教经典结集，乃开会以决定之者。"

郭沫若则认为："墨子自己并不曾著书，现存的《墨子》这书是汉人所纂集的，其中有些是墨家弟子的著录，有些还不是墨家的东西。"（《郭沫若全集》历史编第一卷）

侯外庐等《中国思想通史》（第一卷）在论定《墨经》的成书年代部分，从《墨经》的内容、墨子最重理智而《墨经》中却加进了情感的要素、《墨经》对于墨子思想的修正、《墨经》文字与《尚贤》等篇的作风显然不同、《经上》与《经下》体裁的繁简文质大不相同，以及一些内容是针对其他诸子的诘难而发等各个方面，论证了"《墨经》六篇决不是墨子自著"。其结论性的见解是：

> 作者并非一人，编定亦非成于一时……墨子再传及三传弟子里带有名辩色彩的诸人，均可能先后参与其事。倘更由各篇的内容来推定，则年代的先后，大体是这样的顺序：《经上》→《经下》→《经说上》→《经说下》→《大取》→《小取》。……《大取》《小取》，

> 尤其是《小取》篇，综合地说明了推理和“辞辩”的方法，它带有总结墨学的性质。这一顺序，是逻辑的层次，也是历史的先后。……《墨经》六篇是墨家后学多次的集体论撰而成的……是有组织地编定而成的著作。

邢兆良在《墨子评传》中总结前人之说，认为“《墨经》四篇（经、说上下）是墨家的基本典籍，类似墨家教义，虽在转辗抄写、传授的过程中不免有后学增益，但基本应是墨子原著”。

邢说持论的理由有四。一是据孙诒让校改余知古《渚宫旧事》所记“墨子至郢，献书惠王，王受而读之，曰：‘良书也。’”，认为“墨子作为一家宗师，所献之书当然是墨子自著的，是墨家的基本经典”。二是据《庄子·天下》篇所谓后期墨家“俱诵《墨经》，而倍谲不同”，认为“即是墨家各派俱诵的经，当然应为墨子自著”。三是据梁启超首先发现的“标牒字体例”和鲁胜发现的“经、说结构”，认为“《墨经》四篇体例、结构上的这两个特点，使《墨经》具有一种教科书和教义集成的性质”。四是据《经上》对一些概念的阐释，“与《墨子》各篇的思想与论点相一致，并且被进一步阐发了”，因此“经、说上下四篇是墨子亲自著定或口授的微言真谛，它们的内容构成了墨子思想体系的基本构架”。

这些就是学术史上关于《墨辩》六篇是否为墨子所自著不同见解的大致情况。数十年治墨子的学人有关《墨辩》的见解，这里没有提及的，也都大体不出此范围。

持平而论，认为《墨辩》六篇或其中一部分为墨子所自著，或全非墨子所著而是出自后期墨家之手，都各有所本所据，有一定道理，但又并不充分全面。共同的立论弱点是，自己的论说可以立得住，对于相反的立论则驳不倒，甚至根本没有涉及。可以说，就现有文字资料而论，如无意外发现，实难确凿无疑地论定《墨辩》六篇是墨子所自著呢，或是后期墨家之作。笔者认为，下述两种见解可能更接近历史实际。第一，《墨经》辞约义丰，包罗甚富，如决定为一人所著，亦非一人所能著也。第二，《墨辩》六篇虽非墨子所自著，但其中一些基本思想，则直接继承了前期墨家思想并有所取舍和发展。

关于《墨经》以外的其他各篇 对《墨经》或谓《墨辩》作者等的不同见解，略如上述。至于《墨子》一书中《墨经》以外的其他各篇的作者，学人们的所见，也多不同。

毕沅在《墨子注叙》中认为，《亲士》《修身》和《经》上、下一样，也是墨子自著。而“余篇称子墨子，《耕柱》篇并称子禽子，则是门人小子记录所闻”。

汪中《墨子序》谓：“《亲士》《修身》二篇，其言淳实，与曾子立事相表里，为七十子后学者所述……《所染》篇亦见《吕氏春秋》……墨子盖尝见染丝者而叹之，为墨之学者增成其说耳。故本篇称禽子。”又指出：“墨子之学，其自言者曰：‘国家昏乱，则语之尚贤、尚同；国家贫，则语之节用、节葬；国家喜音沉湎，则语之非乐、非命；国家淫僻无礼，则语之尊天、事鬼；国家务夺侵陵，则语之兼爱、非攻。’此其救世亦多术矣。《备城门》以下，临敌应变纤悉周密，斯其所以为才士与！”如此说来，汪中认为《墨子》一书除《墨辩》六篇和《亲士》《修身》二篇，以及《所染》篇为墨家后学增成其说之外，都是墨子所自著的。

孙诒让在《墨子间诂》的自序中，则又是一种看法：

> 自《尚贤》至《非命》三十篇，所论略备，足以尽其旨要矣。……《备城门》以下十余篇，则又禽滑厘所受兵家之遗法，于墨学为别传。惟《修身》《亲士》诸篇，谊正而文靡，校之它篇殊不类。《当［所］染》篇又颇涉晚周之事，非墨子所得闻，疑皆后人以儒言缘饰之，非其本书也。

孙氏认为《尚贤》等三十篇包括了墨子的主要思想学说，“足以尽其旨要”，当为墨子所自著；《备城门》以下十一篇为墨子弟子受之于兵家；《亲士》《修身》等七篇，是儒家的作品。

黄建中在《〈墨子〉书分经辩论三部考辨》(载《古史辨》第六册)一文中认为,《非儒》篇同《亲士》等七篇一样,也是“后人伪作”。

至于《备城门》以下二十篇(今存十一篇),或以为汉代人伪作,或以为非汉代人伪作。两说相较,认为《备城门》以下各篇系汉代人伪作之说,证据不足。

任继愈在《中国哲学发展史》(先秦)中又有新说:

> 《亲士》《修身》《所染》《法仪》《七患》《辞过》《三辩》七篇虽不是墨学代表性作品,但与墨子的整个思想体系基本一致,头两篇有些儒家味道,可能是墨子后学中某些受儒家思想影响的人,根据墨子早期不成熟的思想补充整理而成的。《备城门》以下十一篇,专论防御技术和器械,与墨子哲学思想关系不大。对于研究墨子最重要的是以下两组文章:第一组是《尚贤》《尚同》《兼爱》《非攻》《节用》《节葬》《天志》《明鬼》《非乐》《非命》《非儒》十一篇……是墨子当年系统讲解自己的学说,后为弟子记录整理而成的;第二组是《耕柱》《贵义》《公孟》《鲁问》《公输》五篇,相当于墨子言行录,内容十分丰富。以上两组二十九篇是研究墨子和前期墨家思想所依凭的主

要资料。

任氏等主要从“研究墨子和前期墨家思想”的角度，对《墨子》中《墨辩》以外的其他各篇与墨子和前期墨家的关系，进行了分析。早先出版的侯外庐等所著《中国思想通史》(第一卷)，虽未有上述任氏等的明确分析，但正是根据任氏等所说的这两组文章来论述墨子和前期墨家的思想的。

邢兆良在《墨子评传》中，除谓《经》《经说》“为墨子所著或口授”外，认为《墨子》其余各篇“有的是墨子亲著或口授；有的是弟子整理记录，其中有弟子的损益或传抄之误；也可能间或有后人窜改、讹误”。《墨子评传》认为《墨子》全书基本上可以说都是墨子自著。

还有一个问题，就是《尚贤》至《非命》等篇，何以篇题相同而每篇都分为上、中、下三篇？对此，郭沫若据“每三篇的内容都大同小异”，和《韩非子·显学》所述“墨离为三”，以及《庄子·天下》篇所述墨家在墨子之后分为不同的派别，认为《尚贤》至《非命》“各具三篇，正是墨家三派各派的底本汇辑”，是据墨子弟子们的笔记整理而成的；又谓：“在这十篇以外的东西呢，那就只好认为是后来的附益或者发展了。”(《郭沫若全集》历史编第一卷)

上述《墨子》一书中除《墨辩》六篇之外各篇与墨子的关系、它们的作者、学人们的考辨论说，各有一定道理。然多为推论之辞，很难有多少坚实不移的立说证据，因此也就很难确凿地证明他说的非是。笔者以为诸说之中，大体而论，侯外庐、任继愈等的认识可能近真。这个问题，治《墨子》的学人自然还将继续研究下去。

《墨子》一书内容的分类 《墨子》一书的篇目次第和内容分类，上已言及，传本向来分卷编排。自宋代以来，主要传本便是十五卷本，一直流传至今。或以为“旧本卷第分合，乃出后世缮录者之手，无关原书部次之义”（栾调甫《〈墨子〉书之传本源流与篇什次第》，载《古史辨》第六册）。因之梁启超、胡适便将其分为五类或谓五组。栾调甫又“微慊其未尽”，进一步将其分为六部，自《亲士》至《三辨》七篇，“为后世墨者之书，非一人一时之作”，为第一部“杂论”；自《尚贤》至《非命》十题三十篇，“为墨子上说下教之言，而其徒记述者”，为第二部“十论”；《非儒下》“中无‘子墨子言曰’等字，知其为后世墨者之作”，为第三部《非儒》；自《经上》至《小取》六篇，“为墨子及其后墨者之作”，为第四部，从晋人鲁胜说为《墨辩》；自《耕柱》至《鲁问》四篇，“皆无意义之篇题，为墨者记述墨子应答其门弟子及时人之语，犹儒家《论语》为记孔氏一家之语”，为第五部《墨语》；自《公输》至《杂守》二十二篇,"《公输》篇外,余十一篇,皆有意义之篇题,为墨者记述墨子备守之术",为第六部《备守》。

前已述及,邢兆良在《墨子评传》中认定《墨经》为墨子所自著。由此出发,他辨析了《墨子》全书的结构,分全书为经、辩、论、述、技五个部分。具体篇目的分属类别是:《经》上、下和《经说》上、下共四篇,"概括了墨子的基本思想、基本方法和基本的道德行为准则",为"经"。《大取》《小取》两篇,"专讲名辩的理论与方法","以墨子的辩术来论证墨子的政治思想",为"辩"。"论"分为"通论"和"专论"。"通论"即栾调甫所说的"杂论","是一般论述墨子关于道德修养,人格完善,思想方法和社会思想的论文",故谓"通论";"专论"即栾氏所说"十论"加《非儒》篇,"分专题论述墨子的基本思想",故谓"专论"。"述"即栾氏所说的《墨语》加《公输》篇,"都是记载墨子的言行,是墨子生平的第一手史料",故谓"述"。自《备城门》以下至《杂守》,"专讲各种守城技术和兵法",故谓"技"。

栾、邢二人除对《墨经》在《墨子》一书中的地位与作者所持见解不同外,对篇目分类的看法,大同小异。由上所述还可以看出,《墨子》各篇分类的不同,与对其各篇内容、性质、时代与作者的认定有关。

3. 墨家

墨家由墨子创立之后，曾是与儒家齐名的显学；也与儒家一样，后来在发展中分为不同的派别。但不要说对墨家内部分为不同派别后各派的情况，由于史料太少而所知不多，就是对墨子在创立墨家学派后这个学派活动传播的情况，也由于同样的原因而所知甚少。

（1）当世显学

春秋战国，是中国古代史上鲜有其匹的大变革时代。这种大变革在意识形态领域的反映，便是所谓的“百家争鸣”。“百家”中的第一家，是孔子所创立的儒家学派。据《淮南子·要略》，墨子曾学儒者之业，授孔子之术。孔子及其所创立的儒家，崇周道，尚礼乐，重亲亲，提倡仁；主张“慎终追远”，认为这样才能使“民德归厚”。此说影响所及，自然是繁文缛节，厚葬久丧。墨子不以为然，“以为其礼烦扰而不悦，厚葬靡财而贫民，服伤生而害事，故背周道而用夏政”（《淮南子·要略》）。人们从《要略》中便可以知道，曾经师孔学儒的墨子，初始就是因为不满于孔子之术、儒者之业，才走上另为持论立说的道路；墨子和他所创立的墨家学派，原本就是作为孔子和儒学的批评者而产生和存在的。

墨子的墨家学说创立以后，很快便与儒家学说一样，成了当世显学。“世之显学，儒、墨也。儒之所至，孔丘也。墨之所至，墨翟也”。（《韩非子・显学》）墨家成了显学，成了与儒家抗衡的第二个大学派，这从墨家的反对者孟子对它的批评中，也可以想见其情形：“杨朱、墨翟之言盈天下。天下之言，不归杨，则归墨。”（《孟子・滕文公下》）

雄辩家的孟子，说起话来常有夸饰，当时的“天下之言”，不可能“不归杨，则归墨”。但无论如何，我们可以从中想见墨家学说的风行，当无疑问。此等情况，从荀子下述不无偏见的话语中，也可窥见：“礼乐灭息，圣人隐伏墨术行。”（《荀子・成相》）

墨家之学何以产生之后很快勃兴并且能与儒家之学对峙而成为显学？这个问题，看来应该在墨家之学自身及其所产生的客观历史环境条件中去寻求。

关于墨家之学自身，说它反映了个体小生产者的愿望、理想和要求，那是比较明显的。这也是学术界比较一致的认识。墨家产生于一个什么样的历史环境条件下呢？

笔者认为，中国古代历史走上阶级和国家道路的显著特点之一，是它没有摆脱原始的氏族血缘关系。在夏、商、西周三代，原始的以家长制家庭公社为表现的氏族血缘关系，还普遍存在着，可以说基本上还没有出现摆脱了这种原始血缘关系的个体小生产者。春秋战国时期，是以西周为典型的血缘等级分封这种国家形式，向统一专制主义中央集权这种国家形式转变过渡的历史时期。在整个社会，在当时居主导地位的农业生产领域，则是直接生产者挣脱以井田制为存在形式的家长制家庭公社的束缚，农业个体小生产者广泛出现的时期。相应地，那种有别于官府的手工业和商业之外的个体生产经营者也产生和逐渐发展起来。他们“日至于市，而不为官工”“日至于市，而不为官贾”（《管子·乘马》），直至“百工居肆”以货列买卖。当时社会经济领域，个体小生产者的农与工肆之人，他们挣脱了家长制家庭公社这种血缘关系的羁绊，取得了独立的，甚至是蓬勃的发展。这种历史存在，可以说便是讲求“役夫之道”的墨家之学产生并成为显学的基础和前提。

（2）墨家弟子

墨子先学儒而后去儒独自另创墨家学派，他因此而被誉为“北方贤圣人”。他所创立的墨家学派也很快成了显学。既然是显学，追随学习的弟子自然人数众多，影响也是非同一般的了。事实正是这样。《吕氏春秋·当染》：孔、墨“从属弥众，弟子弥丰，充满天下”，“孔、墨之后学显荣于天下者众矣，不可胜数”。还有同书《不侵》：“孔、墨，布衣之士也，万乘之主、千乘之君不能与之争士也。”随时从行和没有从行的学生，“弥众”“弥丰”“充满天下”和“显荣于天下者众矣”，甚至连雄踞一方的诸侯国君主，也“不能与之争士”。这种说法自然难免有所夸张。无论孔子还是墨子的学生，情况允许或条件合适，绝大多数还是乐意到万乘、千乘的诸侯国君主那里为官从政的；孔、墨特别是墨子说教的主要对象，是王公大人，为官从政才更方便把自己的信仰变成现实。但这种不无夸张的说法表明，在当时才出世不久而又不可低估的士阶层中，相信儒家或墨家学说成了时尚，当是事实。

士人们（当然不完全是士人，特别是在墨家那里）或从儒，或从墨，而儒、墨的学说，又主要是以现实政治或社会生活为对象，鲜明地提出了自己的改造主张的；士从其学，从一定意义上说，如同进了专科学校。学成之后，便找机会去从政，这是实现理想最方便的路，自己也因而发达起来。因此《吕氏春秋·当染》说：“孔、墨之后学显荣于天下者众矣，不可胜数。”但是墨子自己则终身未仕。《吕氏春秋·高义》：“翟度身而衣，量腹而食，比于宾萌，未敢求仕。”墨子其实是有入仕机会的，他可能主要为了宣传自己的学说而“未敢求仕”。

显学的墨家，弟子人数众多。然而不能不使人们觉得有些奇怪的是，见于记载并具体言及墨家弟子人数的，仅只《墨子·公输》和《淮南子·泰族训》两处而已。《公输》：“臣之弟子禽滑厘等三百人。”《泰族训》：“墨子服役者百八十人。”这当然远不是墨子弟子的全部，不然的话，墨家也就不可能成为显学了。当时众多的墨子的弟子，和弟子的弟子，都已史籍失载，无可考究了。同为显学的儒家的创始人孔子，司马迁为其立传且入“世家”，原因当然是此时儒学已处于独尊地位。与孔子有牵连的典籍，也成了钦定的经典，官学中师徒传授，“学也，禄在其中”（《论语·卫灵公》）。由此已成了历史人物的孔子的学生们也便沾了光。虽然司马迁对孔子及其所创儒家学说不无微词，但仍在他欲“藏之名山”的著述中作《史记·仲尼弟子列传》。而墨子所创墨家，此时早已式微。虽然墨家三派之一的墨侠末流可以说仍然存在，但已发生质变，也早不举墨家旗帜。司马迁也为任侠立传。他认为，“且缓急，人之所时有也”，“所谓有道仁人”也有遭难的时候，“况以中材而涉乱世之末流乎？其遇害何可胜道哉！”，因之“要以功见言信”的“侠客之义又曷可少哉！”（《史记·游侠列传》）。《游侠列传》中三分之一的文字，不是述传游侠而是论说游侠。司马迁感于身世，他是心向游侠的。然而当时“为侠者极众”的局面可以说已构成为社会的一种不安定因素，这是统治者所不能容忍的。所以司马迁在推扬游侠的时候，便不能不吞吞吐吐了。

司马迁对于游侠的认识也有误区。这就是他并不清楚游侠的来龙去脉，不认为当世的游侠与墨家后学之一派的墨侠有着一定的关系，因之才有对于侠者“然儒、墨皆排摈不载”的断言，并且认为这是“自秦以前，匹夫之侠，湮灭不见”的一个原因（《游侠列传》）。然而传述墨子，何以仅于《史记·孟子荀卿列传》的最后，了以区区二十四字为言呢？可以肯定，儒家其时若非独尊，孔子在《史记》中纵使有传，但绝对不会列于“世家”，也不会有《仲尼弟子列传》的。由此似乎可以认为，《史记》中仅以二十四字传墨子，除了史料上的原因，更主要的是，这大体反映了墨子和墨家在当时的地位，时移世变，曾是显学的墨家和他的创始人墨子，其时已经寂然无闻了。由此笔者认为，墨家弟子所以见于记载者甚少，其原因大致有二。一是如学人已经指出的，墨家弟子多为匹夫贱人，显于世的本来就少。二是汉时墨家学说便告中绝，已无信奉传播者。如此，墨家弟子见于记载的自然就寥若晨星了。或曰“论六家之要指”不仅论列了墨家，而且认为墨子的主张是“人给家足之道……虽百家弗能废”（《史记·太史公自序》）。但那说的完全是历史，是对墨家的历史评价，因而无助于墨家弟子事迹的流布。

孙诒让在《墨学传授考》中，搜集整理《墨子》一书和先秦诸子所记“凡得墨子弟子十五人，附存三人。再传弟子三人，三传弟子一人，治墨术而不详其传授系次者十三人，杂家四人，大都不逾三十余人，传记所载，尽于此矣”。对此，孙氏慨而言之：“彼勤生薄死，以赴天下之急，而姓名澌灭，与草木同尽者，殆不知凡几。呜呼悕已！”

墨子最有名的学生要数禽滑厘了。对他，《墨子》一书、《庄子·天下》、《史记·儒林列传》、《吕氏春秋·当染》都曾言及。《墨子·备梯》还记述了他与老师之间的这样一件事：“禽滑厘子事子墨子三年，手足胼胝，面首黧黑，役身给使，不敢问欲。”后来墨子以酒相邀，再三询问他有什么话要说，他才言及自己想学习战争中的防守之道。由此而有《墨子》中的《备梯》篇。其他如《备城门》《备高临》《备穴》《备蛾傅》诸篇内容，据云都是因禽子之请而述。这自然不一定是史实。《史记·儒林列传》说他与田子方、段干木、吴起“皆受业于子夏之伦，为王者师”，后来才师从墨子的。《墨子·公输》记载着禽滑厘随从墨子止楚攻宋的著名故事。此外，《吕氏春秋》中的《尊师》《高义》，《墨子》中的《耕柱》《鲁问》，也都提及墨子的其他弟子，但仅提及而已，颇为简单，史料价值不高。

（3）墨家三派

墨子所创立的墨家学说，同孔子所创立的儒家学说，当世同为显学；也同孔子身后的儒家内部分为不同的派别一样，墨子殁后，他的弟子也分化为不同的派别。

史籍最早对此有所记述的，是《韩非子·显学》和《庄

子·天下》。《韩非子·显学》:

> 自墨子之死也,有相里氏之墨,有相夫氏之墨,有邓陵氏之墨。故孔、墨之后,儒分为八,墨离为三,取舍相反不同,而皆自谓真孔、墨,孔、墨不可复生,将谁使定后世之学乎?

《庄子·天下》则是另一种说法:

> 相里勤之弟子,五侯之徒,南方之墨者苦获、己齿、邓陵子之属,俱诵《墨经》,而倍谲不同,相谓别墨。以坚白同异之辩相訾,以觭偶不仵之辞相应,以巨子为圣人。皆愿为之尸,冀得为其后世,至今不决。

对于上面两段内容有异的文字,郭沫若在《名辩思潮的批判》一文中谓:"相里勤不用说就是相里氏,五侯大概就是柏夫,这两派属于北方。邓陵与苦获、己齿属于南方,与前二派相合仍是三派。派别之分不知始于何时,但彼此之间有斗争,是不容忽视的。"

侯外庐等在《中国思想通史》(第一卷)中则认为,《天下》篇与《显学》篇所讲的,或为时代相接的两件事。此两事虽属同讲墨家后学的派别分裂,但《显学》篇所讲的是离为相里、相夫与邓陵三派,文字语句甚明,而《天下》篇所讲的则似此一分裂的继续,在继续分裂的阶段上,对立的派别似也未必仍为三派。例如“五侯之徒”，既已明言为“相里勤之弟子”，即不必为相（柏）夫氏其人。可能是以五侯为代表，而写“南方之墨者苦获、已齿、邓陵子之属”相对立，似已演变成为南北两派。且对已有《墨经》可诵，其“相谓别墨”的争论，到了《天下》篇作者的时代，仍在“至今不决”的阶段，则上距墨子之死为时颇久，疑为墨家分裂的晚期情形。

上述郭、侯之说，都只是一种推论，一种可能性，没有史实可以证明孰是孰非。因为墨家当时为显学，弟子多，但后世关于墨家弟子的记载则很少，有姓名可考者更少，这样，便造成人们对内部学派分合及其传授，很难寻绎清理，学人各有所见，分歧很大很多。这里且照录梁启超《墨子学案》与侯外庐等《中国思想通史》（第一卷）两种墨学派别源流：

梁启超《墨子学案》

甲：直系——禽滑厘、孟胜等

乙：著述家——胡非、随巢等

丙：部分实行家——宋钘等

丁：法家——尹文等

戊：名家——惠施、公孙龙等

己：无政府主义——许行

庚：游侠家

梁氏这里把宋钘、尹文、惠施、公孙龙与许行，都列为墨家后学了。这与当时墨学研究状况有关，无可厚非。现在反观梁氏当时的这种见解，当然不是历史实际。

侯外庐等《中国思想通史》（第一卷）侯氏等所列图（见图1），只能说明墨学传授及其辈次。论及墨家内部的派别，则认为：“庄、韩二书所指出的后期墨家派别，都是墨辩一派的支派，至于墨侠一派的人物，似均未言及。但墨子徒属众多,墨学兼涵‘辩’‘侠’,似不得以古人未言，即断为无有。”又谓:“墨子施教，似略仿孔门的分科制度。《耕柱篇》记墨子答复县子硕‘为义孰为大务’问时,曾说:‘能谈辩者谈辩，能说书者说书，能从事者从事。’此所谓‘谈辩’‘说书’‘从事’，是否即为‘墨离为三’的先天胎盘，不敢妄断;但‘谈辩’近乎‘名辩’，‘从事’有类‘武侠’。”至于“谈辩”，侯氏等提出：“墨辩派或起于惠、庄以及孟子、兒说诡辩盛行之际，墨子后学，师承墨子‘辩’的精神，发展并修正其固有遗义，并出而与之进行名辩思想的斗争;约至荀、韩之际，始告终结。”认为“墨子死后，他的弟子主要分为两派，一派注重名辩的研究，是为墨辩;另一派注重游侠的社会活动，是为墨侠”。

对照上面所列图和侯氏这里的分析，除去梁氏所说宋

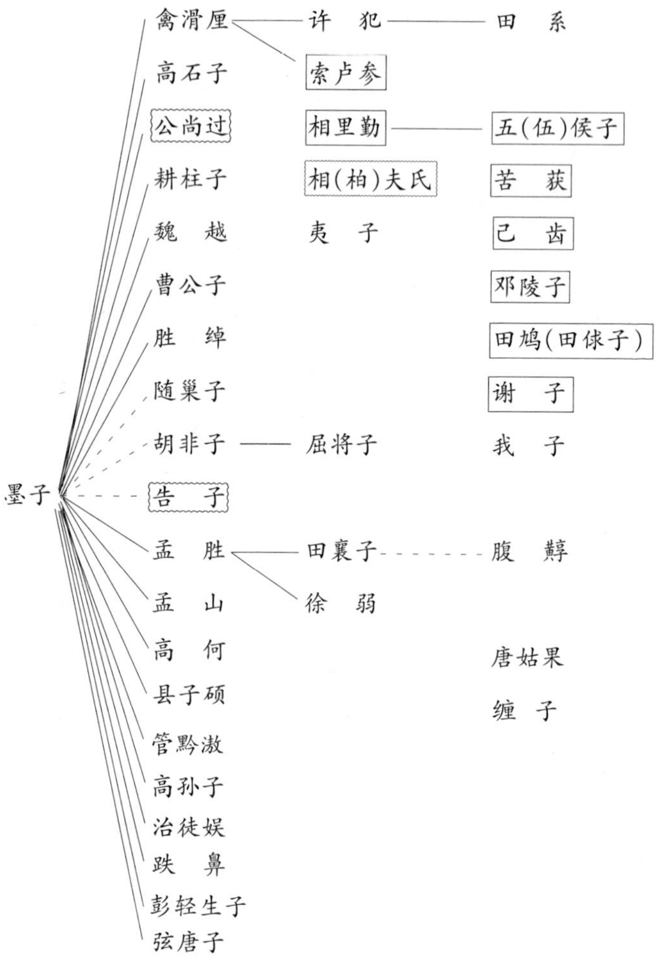

图1　墨学传授及其辈次①

①图中------符号，表示传授无确据而颇有可能的；——符号表示传授有文献记载的；人名有□符号的，表示其人为墨辩或富于辩者色彩的；人名有﹏符号的，表示其人染有辩者的倾向；人名与人名之间，只有传授辈次而无传授符号处，是依生年先后推定，并非表示其间的师承关系。

钘、尹文、惠施、公孙龙为不确外，梁、侯二氏对于墨子之后墨家内部派别情况的认识，可以看出分歧是相当大的。

邢兆良在《墨子评传》中，综合梁、侯二家而各有取舍，认为“墨离为三”的三派，具体说来应是游侠、论辩和游仕这三者：“墨家三派的活动方式虽然各不相同，或是从事，或是谈辩，或是著书，但其目的都是一致的”，即都是“坚持墨子的基本思想观点，实行墨子之道”。这种认识自然也有一定道理。历史实际是否如此，那当然是另外一回事了。

笔者以为，墨家学派在创始人墨子死后，他的弟子特别是后期墨家分化为不同的派别，所谓“墨离为三”，所谓“俱诵《墨经》，而倍谲不同，相谓别墨”，大概是肯定无疑的事实。实际上，这在思想史和学术史上，是一个十分自然和普遍的现象，有其必然性。中外如此，古今如此。纵观历史，凡是一个思想体系，或是一种学说，无不是在历史与现实的结合点上，应运而生。表现为宗师一人开创，群弟子师承。宗师的思想学说，在群弟子受业师承的实际过程中，十分自然地会各自有所侧重，有所取舍，有所发挥和发展。这种侧重、取舍、发挥和发展，随着历史与现实结合点的推移变化、历史环境条件的改变，从而固定下来并且传承下去，由此便逐渐形成了一家之中的不同派别，“取舍相反不同，而皆自谓真孔、墨”。

至于“墨离为三”，到底是哪三个派别，或者有更多的派别，上述不同的见解虽各有所本，但却又均非定论。根本的原因固然主要是有关的历史资料太少，因而只好臆测推论；这种臆测推论难免不够严密。比如说，“游侠”与“论辩”“游仕”的距离较远,角色转换不易,但“游仕”与“论辩”二者之间呢?

他们的角色便显然不会是固定不变的了。“孔、墨之后学显荣于天下者众矣，不可胜数”这话不免有些夸张，但说明墨家后学为官从政者并非个别。不过倘谓“以游说君主，入仕，实施墨子政治主张”(《墨子评传》)者能成为墨家三派之一，成为一个独立和较为稳定的集团，这种可能性则不是很大。游侠派实施墨子的政治主张，不以入仕为条件，但绝非拒绝入仕，公认为侠的墨子的弟子禽滑厘是这样，也属于侠的墨家巨子腹䵍、孟获还是这样；属于论辩派的“谈辩者”和“说书者”，那就更是这样了。看来关于墨子之后墨家内部的派别问题，治墨学者还要继续研究下去,这个问题确如侯外庐等在《中国思想通史》(第一卷）中所言 :“墨家徒属众多而可考者少，其派系的分合起讫及传授的源流，尤不易辨。”

（4）诸子对墨家的批评

就在墨家学说兴盛一时，徒属和信仰者众多的时期，诸子对他的批评，也纷至沓来。这些批评，固然多半是立足于自己的学说信仰，对墨家之学取排斥态度，因而难免带有偏见；但也并非全无道理，有的还相当深刻，是可以说明一些问题的。先看孟子的批评：

杨氏为我，是无君也；墨氏兼爱，是无父也。无父无君，是禽兽也。公明仪曰："庖有肥肉，厩有肥马，民有饥色，野有饿莩，此率兽而食人也。"杨、墨之道不息，孔子之道不著，是邪说诬民，充塞仁义也。仁义充塞，则率兽食人，人将相食。吾为此惧，闲先圣之道，距杨、墨，放淫辞，邪说者不得作。……昔者禹抑洪水而天下平，周公兼夷狄，驱猛兽而百姓宁，孔子成《春秋》而乱臣贼子惧。《诗》云："戎狄是膺，荆、舒是惩，则莫我敢承。"无父无君，是周公所膺也。我亦欲正人心，息邪说，距诐行，放淫辞，以承三圣者；岂好辩哉？予不得已也。能言距杨、墨者，圣人之徒也。（《孟子·滕文公下》）

这里孟子完全把墨子的兼爱看成了邪说甚至是洪水猛兽，因而批评攻击不遗余力，还认为自己这样做并非好辩，而是不得已。其实，开口不离仁、义的孟子，和力倡"仁者爱人"的孔子，他们的仁义之于墨子的兼爱，不过是爱有差等和兼爱——爱无差等之别而已。两相比较，虽然是爱有差等更符合历史实际一些，但这里孟子的批评似乎有些情绪化了，其实在另一个地方，孟子对于墨子的兼爱并未完全否定：

杨子取为我，拔一毛而利天下，不为也。墨子兼爱，摩顶放踵利天下，为之。子莫执中，执中为近之。执中无权，犹执一也。所恶执一者，为其贼道也，举一而废百也。(《孟子·尽心上》)

孟子似乎也不能不赞赏墨子这种“摩顶放踵利天下，为之”的精神，只是认为兼爱太偏执了，和杨朱的为我一样，都是走极端，因而都有害于仁义之道，会导致“举一而废百”的结果，因而他要加以反对。

在诸子对墨子的批评驳诘中，以荀子较为深刻。他的批评毫无孟子似的情绪化，可以说完全是理性的分析：

（墨子）不知壹天下、建国家之权称，上功用、大俭约而僈差等，曾不足以容辨异、县君臣。(《荀子·非十二子》)

墨子有见于齐，无见于畸……有齐而无畸，则政令不施。(《荀子·天论》)

墨子蔽于用而不知文。(《荀子·解蔽》)

荀子这里的批评，也主要是针对墨子的兼爱，其次是节用而言的。人与人之间无差等的爱，“有见于齐，无见于畸”，这是片面的，会导致“政令不施”；凡器用但以俭约为准，只重实用，“蔽于用而不知文”，否定差别，其结果自然是“不足以容辨异、县君臣”，因而也就不可能见用于世。荀子之言，可谓切中肯綮。

《庄子·天下》肯定了墨子其人，但又认为他的学说难于实行：

> 不侈于后世，不靡于万物，不晖于数度，以绳墨自矫，而备世之急。古之道术有在于是者，墨翟、禽滑厘闻其风而说之。为之大过，已之大顺。作为《非乐》，命之曰《节用》。生不歌，死无服。墨子泛爱兼利而非斗，其道不怒。又好学而博，不异，不与先王同，毁古之礼乐。……今墨子独生不歌，死不服，桐棺三寸而无椁，以为法式。以此教人，恐不爱人；以此自行，固不爱己。未败墨子道。虽然，歌而非歌，哭而非哭，乐而非乐，是果类乎？其生也勤，其死也薄，其道大觳。使人忧，使人悲，其行难为也。恐其不可以为圣人之道，反天下之心。天下不堪。墨子虽独能任，奈天下何！离于天下，其去王也远矣。……墨翟、禽滑厘之意则是，其行则非也。将使后世之墨者，必自苦以腓无胈、胫无毛相进而已矣。乱之上也，治之下也。

> 虽然，墨子真天下之好也，将求之不得也，虽枯槁不舍也。才士也夫！

《庄子 · 天下》的作者可以说对墨子其人及其学说持同情态度，肯定了墨子热爱天下的人民，为此而千辛万苦也不后悔，是个了不起的人："墨子真天下之好也，将求之不得也，虽枯槁不舍也。才士也夫！”但是同时作者又不能不指出，墨子的想法虽然很好，然而主张并不可取，“意则是，其行则非也”；有些主张，“其行难为”，人们很难办到；“其道大觳”，墨家的学说太苛刻了。“反天下之心。天下不堪。墨子虽独能任，奈天下何！”，作者对墨家学说的结论是："离于天下，其去王也远矣。”

荀、庄的批评，相当深刻地道出了墨子及其学说的偏颇，也部分地透露了它由显学到绝学的消息。

（5）由显学到绝学

曾几何时，墨家学派由显学变成了绝学。这事发生在什么时候呢？孙诒让在《墨学传授考》中说：

> 盖墨学之昌几埒洙泗，斯亦盛矣！……犷秦隐儒，墨学亦微。至西汉儒复兴，而墨竟绝。

“犷秦隐儒，墨学亦微”，其时儒、墨同命，甚至可以说是儒生的遭遇比墨者还惨。例证之一是“焚书坑儒”的

“焚书”，虽然也肯定有《墨子》，但所坑杀的那些人中，却尽是儒生而无墨者。《史记·秦始皇本纪》所述坑儒后，始皇长子扶苏对乃父的谏言足以说明这个问题：“诸生皆诵法孔子，今上皆重法绳之，臣恐天下不安。唯上察之。”其时，“显荣于天下”和在朝用事者，自非儒者，也不复有墨者。曾几何时，两个大学派和它们的众多信奉者，似乎都不再存在了。

但是何以“至西汉儒复兴，而墨竟绝”，并且从此以后成了绝学了呢？近些年来在墨学的研究中，学人们对此各有自己的认识。

任继愈在《中国哲学发展史》（先秦）中，指出墨子的社会政治主张存在着三个内在矛盾：一是“既为劳动者利益呼吁，又讲全社会同利，即思想的特定的阶级内容与普遍性形式之间的矛盾”，二是“平等互助观念与等级观念同时并存”，三是“一方面讲究实际、注重实行，另一方面又富于幻想、迷信说教”。任氏还进一步指出，“墨子社会政治思想的上述矛盾，是当时小生产者阶级二重性的深刻表现”。在社会政治主张上存在着这三个内在矛盾，是否就是时至西汉而墨学竟绝的原因，任氏未述及。但是我们可以想见，一个充满矛盾的政治思想体系，怎么会有实践的可能，又怎么会长时期地存在呢？

周才珠在《墨子全译》的“绪言”中说，“墨学的中绝大致有四个方面的原因"：一是"墨家思想体系与统治阶级思想不合拍，因而遭到统治阶级的厌弃与反对"，二是"其学说本身不能适应阶级社会生产关系的变化，与当时的经济基础不协调"，三是"遭到在思想上占统治地位的儒家的非难与排斥"，四是"墨家'日夜不休以自苦为极'（庄子语）的精神及过于严格的组织形式，为一般人难于接受与坚持"，五是"墨学质朴少文"。这些原因中最重要的，可能是第二个方面，因为这"第二个方面"的存在，所以才会"遭到统治阶级的厌弃与反对"，才会有"儒家的非难与排斥"，也才会导致其"'日夜不休以自苦为极'（庄子语）的精神及过于严格的组织形式"没有变化。但是追本溯源，这"第二个方面"之所以存在，不仍然是因为墨子的社会政治主张存在着任氏所述三个内在的和不可克服的矛盾吗？所以笔者认为，任说可能更为深刻一些。

不过，任氏的墨子的政治主张存在着三个内在矛盾也好，周氏所谓墨学的中绝大致有四个方面的原因也好，这在墨家产生之初原本就存在着的，何以在战国时期墨家之学能成为显学，而在秦和西汉时期则成了绝学呢？由此可见，单从墨家之学自身来认识问题，显然是不全面的。

孙中原在《墨学通论》的墨学"衰微原因探析"部分，主要从社会经济形态转变的角度，探析了墨学衰微的原因。

孙氏指出："墨学中衰的主要原因，是其曾经部分地代表了由奴隶制下解放出来的自由平民阶层（即'农与工肆之人'）的利益。这一阶层在春秋末战国初曾经活跃于一时，墨子的思想部分地反映了他们的要求。随着这一阶层演变为封建制下的小生产者，就逐渐被纳入封建宗法制度的藩篱，成为巩固封建制度的广泛社会基础。因此，在初期渗透平民色彩的墨子思想，已不符合封建统治者的需要。封建统治者更喜欢儒者所谨守的所谓'圣王之道'，不喜墨子的所谓'役夫之道'。"又说："墨学衰绝的真正原因或主要原因，是其不适合中国封建社会统治阶级的需要。"孙氏的探析，使得人们对问题的认识前进了一步，不过笔者认为，对此仍有再进一步深入讨论的必要。

（6）显学与绝学的原因

意识形态领域的史事，往往更为复杂。但是不管怎么说，墨家之学的勃兴和它由显学到绝学的原因，应该在墨学自身及其客观历史环境条件这两个方面去寻找，当无疑义。

墨家产生于一个什么样的历史环境条件下呢？

中国历史走上阶级和国家道路的显著特点之一，是它没有摆脱原始的氏族血缘关系。在夏、商、西周三代，可以说基本上不存在那种摆脱了以家长制家庭公社为表现的氏族血缘关系而独立存在的个体小生产者。春秋战国时期，是以西周为典型的血缘等级分封这种国家形式，向统一专制主义中央集权这种国家形式转变过渡的历史时期。在整个社会，在当时居主导地位的农业生产领域，则是直接生产者摆脱以井田制为存在形式的家长制家庭公社束缚，农业个体小生产者广泛出现的时期。相应地，那种不同于处身官府的手工业和商业也便产生和日益发展起来。他们"日至于市，而不为官工""日至于市，而不为官贾"(《管子·乘马》)，直至"百工居肆"以货列贩卖。战国时期，在社会经济领域，这种个体小生产者的农与工肆之人，摆脱了家长制家庭公社血缘关系的羁绊和井田耕作的束缚，获得了相对来说独立的，甚至是蓬勃发展的地位。这种历史存在，便是讲求"役夫之道"的墨家之学产生并很快成为显学的基础和前提。

墨家创始人墨子是一个能工巧匠。他的社会政治思想，明显地主要反映了个体小生产者的地位、处境、愿望、理想和要求。但正如任继愈所指出的，这个阶级的两重性决定了墨家政治思想的两重性，和其不可克服的内在矛盾。除此之外，笔者认为，墨家政治思想另一个显著的特点，同时也是它的根本的弱点，便是它的空想和幻想的性质。这一点，任氏亦有论及。但是笔者认为还很不够。墨子比起被视为"迂远而阔于事情"(《史记·孟子荀卿列传》)

的孟子，实在还要迂阔得多。

在当时的历史条件下，墨子的政治思想，确实为个体小生产者描摹了一个理想国，因而信者众多，成了显学。但是兼爱也好，非攻也好，尚贤、尚同也好……在战国之世，甚至是在更长的历史时期，除道德评价上的意义之外，实在没有任何实践的力量。它可以说与当时的社会现实及其发展趋势，是南辕北辙的。兼爱，可以说是墨子政治思想的出发点和基础。俞樾在《墨子间诂》的序文中就说："墨子惟兼爱是以尚同，惟尚同是以非攻，惟非攻是以讲求备御之法。"然而就是在当时众多的墨家信徒那里，历史的实际可能也是，言者众而全信者寡，全部实行者更寡。《庄子·天下》的作者谓其"反天下之心。天下不堪"，又谓"墨子虽独能任，奈天下何"，是有见地的。但是虽然如此，在当时，它却有着成为显学的条件和基础。为什么？首先，因为它反映了众多个体小生产者特别是那些处境每况愈下的个体小生产者的地位、处境、愿望和要求，反映了这个阶级善良天真但又不切实际的一厢情愿。

其次，战国时期那种政治环境，那种士人可以心想事成地游历各国，那种任何思想和学说都可以存在和争鸣的社会环境条件，则是促成墨家学说成为显学的一个极端重要的外部原因。没有史实可以说明当时任何一个诸侯国君主曾经信行了墨家的学说。但在当时，学术已下私门，聚徒讲学的风气已开，士阶层已经活跃起来。这些被称为士的知识分子，是各种思想学说的信奉、宣传或创立者，同时又是官吏的预备队、社会的精英或君主的智囊人物。当时的一些布衣之士，在成了卿相执掌政柄之后，对一些诸侯国的发展强大确实起到了重要作用。因此，在诸侯国君主们那里，对各家各派的士人，虽不信行其说，但一般都能见其人听其言，尊之礼之而不开罪的。士人们也是合则留，不合则去，此处不信我、用我，自有信我、用我处，意气昂扬地到其他诸侯国去；到了另一个诸侯国，仍然是高睨大谈，放言纵论，无所避忌，妄言妄听。这可以说是中国古代少有的知识分子人格独立的时代，“百家争鸣”的历史环境条件，也是墨家成为显学的外部原因。

然而曾几何时，到了西汉以后，“儒复兴，而墨竟绝”。这原因仍然应该在墨家学说自身和历史环境条件中去寻找。

对于墨家本身来说，笔者认为就其政治思想而论，问题仍在于它内在的不可克服的矛盾和它的空想与幻想。因为它本身存在着这两个根本的和无法克服的弱点，所以便只可能勃兴于一时，不可能长久。事情似乎十分明显：一个自身存在着不可克服的内在矛盾的政治思想，便不可能一以贯之；一个充满空想和幻想的蓝图，纵然美好，也终属画饼充饥。这便注定了它只可能短时间存在，一定会成为绝学。再加上历史环境条件的巨大变化，使之成了无源之水和无本之木，这就使得墨子的政治思想不再有继承者、宣传者和信行者了。

至于历史环境条件的变化，那是比较清楚明白的。

秦汉以降，中国古代历史上最基本的事实，是由地主经济关系所决定的地主阶级与农民阶级间的矛盾斗争，和在这种经济政治关系上建立起来的统一专制主义中央集权国家。固然在西汉特别是其前期，个体小农和个体工商业者有过发展兴盛，社会经济生活中大量存在着这种个体经营者。其实非特西汉时期为然。从秦汉直至明清，虽然情况各不相同，但每当大乱之后所建立起来的新王朝的前期，都不乏这种个体经营者的存在发展甚至是一定程度的兴盛。统治者对他们特别是个体独立农民，还在政策上采取种种保护和扶植措施。个体小农经济，一些学者习惯地称其为自耕农，曾经长期是统一专制主义中央集权国家繁荣强盛的一个条件和原因。但从整个社会经济关系的全局来看，从这种经济关系发展的趋势、倾向和必然性的角度来认识，这种个体小农经济一定程度的繁荣发展过程，同时也是农民分化、失地破产和沦为地主阶级剥削对象的过程。独立的个体小农经济是漫长中国古代社会地主经济产生发展和变化的一个有机组成部分。因之，客观上部分地代表了这种独立的个体农民的利益和为他们说话的，便只可能是站在统一专制主义中央集权国家立场上的思想家和政治家。他们已不再可能如在其“产生”之初，有属于自己的和独立的政治思想上的代表者如墨子，更何况这时统一专制主义中央集权国家早已选择并改造了儒家学说以适应自身的需要。墨家政治思想的不适宜性非特因为它是“役夫之道”，“少也贱”的孔子对劳动者并不反感，中国古代思想家和政治家为农民说好话的也并不鲜见。墨家之学即它的政治思想成为绝学，它自身的弱点已如上述；它得以产生的基础即独立的个体小生产者，秦汉以后也已融入地主经济政治关系，成为后者发展变化过程中不可或缺的有机组成部分，失去了自己独立存在的历史地位，其在意识形态领域的代言人，自然也就不可能独立地出现和存在下去了，于是墨家之学即其政治思想，遂告中绝。

至于墨家学说中其他部分成为绝学的原因，孙中原在《墨学通论》中的看法，大体平实近真：墨家所总结的辩论术即逻辑学，因汉武帝的罢黜百家、独尊儒术，学术上自由讨论争鸣的结束而受到冷落。秦以后近两千年，中国在经济上主要是以农业为主的自然经济，统治者长期重农抑商，天文、历法、农学和医学等受重视，《墨经》所总结的较为高深而又抽象的哲理，和数学、力学、光学等自然科学知识，则不被重视。秦汉时中国实现了大一统，墨家所总结的小国、小城防御战略战术，便也被人们置于脑后。

（7）绝学未绝

墨家学说勃兴于战国时期，与其时的儒学同为显学，秦时儒、墨均遭排斥，到了西汉武帝时期，儒学尊显而墨学不传，成了绝学。孙诒让最先提出了这种看法，所谓“犷秦隐儒，墨学亦微。至西汉儒复兴，而墨竟绝”。孙氏此论，明显地是将儒、墨两家相比较而言的。就是说，所谓“墨竟绝”，是指墨家之学从此之后，已不复作为一家而独立存在了。这种认识无疑是符合历史实际的。不过这里有两个问题，应当辨明。一是墨家之学虽曾一度成为“几埒洙泗”的显学，因而有孟子所夸张的“天下之言，不归杨，则归墨”的局面，但在那之后，在战国末期，墨学便已少其传人，不复昔日；西汉武帝以前，更是如此。二是汉武帝时，“诸不在六艺之科孔子之术者，皆绝其道，勿使并进”，这种“推明孔氏，抑黜百家”之举，（《汉书·董仲舒传》）明白地定性了六艺之科、孔子之术以外的百家之学，都属“邪辟之说”，因而都在抑黜之列，并非只是墨家为然的。因而要说所谓绝学，儒家之外其他战国时期的百家，事实上几乎可以说都成了绝学，都不复作为一家而独立存在，与墨家的境遇大体无异。梁启超在《清代学术概论》之“十六”中就明白地指出了这个事实：

盖自汉武罢黜百家以后，直至清之中叶，诸子学可谓全废。若荀若墨，以得罪孟子之故，几莫敢齿及。

“若荀若墨”是不是“以得罪孟子之故”而废，自可讨论，但“自汉武罢黜百家以后，直至清之中叶，诸子学可谓全废”的说法，则大体是历史的实际。到什么时候诸子学才由废而兴呢？梁氏继续说：

及考证学兴，引据惟古是尚，学者始思及六经以外，尚有如许可珍之籍。故王念孙《读书杂志》，已推勘及于诸子。其后俞樾亦著《诸子平议》，与《群经平议》并列。而汪、戴、卢、孙、毕诸贤，乃遍取古籍而校之。

夫校其文必寻其义，寻其义则新理解出矣。故汪中之《荀卿子通论》《墨子序》《墨子后序》……孙星衍之《墨子序》……我辈今日读之，诚觉甚平易，然在当日，固发人所未发，且言人所不敢言也。后此洪颐煊著《管子义证》，孙诒让著《墨子间诂》，王先慎著《韩非子集释》，则跻诸经而为之注矣。

梁氏这里讲述了汉武而后直到清季，诸子学包括墨家之学由冷到热的情况，这在今天看来，依然是历史过程的如实反映。不过，这已是诸子和诸子之学的研究，是一种学问，而不是作为一家和一种信仰而存在的。作为一家和一种信仰而存在的墨家之学，仍然同儒家之外的其他各家一样，已不复存在了。就此说来，“墨竟绝”，似无什么特别之处。

然而墨家之学真的亡绝了吗？

就现存虽有亡缺的《墨子》一书来看，它包罗宏富，涉及诸多方面。但在战国之世，墨家之成为显学，影响最大和起决定作用的，应该主要是其兼爱、非攻、尚贤、尚同、节用、节葬等政治思想。单就其政治思想而言，谓其中绝，并不如此简单，或者说，并不符合历史实际。

从理论上来说，大凡一个国家，一个民族，只要其历史并未中绝，并未骤然发生根本性的变化，而是在继续，在发展，那么，曾经植根于社会现实的各种思想和学说，只会相应于社会关系的推移变化而变化。这里，社会现实生活状况具有根本性的意义，但是历史的继承性包括思想和学说的继承性，同样也是不言而喻的。墨子政治思想的历史命运，也是这样。

史实说明，墨子及其后学所阐述的那一套政治思想，无论在汉武帝罢黜百家之前还是以后，都并未完全排除于统治者及其政治理论家的视野。西汉的一些最高统治者如汉文帝，就曾力主节用、节葬。《史记·孝文本纪》：

> 即位二十三年，宫室苑囿狗马服御无所增益，有不便，辄弛以利民。尝欲作露台，召匠计之，直百金。

上曰:“百金中民十家之产，吾奉先帝宫室，常恐羞之，何以台为！”上常衣绨衣,所幸慎夫人,令衣不得曳地,帏帐不得文绣，以示敦朴，为天下先。治霸陵皆以瓦器，不得以金银铜锡为饰，不治坟，欲为省，毋烦民。

文帝临终前还留下遗诏，指出有生必有死，“死者天地之理，物之自然者，奚可甚哀”！如果因他之死而使人们“重服久临，以离寒暑之数，哀人之父子，伤长幼之志，损其饮食，绝鬼神之祭祀”，会使他对不起天下的人们。因此要求全国，从诏令到达之日起，哭吊三日就除去丧服。不要禁止嫁娶、祭祀、饮酒食肉。孝带勿过三寸，送葬勿陈车驾兵器，宫中应哭祭的人，只要早晚各哭十五声便可，此外不得哭泣。葬后大功只服丧十五日，小功十四日，缌麻七日，后宫夫人以下的美人直至少使，皆遣归。不能说汉文帝刘恒是墨家信徒，但身为皇帝，他确实是在实践着节用和节葬。至于当时广泛存在着的个体小生产者，他们本无力“慎终追远”，节用、节葬，更是势在必行。

西汉时的政治家晁错，也曾一再为农民小生产者呼吁。在《汉书·食货志》所录著名的《贵粟疏》中，他淋漓尽致地陈说了农民的苦况,要求“落实”“尊农夫”的政策,“为其开资财之道”，用“贵粟”的办法，使“农民有钱”而不饥不寒。就连提出独尊儒术，认为儒家以外的百家都是

"邪辟之说"的董仲舒，也曾指出，"身宠而载高位，家温而食厚禄，因乘富贵之资力，以与民争利于下"，"此刑罚之所以蕃而奸邪不可胜者也"。(《汉书·董仲舒传》) 类似的历史例证实在太多，举不胜举；在历朝历代的内政改革家那里，往往尤其如此。似乎可以这样认为：西汉而后，中国古代历史上那些有作为、有远见的政治家和政治思想家，包括一些皇帝，他们都不同程度地有着作为个体小生产者的"农民意识""农民情结"。这倒不是他们自乱阵线，而是当时的社会现实使然，统一专制主义中央集权国家的稳定和发展使然，历史阶段使然。

至于尚贤尚同，贤人政治，那就非特西汉时期，其实这是西汉以后多数的统治者和政治思想家所主张的。贤人秉政，上令于下，下同于上，最后所有的臣民都上同于最高统治者的皇帝，这是统治者所要求的，是政治思想家的题中必有之义，更是为统一专制主义中央集权国家这种现实所规定的。

再说兼爱。儒家本来就提倡仁，提倡爱，"仁者爱人"。儒、墨两家在"爱人"的见解上，区别只是在于主张爱有差等和爱无差等的问题。墨家的爱无差等，本来就只能是一种主观意愿和幻想。它在社会现实生活的发展变化中，在政治家的政治实践中，在政治思想家的思想中，也为儒家的爱有差等所替代了。

西汉武帝时期，“罢黜百家，独尊儒术”，这是意识形态领域的一大变化。事实上，这里的儒术和它的创立者孔子，也已面目大变，非复昔日。且看“治《公羊春秋》，始推阴阳，为儒者宗”（《汉书·五行志》）的董仲舒，他的思想便十分驳杂。儒术之外，阴阳五行，天地鬼神，刑名法术甚至黄老无为，也都融入了他的思想体系。《春秋繁露·离合根》：

> 故为人主者，以无为为道，以不私为宝。立无为之位而乘备具之官，足不自动而相者导进，口不自言而摈者赞辞，心不自虑而群臣效当，故莫见其为之而功成矣，此人主所以法天之行也。……为人臣常竭情悉力而见其短长，使主上得而器使之，而犹地之竭竟其情也，故其形宜可得而财也。

寥寥数语，道家的无为，墨家的天志，邹衍的阴阳和法家的势、术，尽在其中。这就是向汉武帝建言“推明孔氏，抑黜百家”、斥儒家之外百家皆“邪辟之说”的“儒者宗”！

然而所有这些源自百家而本非儒家的思想学说，又都不是在百家各自的名义下独立地存在着的，百家已被罢黜。就此说来，“诸子学可谓全废”，非特“墨竟绝”。问题的另一个方面是，百家之说现在已为被改造了的儒家有选择地吸收而融入于非复昔日的“儒术”之中，成为当时儒家思想学说的有机组成部分。所以就此说来，诸子之学包括墨学，又何废、何绝之有？这样认识问题，笔者认为才比较符合思想史的实际。

儒术定于一尊了，与孔子有关的历史文献便成了钦定的知识分子的教科书，成了经典。再辅以一定的政策措施，知识分子们便只有在这个既定的范围内讨生活。但现实的社会又总是第一位的和具有决定意义的。于是，这些儒家典籍便好似酵母，由社会现实提供基质和原料，经由儒生之手，制造出各种各样的“食品”，以适应统治者们的口味。这样，儒学便不断变化，孔子便不断改变面孔。这期间，先秦时的诸子，也仍然在为其继续供给营养。不过标志不会是诸子，那是没有出路的，甚或危险。高扬的仍然是儒家旗帜，祖师爷仍然是孔子。如此而已。

（8）历史上的墨子、《墨子》和墨家研究

历史上对墨家学说进行较为全面评价和介绍墨家各派活动的，是《庄子·天下》。从其所谓墨家“以巨子为圣人。皆愿为之尸，冀得为其后世，至今不决”数语来看，其时当在墨家分成三派“相谓别墨”以后。《天下》篇评价墨家，前文曾有征引，这里不再赘述。

司马谈、司马迁父子的“论六家之要指”“六王毕，四海一”(《阿房宫赋》),墨家衰微。继《庄子·天下》之后，最早对墨家进行较为全面系统评价的，是司马谈、司马迁父子。在《史记·太史公自序》的“论六家之要指”部分，他们父子把墨家与阴阳、儒、名、法和道德即道家，并列为六家中的一家；认为它们的共同之点，都是努力探讨治国的理论，以求天下太平，不过所由之路不同，考虑得周到或不够周到而已。但实际上，谈、迁所倾心的，似乎是道家，因为六家之中唯一没有指出其不足之处的，便是道家。他们对儒家不感兴趣，仅仅认为其“序君臣父子之礼，列夫妇长幼之别”，值得肯定，并不比名、法两家好到哪里。他们父子对墨家的具体评论，全文如下：

> 墨者亦尚尧舜道，言其德行曰：“堂高三尺，土阶三等，茅茨不翦，采椽不刮。食土簋，啜土刑，粝粱之食，藜藿之羹。夏日葛衣，冬日鹿裘。”其送死，桐棺三寸，举音不尽其哀。教丧礼，必以此为万民之率。使天下法若此，则尊卑无别也。夫世异时移，事业不必同，故曰“俭而难遵”。要曰强本节用，则人给家足之道也。此墨子之所长，虽百家弗能废也。

谈、迁父子对墨子思想的“要指”，所谈并不全面，甚至没有道及其主要方面，只论及节用和节葬。但他们如实肯定了墨者借崇尚尧舜以宣传自己的节俭主张，只是认为墨家的这种主张“俭而难遵”，也就是过于注重俭约而人们难于遵行。所以然的原因，是墨家没有考虑到世代不同与时事变化。与荀子批评墨子“上功用、大俭约而僈差等，曾不足以容辨异、县君臣”一样，认为丧礼统一，都以“桐棺三寸，举音不尽其哀”为准，便会“尊卑无别”。但墨家学说的要领，在于“强本节用”，真的如此，便会“人给家足”，这是其长处，是百家中任何一家的学说都不能替代的。这里谈、迁父子立足于当世，较为客观平实地评价了墨子学说的部分内容。笔者以为，值得注意的是，有条件“紬史记石室金匮之书”“愍学者之不达其意而师悖，乃论六家之要指”（《史记·太史公自序》）的司马迁父子，亲读《墨子》是不成问题的。但他们又片面地将墨家学说的“要指”，仅仅归结为“强本节用”，这是何道理？是不是他们已有见于其不切实际，才未论及兼爱以及由兼爱而生发的尚贤尚同等等呢？这是有可能的。世事已经发生了巨大变化，对于个体小生产者，对于普通民众和也为他们说几句话的人来说，其愿望，已不再是不切实际的兼爱之类，而是通过切切实实的“强本节用”而“家给人足”。由此而“论六家之要指”中的墨家要指，便与《墨子》书中所述，同时也是战国时期墨子所创的墨家要指，有所不同了。

鲁胜的《墨辩注》 西晋学者鲁胜，字叔时，代郡（治所在今河北省蔚县东北）人。《晋书·鲁胜传》说他“少有才操，为佐著作郎”，即著作郎的助手，掌采访史料，参与修史。“元康初,迁建康令。”他精通历法,在建康任上，写作了天文历法著作《正天论》。曾上书皇帝，请求对自己的著作，“下群公卿士考论。‘若臣言合理，当得改先代之失，而正天地之纪。如无据验，甘即刑戮，以彰虚妄之罪’。”。可是“事遂不报”,鲁胜修订历法的愿望未能实现。他“尝岁日望气，知将来多故，便称疾去官。中书令张华遣子劝其更仕,再征博士,举中书郎,皆不就”。从此归隐，专事著述。本传说他“著述为世所称,遭乱遗失,惟注《墨辩》,存其叙”。可知其所作非止《墨辩注》一种，只是都与《墨辩注》一样，因遭乱而遗失了。《晋书·鲁胜传》所保存下来的《墨辩注叙》，不足三百字，今全录之如次：

名者所以别同异，明是非，道义之门，政化之准绳也。孔子曰：“必也正名，名不正则事不成。”墨子著书，作《辩经》以立名本，惠施、公孙龙祖述其学，以正别名显于世。孟子非墨子，其辩言正辞则与墨同。荀卿、庄周等皆非毁名家，而不能易其论也。

名必有形，察形莫如别色，故有坚白之辩。名必有分明，分明莫如有无，故有无序之辩。是有不是，可有不可，是名两可。同而有异，异而有同，是之谓辩同异。至同无不同，至异无不异，是谓辩同辩异。同异生是非，是非生吉凶，取辩于一物而原极天下之污隆，名之至也。

自邓析至秦时名家者，世有篇籍，率颇难知，后学莫复传习，于今五百余岁，遂亡绝。《墨辩》有上下《经》，《经》各有《说》，凡四篇，与其书众篇连第，故独存。今引说就经，各附其章，疑者阙之。又采诸众杂集为《刑》《名》二篇，略解指归，以俟君子。其或兴微继绝者，亦有乐乎此也！

根据这篇叙文，可以了解鲁胜所以注《墨辩》和已经失传的《墨辩注》的一些情况。首先，他所注的《墨辩》，包括今本《墨子》五十三篇中的《经》上、下和《经说》上、下，“《墨辩》有上下《经》，《经》各有《说》，凡四篇”。这四篇文字，包罗宏富，涉及哲学、自然科学和社会科学的诸多领域，但鲁胜总称其为《墨辩》或《辩经》，可见他着眼于《墨经》中的论辩和论辩立论的形式方面。这大概是由于魏晋时期，玄学取代经学而成为当时社会思潮的主流，一些学者和士大夫以“辩名析理”为务为业，因而使同为学者的鲁胜，把眼光投注到“辩”的历史存在形式上去。同异之辩，至关重要，所谓“同异生是非，是非生吉凶”，“取辩于一物”，就能“原极天下之污隆”。但是由于“自邓析至秦时名家者，世有篇籍，率颇难知，后学莫复传习，于今五百余岁，遂亡绝”，从而有《墨辩注》。称《墨经》为《墨辩》，这是鲁胜的创造，也是时代使然。

其次，鲁胜认为《墨子》中的《经》上、下和《经说》上、下，是墨子所自著：“墨子著书，作《辩经》以立名本。”此说有何根据，已无从确考。他的这一看法，近世治《墨子》的学人，认为《墨经》为墨子所自著，无不视之为立说的论据之一；反之，则以为鲁胜之说并未深考，不足为据。

再次，“惠施、公孙龙祖述其学，以正别名显于世”。鲁胜认为惠施和公孙龙都是墨家后学。此说对近世个别学者虽不无影响，但多以为鲁胜所说，不是历史实际。“自邓析至秦时名家者，世有篇籍，率颇难知”，鲁胜这里视邓析为名家的创始人。惠施、公孙龙自属名家无疑，可是鲁胜又以为二人祖述墨家。可能的原因，是他以为名辩思想家所讨论的坚白、同异、名实、火不热、影不动以及有穷无穷等等，《墨辩》也有论述，而《墨辩》又是早于惠施、公孙龙的墨子所自著，因之便谓二人为墨家后学了。对此，鲁胜在《墨辩注叙》里并没有交代清楚。

最后，《墨辩》中的《经》与《经说》，各自独立成篇，后者又是解说前者的。《墨辩》这种结构上的特点，鲁胜最先发现。结构如此，他在《墨辩注》中，便采用了“引说就经”这种正确的研究方法。“今引说就经，各附其章，疑者阙之。”所谓“各附其章”想来就是分别以《经说》上附之《经》上,《经说》下附之《经》下。然其又谓:“《经》各有《说》,凡四篇,与其书众篇连第,故独存。”这里显然是说《墨子》原书的《经说》上、下,分别独立为篇。“今引说就经,各附其章,疑者阙之”,所谓“疑者阙之”,《经说》上附在《经》上之后……何以标识“疑者阙之”?如此,鲁胜的“引说就经”,便也可能是分条附列,而不是分篇附列了;不然就是这里的“疑者阙之”系指自己的注解而言。

乐台的《墨子注》和韩愈的《读〈墨子〉》 郑樵在《通志・艺文略》中有谓:“《墨子》十五卷……又三卷。乐台注。”这个三卷本的《墨子》,和唐乐台据之为注的《墨子注》,都早已不传;关于乐台其人,也史无记载。因之其书其人,也就无可讨论。唐代的韩愈写有《读〈墨子〉》一文,很短,全文如下:

> 儒讥墨以上同、兼爱、上贤、明鬼。而孔子畏大人、居是邦不非其大夫,《春秋》讥专臣,不“上同”哉?孔子泛爱亲仁,以博施济众为圣,不“兼爱”哉?孔子贤贤,以四科进褒弟子,疾殁世而名不称,不“上贤”哉?孔子祭如在,讥祭如不祭者,曰“我祭则受福”,不“明鬼”哉?儒墨同是尧舜,同非桀纣,同修身正心以治天下国家,奚不相悦如是哉?余以为辩生于末

学，各务售其师之说，非二师之道本然也。孔子必用墨子，墨子必用孔子；不相用，不足为孔墨。

一生尊儒的韩愈，力倡道统，强调从尧、舜到孔、孟，道统一脉相传。在思想领域，他是主张“不塞不流，不止不行”（韩愈《原道》）的，可谓旗帜鲜明，斗争性很强。这篇不足二百字的短文，自然说不上什么对《墨子》的深入研究。他自己就颇善论辩，但这里又看不起“辩”。辩是为了“各务售其师之说”，然而认为“辩生于末学”则不是历史实际。不过所有这一切都不能掩盖此文的高明之处和韩愈的兼容之量。文章的高明之处和韩愈的兼容之量在于，唐时墨家早已没有传人，备受冷落；本为儒家且以继承儒家道统自命的他，居然抛却了门户师承之见，将孔、墨二人同称为“二师”，相提并论，等量齐观，无高下之别。认为“孔子必用墨子,墨子必用孔子;不相用,不足为孔墨”。这就是说，儒、墨两家，各有短长，只有相互补充，才可取长补短，历史上的孔子和墨子，就是这样相互为用的。末学未达其义，因务售师说而曲解了老师，从而相互攻讦。孔、墨不同时，创始时的儒、墨两家，未必相互为用过。流传中的两家，有相互非难的文字，未见彼此为用的记载。秦汉而后，墨家不传而儒家独显，说不上孔为墨用。但儒家一定要吸取墨家的合理成分来营养和充实自己。韩愈的这种看法，是非常有见地的。由此出发，韩愈着眼于相互对立的两家的异中之同，在相同处立说。反诘是儒非墨者见异不见同，自我束缚，未得真孔子。把孟子与孔子等列为道统中人，且隐然以继承孟子自居的韩愈，当然知道孟子对墨子的批评，但他这里不也蕴含着对孟子的诘难吗？这可真是应验了他在《师说》中的至理名言："弟子不必不如师，师不必贤于弟子。"韩愈在墨家已经寂然无闻的当时，读《墨子》而且肯定了儒、墨有相同相通之处，为墨子说好话鸣不平，实属难能可贵。俞樾在孙诒让《墨子间诂》的序文中说："乃唐以来，韩昌黎外无一人能知墨子者。"此言不无道理。

傅山的《墨子大取篇释》 明清之际的傅山，字青主，别字公它，山西阳曲人，思想家。他淹贯经史，博通诸子，旁及佛道，善诗、书、画以及金石之学，还是医学名家。他颇有一点叛逆精神，自命"异端"，倡言"经子不分"，视诸子与六经等列，无高下之别，这就褫夺了儒家经书的神圣性，与章学诚的"六经皆史"之说，异曲同工，但又早于章学诚。因为他"经子不分"，故其文集《霜红龛集》所收多为研究评注诸子百家之作，文集中的《墨子大取篇释》，表明傅山是历史上《墨子·大取》的第一个系统研究者。

《大取》篇何以名曰"大取"？毕沅以为，"篇中言'利之中取大’，即‘大取’之义也。意言圣人厚葬固所以利亲，盛乐固所以利子，而节葬、非乐则利尤大也，墨者固取此”。孙诒让不同意毕沅的说法，认为《大取》与《小取》都是《墨经》之余论，“其名《大取》《小取》者，与取譬之取同。《小取》篇云‘以类取，以类予’，即其义”。(《墨子间诂》)

傅山所首先重视的，是《大取》篇的“奥义奇文，后世以其不可解而置之”。由于“文本难尽通”，因此他便“逐字逐句为之，积累而疏之，以求其通”。侯外庐在其所著《中国早期启蒙思想史》中，评价傅山的《墨子大取篇释》“高见层出”，并且认为傅山此文释《大取》的特点，一是注释多从逻辑的意义上着手；二是“傅山疏释的方法，兼重训诂字义，且据因明论互证名学”；三是傅山对《墨子·大取》的注释，在学术史也在《墨子》研究的意义上，“已开清代《墨子》训诂之先河”，是后来毕沅、汪中等训诂《墨经》的前行者。《大取》篇正如孙诒让所说，“此篇文多不相属，盖皆简札错乱”(《墨子间诂》)而难尽通读，傅山筚路蓝缕，首为训释，自然难免有失误之处。

毕沅的《墨子注》 到了清代中叶的乾嘉之世，如前引梁启超所云：“及考证学兴，引据惟古是尚，学者始思及六经以外，尚有如许可珍之籍。”因此包括墨学在内的诸子之学的研究，蔚成风气。当时研究《墨子》的学者，主要有卢文弨、毕沅、汪中、王念孙、孙星衍、张惠言、王引之诸家。倘不计已经亡佚的唐乐台《墨子注》，其中的毕沅，是历史上第一个为《墨子》全书施注的学者。

毕沅，江苏镇洋（今太仓）人，主要生活在乾隆时期。毕氏进士出身，官至湖广总督。仕进不忘学术，是清代一些学者出身的大员的好尚。毕沅就是这样。他一生治学范围颇广，经史、小学、金石、地理兼通。毕沅在《墨子注叙》中说："先是，仁和卢学士文弨、阳湖孙明经星衍互校此书，略有端绪，沅始集其成。因遍览唐宋类书、古今传注所引，正其讹谬，又以知闻疏通其惑。自乾隆壬寅八月至癸卯十月，逾一岁而书成。"由此叙文可知，毕氏的《墨子注》有卢文弨和孙星衍的劳绩。此外，毕沅以大吏从事学术，有条件招徕学人共事撰述。如《续资治通鉴》等书，名义上虽署名毕沅，实际上多成于他人之手。毕沅所说"因遍览唐宋类书、古今传注所引，正其讹谬"，恐未必没有像《续资治通鉴》那样的情况，有他人代为从事之处。果真如此，毕沅的《墨子注》似可视为非毕氏一人之作。

毕沅的《墨子注》虽"遍览唐宋类书、古今传注所引"，但因为这是《墨子》全书的第一个注本，更因为如孙诒让在《墨子间诂·自序》中所说："汉、晋以降，其学几绝，而书仅存，然治之者殊鲜，故脱误尤不可校。而古字古言，转多沿袭未改，非精究形声通假之原，无由通其读也。"所以"始为之注"的毕沅《墨子注》，便难免存在着诸多疏漏失误之处。正因此，后来孙诒让的《墨子间诂》刊布，毕沅的《墨子注》便不再有独立存在的价值了。

汪中的《墨子序》和《墨子后序》 清代学者汪中，字容甫，江苏江都人。他少时家贫，刻苦读书，34 岁才弄到一个拔贡“学历”，从此不再应举，一生与富贵无缘。汪中是哲学家、文学家，更是史学家，阮元说他“尤精史学”。阮氏而外，刘台拱和王念孙、王引之父子，对他的学行多所推扬。王引之在汪中的文集《述学》附录《行状》中说:“先生于六经子史，以及词章、金石之学，罔不综览，乃博考三代典礼，至于文字、训诂、名物、象数……识议超卓，论者谓唐以下所未有。”

汪中先后且作且止地用了六年时间校注《墨子》，“又采古书之涉于《墨子》者，别为《表微》一卷”(《墨子序》)。可惜两书都未能流传，只在他的儿子喜孙为其所编文集《述学》中保留下来《墨子序》和《墨子后序》两文。

汪中在《墨子序》和《墨子后序》中，第一，考辨了墨家之学的“渊源所渐”；据《墨子》一些篇章所提供的资料，论定了寿考的墨子在世的大致时间，认为“其年于孔子差后，或犹及见孔子矣”。第二，认为“《亲士》《修身》二篇，其言淳实，与曾子立事相表里，为七十子后学者所述”，“《经上》至《小取》六篇，当时谓之《墨经》”，但公孙龙、惠施二人“实始为是学。是时墨子之没久矣，其徒诵之，并非《墨子》本书”，“《所染》篇亦见《吕氏春秋》……墨子盖尝见染丝者而叹之，为墨之学者增成其说耳”。第三，“墨子之学”，“救世亦多术”。儒、墨两家，“其意相反而相成”；儒、墨相非，是由于“操术不同”和“不相为谋”。孟子批评墨子的兼爱，“谓之无父，斯已枉矣。后之君子日习《孟子》之说，而未睹《墨子》之本书，其以耳食，无足怪也”。第四，认为墨家“其在九流之中，惟儒足与之相抗，自余诸子皆非其比。历观周、汉之书，凡百余条，并孔墨、儒墨对举。杨朱之书惟贵放逸，当时亦莫之宗，跻之于墨，诚非其伦”。第五，对于墨子的尚贤、尚同、非乐、非命、兼爱、非攻以及尊天事鬼和节葬，均予肯定。还特别解释了“兼爱”：“若夫兼爱，特墨之一端，然其所谓兼者，欲国家慎其封守，而无虐其邻之人民畜产也。虽昔先王制为聘问吊恤之礼，以睦诸侯之邦交者，岂有异哉！彼且以兼爱教天下之为人子者，使以孝其亲。”认为墨子不足为训的只是，“惟以三年之丧为败男女之交，有悖于道”。这可以说只是小问题，“至其述尧舜，陈仁义，禁攻暴，止淫用，感王者之不作，而哀生人之长勤，百世之下如见其心焉”。第六，指出墨子“非儒而不非周”，“道与禹同”而非“出于禹”，亦非“背周而从夏”。只是在“墨离为三，取舍相反，倍谲不同，自谓别墨，然后托于禹以尊其术，而淮南著之书尔”。

汪中这些关于墨子其人其书及其学说的论述，有些并非实际，比如关于“兼爱”的认识，就是如此。但诚如侯外庐在《中国早期启蒙思想史》中所指出的，“汪中的《墨子序》作于乾隆四十五年（1780年），在当时是一种石破天惊的议论”。他“不但为墨子辨千古之枉曲，而且把儒墨显学并称的历史首先指示出来，一扫二千年来异端的诬蔑”。汪中孔、墨等观，“孔子鲁之大夫也，而墨子宋之大夫也，其位相埒”，墨子是批评了孔子，但那只是“操术不同而立言务以求胜”而已，且“墨子之诬孔子，犹孟子之诬墨子也，归于不相为谋而已矣”。(《墨子序》)笔锋直指孟子，这在当时，确实是在非毁圣贤了，因之便遭到了时人翁方纲的攻讦。翁氏在其《复初斋文集》卷十五《书墨子》一文中谓:“有生员汪中者，则公然为《墨子》撰序，自言能治《墨子》，且敢言孟子之言‘兼爱无父’为诬墨子，此则又名教之罪人，又无疑也。”斥汪为“墨者汪中”，认为应该“褫其生员衣顶”。翁氏本为书法家和金石学家。他本人也曾读过《墨子》，是个能诗能文的人，可谓学而有术。是不是因为他曾官至内阁学士而有些霸道呢？“公然为《墨子》撰序，自言能治《墨子》”，仿佛汪中连这也不够格。翁、汪二人有过从，且曾论学，翁方纲也佩服汪中有学问，“汪中者，昔尝与予论金石，颇该洽，犹是嗜学士也”。但是因为汪中“无疑”成了“名教之罪人”，他也便顾不得这许多了。

张惠言的《书墨子经说解后》 稍后于毕沅、汪中的张惠言，字皋文，江苏武进（今常州）人，嘉庆进士，曾官翰林院编修。他是经学家,学术主要在治《周易》和《仪礼》；也兼及诸子，作有《书墨子经说解后》。张惠言是鲁胜《墨辩注》以后第一个注解《墨子》中《经》和《经说》的学者。在《书墨子经说解后》一文里，他说："《墨子》书多奥言错字，而此四篇为甚。胜注既不传世，莫得其读。今正其句投，通其旨要，合为二篇，略可指说，疑者阙之。"张氏在其说解中把《经》与《经说》合二为一了。张惠言对韩愈的"孔、墨必相为用"之说十分反感，极力称赞孟子对墨子的批评:"向无孟子，则后之儒者习其说而好之者，岂少哉！"张氏对道家和佛教也很反感，惋惜其没有遭遇孟子："老氏之言，其始也微，不得孟子之辨，而佛氏之出又绝在孟子后，是以蔓蔓延延，日炽月息，而杨、墨泯焉遂微。吾以悲老、佛之不遭孟子也。"

张惠言也看出了墨子学说的根本是兼爱:"尊天、明鬼、尚同、节用者，其支流也。非命、非乐、节葬，激而不得不然者也。"非命、非乐、节葬三者错误是明显的，"悖于理，不安于心"，稍有见识的人都能识破，所以孟子未予驳诘。"孟子不攻其流而攻其本，不诛其说而诛其心，断然被之以无父之罪，而其说始无以自立。"认为《墨子》一书没有亡佚，还有一个好处，就是充任“反面教员”，证明墨子的罪过和孟子的高明，“藉使《墨子》之书尽亡，至于今何以见孟子之辩严而审、简而有要如是哉”。读《墨子》一书的唯一意义，就是会使人们更加崇信和感激孟子，“后之读此书者，览其义，则于孟子之道犹引弦以知矩乎”！张惠言的《书墨子经说解后》总还称得上是学术，他总还是鲁胜之后又一位解注《墨子》的《经》和《经说》者，因此这里提到他。至于他在《书墨子经说解后》所述种种“高见”，特别是如此地肯定孟子的“诛心”之论，自然说不上是什么学术，而只能是一种偏见，一种由“名教”出发而生的对墨子的歧视。他与翁方纲可谓同调。张惠言自然不会预见到，今天人们从他的上述论说，可以窥见其学术甚至心术。张惠言的这个《书墨子经说解后》也说明了，所谓纯学术云云，其实是很难纯起来的。

孙诒让的《墨子间诂》 孙诒让，浙江瑞安人，字仲容，号籀庼，清季古文经学家和文字学家。他的《墨子间诂》，是治墨学的集大成之作。

孙氏生活在中国内忧外患频仍的年代。此时，社会现实一再向知识分子表明，儒学经书不再有匡世济民之功。《墨子》的重要特点之一，是包罗宏富，涉及面广。它的自然科学内容，有与从西方传来的近代科学相通之处；它的有关政治思想方面的论说，表现了对社会现实的关注。这样，在乾嘉考据之学已经开创了的研究诸子风气的熏染下，在改变了的现实环境中，《墨子》便进一步吸引了一些学者的研究旨趣。大致与孙诒让同时代的苏时学、俞樾、王闿运、曹耀湘等，都有关于《墨子》的述作。《墨子间诂》俞樾序文中的一段话，虽属谬误，但是却部分地道出了《墨子》的一些特点和其时学人重视研究《墨子》的原因所在：

> 近世西学中光学、重学，或言皆出于《墨子》，然则其备梯、备突、备穴诸法，或即泰西机器之权舆乎？嗟乎！今天下一大战国也，以孟子反本一言为主，而以墨子之书辅之，傥足以安内而攘外乎。

《墨子》有关自然科学的部分，充分表明了中国古代在这个领域的光辉成就。可惜它在漫长的古代社会中绝了，其原因自然是复杂的。一向以熟读儒家经书为务的儒生，深知儒学难能振衰解弊；诸子已为学人重视，《墨子》更有其独特之处。从西方传入的自然科学知识，本来就使他们感到新鲜和惊奇，可在《墨子》中他们知道了原来这些也非西方所独擅，因而有“光学、重学，或言皆出于《墨子》”的“发现”。至于俞樾认为“今天下一大战国也”，提出“以孟子反本一言为主，而以墨子之书辅之，傥足以安内而攘外乎”，自然也非俞氏一人之见。

孙诒让在《墨子间诂》的自序里，对墨子和墨家持肯定见解，而且评价颇高。《墨子》一书，“其言谆复深切，务陈古以剀今”；墨子其人，“用心笃厚，勇于振世救敝，殆非韩、吕诸子之伦比也”。他认为《庄子·天下》对墨子的评价是“持平之论”。也有批评:“至其接世,务为和同,而自处绝艰苦,持之太过,或流于偏激,而非儒尤为乖盭。”同时又平实地认为:“周季道术分裂,诸子舛驰。荀卿为齐、鲁大师，而其书《非十二子》篇于游、夏、孟子诸大贤，皆深相排笮。”墨、儒对立,因而墨之非儒,实属未足深责。“墨儒异方，跬武千里，其相非宁足异乎？”

由于孙氏对墨子和他的学说持肯定或理解态度，因而他对墨子及其书在历史上的遭遇便有不平，他研究《墨子》所用版本、方法、心得以及其书何以名曰《墨子间诂》,自序中都曾道及：

> 墨子既不合于儒术，孟、荀、董无心、孔子鱼之伦咸排诘之。汉、晋以降，其学几绝，而书仅存，然治之者殊鲜，故脱误尤不可校。而古字古言，转多沿袭未改，非精究形声通假之原，无由通其读也。旧有孟胜、乐台注，今久不传。近代镇洋毕尚书沅始为之注，藤县苏孝廉时学复刊其误，创通涂径，多所谍正。余昔事雠览，旁摭众家，择善而从，于毕本外又获见

明吴宽写本，顾千里校《道藏》本，用相勘核，别为写定。复以王观察念孙、尚书引之父子，洪州倅颐煊，及年丈俞编修樾，亡友戴茂才望所校，参综考读。窃谓《非儒》以前诸篇，谊旨详焯，毕王诸家校训略备，然亦不无遗失。《经》、《说》、兵法诸篇，文尤奥衍凌杂，检揽旧校，疑滞殊众，研核有年，用思略尽，谨依经谊字例，为之诠释。至于订补《经》《说》上下篇旁行句读，正兵法诸篇之讹文错简，尤私心所窃自喜，以为不缪者，辄就毕本更为增定，用遗来学。昔许叔重注淮南王书，题曰《鸿烈间诂》。间者，发其疑忤；诂者，正其训释。今于字谊多遵许学，故遂用题署。

孙氏对《墨子》一书的“间诂”，“覃思十年”。俞樾在其序文中称之为“集诸说之大成”，“凡诸家之说，是者从之，非者正之，阙略者补之。至《经》《说》及《备城门》以下诸篇尤不易读，整纷剔蠹，脉摘无遗，旁行之文，尽还旧观，讹夺之处，咸秩无紊，盖自有《墨子》以来未有此书也”。俞樾的评价是允当的。孙氏是古文经学家，文字训诂为其所长。因为有了孙氏的《墨子间诂》，号称难读的《墨子》也便大致可以通读，滞碍不多了。

《墨子间诂》也有不尽如人意之处。这主要是因为孙氏对于逻辑学和自然科学不是行家。他在《经说》下的注文中也说自己对此“研涉未深”，因此便只好“以俟达者”，“俟通学评定”。也因此，他对《墨辩》六篇的注释，较他篇减色，“疑未能明，不敢臆定”，阙疑乃至错注者都有。对此，今人自然不必苛求。《墨子间诂》直到今天仍然是治墨学者最基本、最重要的案头必备之书。

此外，作为附录，《墨子间诂》还收录了毕沅述孙诒让校补的《墨子篇目考》和《墨子佚文》；自鲁胜《墨辩注叙》直至张惠言《书墨子经说解后》，凡历史上有关《墨子》著述的序、跋的《墨子旧叙》，均予收录。在实际上也是作为《墨子间诂》附录的《墨子后语》中，有《墨子传略》《墨子年表》《墨学传授考》《墨学通论》和“秦汉旧籍所纪墨子言论行事”的《墨子绪闻》。《墨子后语》的最后一部分是《墨家诸子钩沈》：《汉书・艺文志》列为墨家的《胡非子》《随巢子》《我子》《田俅子》四书，宋时已亡佚，晚清时有马国翰的四书校辑本；孙氏“检核群书”，对马本“略为校补，都为一篇”，由此而成此篇。《墨子间诂》的这些附录从不同方面为研究《墨子》提供了方便。

二　《墨子》的主要思想内容

这里所说的墨子的主要思想，包括四个方面的内容，即政治思想、经济思想、宗教思想和战争中的积极防御思想。前三个方面，主要根据《墨子》中学术界一般认为系墨子自著或前期墨家之作的篇章，予以讨论介绍；其中的所谓宗教思想，实则墨子并非宗教家，墨家学派更非宗教，但是墨子笃信上天和鬼神，因之便在“宗教思想”这个题目下分析他的有神论观念。“战争中的积极防御思想”部分所据资料，主要为《墨子》中论守城的一组文章。这些篇章，多视为后期墨家之作但又与墨子反对不义战争的行动和思想有直接关系，因此便在“《墨子》的主要思想内容”部分加以介绍。

1. 政治思想——兼爱、非攻、尚贤、尚同

墨子的政治思想，也可以称之为政治理想，是他基于现实政治的“不合理”而设计的理想的政治蓝图。这种政治思想或曰理想，可以用《墨子》一书中四组十二篇文章的四个题目来概括，这就是：兼爱、非攻、尚贤、尚同。所谓兼爱，即无差别的爱；非攻，反对不义的战争；尚贤，就是贤人政治；尚同，统一和同一于在上位的人。这四者之间，相互联系，又以兼爱为根本。所谓爱，或曰爱心，本来属于感情方面的存在，它与一定的伦理道德观念相联系，并不属于政治范畴。但是墨子不这样看，他认为兼爱与否，这是一切问题的症结所在。如何正确评价墨子的政治思想，这是学术界有待进一步深入研究的问题。

（1）兼爱——无差别的爱

先秦百家中，最著名和影响最大的是道、儒、墨、法四家。这四家中，道家阐述、探寻和捕捉无所不在的“道”，要人们以道为本，由道出发去观察和处理一切，因此在人际关系上，说不上什么爱与不爱。法家以为人性恶，人与人之间是一种赤裸裸的利害和利用关系，因此没有爱的地位。这在先秦法家集大成的韩非那里，表现得尤为明显。唯独儒家与墨家，都论及属于伦理道德关系的人与人之间的爱的问题，而且强调和提高到政治思想和政治实践

的高度。

孔子所创立的儒家，以仁为本位。仁是什么？“仁者爱人。”（《孟子·离娄下》）爱人就是“己所不欲，勿施于人”（《论语·颜渊》），就要“己欲立而立人，己欲达而达人”（《论语·雍也》）。马棚失了火，孔子从朝廷回来，“曰：‘伤人乎？’不问马”（《论语·乡党》）。所有这些，爱人之心可见。孟子讲仁政，要求“制民之产，必使仰足以事父母，俯足以畜妻子，乐岁终身饱，凶年免于死亡”，要人们“老吾老以及人之老，幼吾幼以及人之幼”。（《孟子·梁惠王上》）但是不论孔子或孟子，他们的仁、仁政和爱人，都是建立在亲亲基础上的，以“亲其亲，长其长”（《孟子·离娄上》）为前提，因而是一种有差等的爱。

墨子则不同，他所极力提倡和宣传的，是“兼爱”。什么叫兼爱？

兼的本义是一手执两禾，引中为同时顾及事物的几个方面，而不是只考虑和认识到它的一个方面；要全面，不要片面。片面，则是“别”，墨子要“兼以易别”（《兼爱下》）。因之所谓“兼爱”，就是人与人、家与家、整个社会和国与国无差等地彼此相爱。对此，《兼爱中》说得十分清楚明白：

视人之国若视其国，视人之家若视其家，视人之身若视其身。

这就是兼爱，或者称之为“兼相爱”。兼爱的好处是显而易见的，《兼爱中》说：

是故诸侯相爱则不野战，家主相爱则不相篡，人与人相爱则不相贼，君臣相爱则惠忠，父子相爱则慈孝，兄弟相爱则和调。天下之人皆相爱，强不执弱，众不劫寡，富不侮贫，贵不敖贱，诈不欺愚。凡天下祸篡怨恨可使毋起者，以相爱生也，是以仁者誉之。

作为仁者的墨子认为，人与人之间，家与家之间和国与国之间，都无分彼此而无差等地相爱了，便“祸篡怨恨可使毋起”，自然是天下和乐，人间太平。然而现实却完全不是这么一回事。《兼爱中》：

今诸侯独知爱其国，不爱人之国，是以不惮举其国以攻人之国。今家主独知爱其家，而不爱人之家，是以不惮举其家以篡人之家。今人独知爱其身，不爱人之身，是以不惮举其身以贼人之身。是故诸侯不相爱则必野战，家主不相爱则必相篡，人与人不相爱则必相贼，君臣不相爱则不惠忠，父子不相爱则不慈孝，兄弟不相爱则不和调。天下之人皆不相爱，强必执弱，富必侮贫，贵必敖贱，诈必欺愚。

以“兴天下之利，除天下之害”（《兼爱下》）为事的仁人，必须认识到，国家之间的“野战”，家庭之间的“相篡”，人与人之间的“相贼”，君与臣之间的“不惠忠”，父不慈、子不孝和兄弟之间的不相利、不和调，都起于彼此的不相爱。如若相爱，这一切的一切，便都不会也不可能存在，因此兼相爱是天下之大利，不兼爱是天下之大害。仁人认识到了，圣人也要认识到，要认识到“乱之所自起”，“起不相爱”。《兼爱上》：

> 圣人以治天下为事者也，不可不察乱之所自起。当察乱何自起？起不相爱。臣子之不孝君父，所谓乱也。子自爱，不爱父，故亏父而自利；弟自爱，不爱兄，故亏兄而自利；臣自爱，不爱君，故亏君而自利。此所谓乱也。虽父之不慈子，兄之不慈弟，君之不慈臣，此亦天下之所谓乱也。父自爱也，不爱子，故亏子而自利；兄自爱也，不爱弟，故亏弟而自利；君自爱也，不爱臣，故亏臣而自利。是何也？皆起不相爱。

这就是墨子的兼爱学说，这就是墨子兼爱学说的逻辑。因为一切祸乱的根源都是起于不相爱，或者说都是偏爱、别爱而不是兼爱，所以，以“兴天下之利，除天下之害”为事的仁人，和以治天下为事的圣人，便理所当然地须以阐发、提倡、宣传和力行兼爱为第一要务了。

在墨子看来，问题是如此地简单而又明白不过：人与人、家与家和国与国之间，一切的矛盾和斗争，一切的攘夺和伤害，一切的攻杀和战乱，都起因于人们只爱自己不爱别人，只爱自己的家不爱别人的家，只爱自己的父母兄弟不爱别人的父母兄弟，只爱自己的国不爱别人的国。这里，墨子看到并且也不否定人们爱自己、爱自己的家、爱自己的父母兄弟和爱自己的国；但这还不够，因为这只是一种片面的爱，有所偏私的爱，别爱；爱如果只停留在这种范围，便有问题，便不但不应提倡，而且应该反对；反对这种片面的爱，有所偏私的爱，别爱。既然人们都是有爱心的，那么何不“兼以易别”？何不补其弊而救其偏？何不提倡全面的无所偏私和无差等的爱即兼爱？人与人、家与家和国与国真正地兼爱了，岂不万事大吉，天下太平？墨子就是这样执着地提倡着和不厌其烦地宣传着，也可以说是在身体力行着。

墨子这种并不否定爱的存在而欲推之及于兼爱的思想的产生，自然是有着深刻的现实根源的。当时的现实是，“强必执弱，富必侮贫，贵必敖贱，诈必欺愚”;民众是“饥而不得食，寒而不得衣，劳而不得息”(《尚贤中》)。他斥责那些“厚作敛于百姓，暴夺民衣食之财，以为锦绣文采靡曼之衣”的统治者，认为“富贵者奢侈”，才造成了“孤寡者冻馁”。(《辞过》) 因而他大声疾呼，要使“饥者得食，寒者得衣，劳者得息”(《非命下》)。并进一步认为，社会关系的合理原则,应是“赖其力者生,不赖其力者不生”(《非乐上》)，反对“不与其劳获其实”，对于此等人，应该“上得且罚之，众闻则非之”。(《天志下》)

这里可以看到，当墨子注目于社会现实，他的观察认识不能不说是深刻的。特别是他把“孤寡者冻馁”，直接归因于“富贵者奢侈”，认识到两者的对立及因果关系，确属难能可贵。

墨子不愧是古代伟大的思想家，他的“民本主义”立场是如此地鲜明！他提出的社会关系原则“赖其力者生，不赖其力者不生”，虽然在当时远没有变成现实的可能，但这种“不劳动者不得食”的古代表达，并不因其“上得且罚之，众闻则非之”这种实现手段的无力和不可能而没有了光辉。它实在有着巨大的思想史意义，为先秦各家所不及，是今天所应该充分予以肯定的。

然而对于他所指斥的这种现实的根本救治和解决，他的药方，他的理论出发点和归宿，却是“兼爱”！却是人人、家家和国国之间无差别的相爱！他认为既然都兼相爱了，便会自爱和当然地交相利——相互之间无分彼此地做有利于对方的事，会爱人利人之身若己身，爱人利人之家若己家，爱人利人之国若己国。

墨子的这种兼相爱从而交相利的学说，分析起来，实在不应予以过高评价。这非但是因为，他视只偏爱而无兼爱为一切祸乱之源，不符合历史实际，从而企图以兼爱这种人类情感上的和伦理观念上的普遍而无差别的爱心来消弭一切祸乱，便只能是一种不切实际的幻想，不啻是一种关于爱的呓语！更因为这种学说，与当时社会历史运动的方向是南辕北辙的。道理十分明显，自从人类社会脱离原始状态，人成为社会关系总和的人，以至于文明的演进，文化的发展，从来就是沿着分化的道路前进的。而推动这种前进运动的，就人们的情感表现和伦理道德观念的分类而言，至少就其主要方面说来，则不是兼爱，而是偏爱；或者说，不是爱，而是恶。对于这个问题的认识，恩格斯关于黑格尔与费尔巴哈的如下论述，应该是十分有意义的：

> 在善恶对立的研究上，他（指费尔巴哈——引者）同黑格尔比起来也是很肤浅的。黑格尔指出：
>
> “人们以为，当他们说人本性是善的这句话时，他们就说出了一种很伟大的思想；但是他们忘记了，当人们说人本性是恶的这句话时，是说出了一种更伟大得多的思想。”
>
> 在黑格尔那里，恶是历史发展的动力借以表现出来的形式。这里有双重的意思，一方面，每一种新的进步都必然表现为对某一神圣事物的亵渎，表现为

> 对陈旧的、日渐衰亡的，但为习惯所崇奉的秩序的叛逆；另一方面，自从阶级对立产生以来，正是人的恶劣的情欲——贪欲和权势欲成了历史发展的杠杆……但是，费尔巴哈就没有想到要研究道德上的恶所起的历史作用。（恩格斯《路德维希·费尔巴哈和德国古典哲学的终结》）

关于费尔巴哈，恩格斯还指出："对己以合理的自我节制，对人以爱（永远是爱！），这就是费尔巴哈的道德的基本准则，其余的一切都是从这个准则推出来的。"无论费尔巴哈的妙趣横生的议论或施达克的热烈无比的赞美，都不能掩盖这几个命题的贫瘠和空泛。

恩格斯还指出：

> 可是爱呵！——真的，在费尔巴哈那里，爱随时随地都是一个创造奇迹的神，可以帮助他克服实际生活中的一切困难，——而且这是在一个分成利益直接对立的阶级的社会里。（恩格斯《路德维希·费尔巴哈和德国古典哲学的终结》）

恩格斯这里相当深刻地评价了作为伦理道德观念的善和恶，其中包括费尔巴哈所高度评价的"爱"。在善恶对立的研究上，费尔巴哈较之黑格尔是肤浅的。在墨子那里，不是也和费尔巴哈一样甚至更甚吗？"爱随时随地都是一个创造奇迹的神"，非但"可以帮助他克服实际生活中的一切困难"，而且可以泯灭政治的、阶级的和财产的等等一切差别，非但是"道德的基本准则"，而且是解决当时一切个人、家庭、社会和国家问题的灵丹妙药！

作为思想家和哲人的墨子，当他基于当时社会现实生活中的矛盾、争夺、斗争、剥削、压迫、战争、残杀、饥饿、尔虞我诈等等这一切不合理的存在，提出了他的"一揽子"解决办法"兼爱"时，他为"兼爱"所描绘的是这样一个乌托邦世界，爱人之身若己身，那便没有人我的差别了；爱人之父若己父，爱人之子若己子，那便没有所谓父亲所谓儿子了；爱人之家若己家，那便没有所谓家庭了；同样地，爱人之国若己国，国家自然也就不存在了。观念，不过是客观存在着的事物在观念上的反映，事物存在着而墨子却要用"爱"这个药方来消灭它的观念存在，这怎么可能呢？非但如此，墨子的兼爱互利理论，是在并不否定而是肯定当时的财产关系、等级关系和一切现存社会秩序的前提下提出的。而根据兼爱互利理论，其逻辑的结果必然是，诸侯视非诸侯若诸侯，王公大人视非王公大人若王公大人，如此等等，否则便非兼爱互利。这就是墨子兼爱说的不可克服的矛盾，便是这个显而易见的矛盾。奇怪的是它似乎根本就没有进入墨子的视野。仅仅就此说来，墨子的兼爱学说也是想当然而又不可能当然，实在缺乏理论思维上也是学说上的深度，更谈不上什么实践意义了。有些话可说而不可行。墨子的兼爱云云,就是如此,说说而已。当然墨子也不可能认识到他所反对并且视为祸乱之源的偏爱的历史地位。这种偏爱和相贼，实在也就是黑格尔和恩格斯所说的恶，然而又是这种恶的“贪欲和权势欲成了历史发展的杠杆”！社会历史就是这样无情地否定了墨子的兼爱，这真是无可奈何的事。

当然墨子的兼爱学说并不是毫无意义。它主要反映了当时刚刚出现，处于被剥削压迫地位而又无以自保自存的独立小生产者，对当时的严酷现实的一种抗争。就其对人类社会历史的认识意义而言，它反映了人们对历史上曾经存在过的和经过美化（儒家同样有这种美化）的遥远历史的追忆，和对同样遥远但终究会变为现实的未来美好社会的企盼和呼唤；只是就当时的社会现实而论，总的说来还处在自原始社会解体以来就开始了的，人类社会关系分化的初期，墨子没有也不可能认识到这一点，而他的“民本主义”立场又促使他解释和解决这个问题。这样，他便只能在十分浅表的层次，即在情感和伦理道德领域寻找原因和解决方法。这就决定了他的兼爱学说，不能不是违背历史实际的和幻想的，更不能不是自相矛盾的。

（2）非攻——反对不义战争

毛泽东在《中国革命战争的战略问题》一文中指出:“战争——从有私有财产和有阶级以来就开始了的、用以解决阶级和阶级、民族和民族、国家和国家、政治集团和政治集团之间、在一定发展阶段上的矛盾的一种最高的斗争形式。”这里说明了战争是社会一定发展阶段的产物，因此尽管人们厌恶和反对战争，但从根本上说来，只有人类社会发展到私有制和阶级不复存在的大同世界，才会彻底消除产生战争的根源，战争才会退出历史舞台。此外，古往今来战争形式多种多样，战争手段和规模也各不相同，但都是用来解决双方一定发展阶段上的矛盾的一种最高的斗争形式，即武装暴力形式。用德国著名的军事家克劳塞维茨的话来说就是：“‘战争是政策的另一种手段’（即暴力）‘的继续’。”(《列宁全集》第二十一卷)当不同的阶级、民族、国家和政治集团，原有的用和平手段推行的政策不再有可能继续下去时，于是另一种非和平的武装暴力的手段即战争，也便不可避免。毛泽东和克劳塞维茨都深刻地阐明了一定历史时期战争的必然性，阐明了何以没有永久的和平，也没有永无休止的战争。

上所云云，是我们观察和分析战争的根本观点。具体到墨子所处的春秋战国时期的战争，可以说又有着鲜明的时代特色。为了叙述评说墨子的非攻——反对战争，这里有必要对其略予论说。

春秋战国，这是中国古代历史上少有其匹的变革时代。

由西周乃至更长时间所准备和积累起来的各地方生产的缓慢发展，促使着各大小诸侯国相应的独立发展。到了春秋中期以后，以铁工具的使用为主要表现的生产力巨大发展，与促使着生产组织和阶级关系变化的同时，在各诸侯国君主那里，其政策措施便表现为对内的“辟草莱、任土地”(《孟子·离娄上》)，即重视和发展农业生产，垦辟土地；对外的争城争地即兼并战争。思想家将诸侯国的这种内外政策概括为两个字：农战或谓耕战。战争的频仍使一个时代被称为“战国”时期。在长期的兼并战争过程中，大国更强大，许多小的诸侯国被兼并。由此春秋战国历史上有所谓“五霸”“七雄”。最后是秦人独领风骚，建立起统一的专制主义的中央集权国家，由此而开始了绵亘两千多年的中国历史新格局。

春秋战国时期的兼并战争，是作为由诸侯争霸而最终步入统一的手段、工具和杠杆而存在的。在当时的历史条件下，舍此无他，历史的统一趋势和要求，不可能不通过战争来实现。

但历史的前进运动，走的是一条曲折负重的路，从来都是以创造历史的人们相当沉重的付出为代价的。战争最为明显地表现了这一点。有战争就有破坏，就有死亡和伤残。历来在战争中付出最多、遭受痛苦最大者，是民众。这是春秋战国时期兼并战争的另一个方面。墨子有鉴于此，所以他主张非攻——反对战争。

其实，先秦各家中最有名的四家儒、道、墨、法中，墨家之外，反战的还有儒、道两家，只有法家是当时战争的肯定者。

孟子由他的仁政学说出发，认为只有“仁者无敌”（《孟子·梁惠王上》），所以反对当时的战争，提出了“春秋无义战”的著名看法，认为“五霸”和“今之诸侯”与“今之大夫”，都是战争罪人，而支持和为之谋划的那些“事君者”，则是“民贼”，被其辅佐的则是夏桀式的暴君。《孟子·告子下》：

> 今之事君者曰：“……我能为君约与国，战必克。”今之所谓良臣，古之所谓民贼也。君不乡道，不志于仁，而求为之强战，是辅桀也。

战争给民众带来的是灾难、死亡，战争规模越大，死伤越多，因之他主张“善战者服上刑”。《孟子·离娄上》：

> 争地以战，杀人盈野；争城以战，杀人盈城。此所谓率土地而食人肉，罪不容于死。故善战者服上刑，连诸侯者次之，辟草莱、任土地者次之。

儒家的孟子如此，道家的创始者老子，对战争也持否定态度。其原因是道家宗道，而战争则是“无道”的结果。《老子·四十六章》：

天下有道，却走马以粪；天下无道，戎马生于郊。

非但如此，老子还认为兵器也不是好东西。《老子·三十一章》：

夫唯兵者，不祥之器，物或恶之，故有道者不处。……兵者不祥之器，非君子之器，不得已而用之，恬淡为上。

与儒、道两家不同，墨子反对战争，有其独特的视角，即“兼爱”，反对战争是兼爱的题中应有之义。战争是对敌国最大的不爱，如果爱人之国若己国，那就自然不会发生国与国之间的战争了。《兼爱上》：

诸侯各爱其国，不爱异国，故攻异国以利其国。……视人国若其国，谁攻？故大夫之相乱家诸侯之相攻国者亡有。

至于具体说到反对战争的理由和根据，墨子仍然是从他的“民本主义”立场出发，认为战争使“国家发政，夺民之用，废民之利，若此甚众”(《非攻中》)。《非攻中》：

> 今师徒唯毋兴起，冬行恐寒，夏行恐暑，此不可以冬夏为者也。春则废民耕稼树艺，秋则废民获敛。今唯毋废一时，则百姓饥寒，冻馁而死者，不可胜数。今尝计军上，竹箭、羽旄、幄幕，甲、盾、拨、劫，往而靡弊腑冷不反者，不可胜数。又与矛、戟、戈、剑、乘车，其列住碎折靡弊而不反者，不可胜数。与其牛马肥而往，瘠而反，往死亡而不反者，不可胜数。与其涂道之修远，粮食辍绝而不继，百姓死者，不可胜数也。与其居处之不安，食饭之不时，饥饱之不节，百姓之道疾病而死者，不可胜数。丧师多不可胜数，丧师尽不可胜计，则是鬼神之丧其主后，亦不可胜数。

战争的直接结果，是士兵和民众的大量伤残死亡，是财力、物力的巨大消耗，因此墨子反对战争，这很容易理解。然而上文中的一些说法，并不符合历史实际，比如：“今师徒唯毋兴起，冬行恐寒，夏行恐暑，此不可以冬夏为者也。”战争之是否进行，何时进行，有更重要的原因在，天气寒冷或是暑热，绝对不起决定作用，当毫无疑问。然而这里又确实认为，战争“不可以冬夏为”，原因何在？当然不能据此认为墨子是战争的外行。笔者认为这非但反映了墨子战争观的“民本主义”立场，而且它还反映了没有战争经验的小生产者，他们对战争想当然的认识。小生产者由亲身感受严寒酷暑对自己所从事的生产事业的影响，联想到它对战争也会有所影响，像严寒酷暑时不能从事生产一样，战争在此期间也不能进行。战争“春则废民耕稼树艺，秋则废民获敛”，这明显地反映了耕稼者的利益，反映了耕稼者对其时进行战争的看法和心态。战争过程中，军事物资“靡弊腑冷不反者，不可胜数”，“碎折靡弊而不反者，不可胜数”。值得注意的是这里所强调的，不是战争中直接的物资消耗，而是战争过程中白白地浪费了大量物资。小生产者从来都是十分节约的。从小生产者的角度来看问题，战争中的这种物资浪费，实在太可惜了。

《非攻下》的另一段文字同样也说明了这个问题：

> 今不尝观其说好攻伐之国，若使中兴师，君子、庶人也必且数千，徒倍十万，然后足以师而动矣。久者数岁，速者数月，是上不暇听治，士不暇治其官府，农夫不暇稼穑，妇人不暇纺绩织纴，则是国家失卒而百姓易务也。然而又与其车马之罢弊也，幔幕帷盖，三军之用，甲兵之备，五分而得其一，则犹为序疏［厚余］矣。然而又与其散亡道路，道路辽远，粮食不继傺［际］，食饮之［不］时，厕役以此，饥寒冻馁疾病而转死沟壑中者，不可胜计也。

这里墨子仍然从物力维艰的观念出发，把战争完全看成社会生活中的一个赘疣，认为它只会耽误生产，浪费物资，“三军之用，甲兵之备，五分而得其一，则犹为序疏［厚余］矣”。战争结束，军用物资还能剩下五分之一，就算是剩余多的了。对于在上位的统治者来说，战争会使他们没有时间过问政事；对于生产者来说，会使农夫没有时间耕种，妇女没有时间纺织；战争过程中由于种种原因而“饥寒冻馁疾病而转死沟壑中者”，更是“不可胜计”。总之战争有百害而无一利。

但是王公大人们又偏偏要发动战争，这是为什么呢？墨子在《非攻》篇中分别列举他们发动战争的理由并加以反驳的有如下三条：

①贪名贪利：“贪伐胜之名，及得之利，故为之。”（《非攻中》）

墨子反驳道：“计其所自胜，无所可用也。计其所得，反不如所丧者之多。”（《非攻中》）

②战争可以广土众民：“南则荆、吴之王，北则齐、晋之君，始封于天下之时，其土城之方未至有数百里也，人徒之众未至有数十万人也。以攻战之故，土地之博至有数千里也，人徒之众至有数百万人。故当攻战而不可为也？”（《非攻中》）

墨子举例驳诘道：战争的这种结果，譬如医生用药为人治病，一万个病人吃了这药，只有四五个人疾病痊愈，因之不是通用的好药，“故孝子不以食其亲，忠臣不以食其君”（《非攻中》）。

③主张战争的人，以史为证，说明战争的必要：“以攻伐之为不义，非利物与？昔者禹征有苗，汤伐桀，武王伐纣，此皆立为圣王，是何故也？”（《非攻下》）

墨子的回答是：“子未察事言之类，未明其故者也。……若以此三圣王者观之，则非所谓攻也，所谓诛也。”（《非攻下》）禹、汤、武王是古代圣王，他们所进行的上述战争，不是攻而是诛。由墨子的这个“知类”正名式的反驳可以看出，虽然所有的战争都有人员的死伤和物资的消耗，但他的“非攻”并非是一概反对所有的战争。可惜的只是够得上称为诛的战争，实在是太少了，是不是墨子认为自上古以迄墨子其时，只有这三次呢？不得而知，但由此总可清楚说明墨子并不全盘否定一切战争，当无异议；如果证之以《公输》篇所述止楚攻宋的故事，那就更能说明这个问题。

在墨子看来，除上述三个圣王的三次非攻而是属于诛的战争和宋防楚的战争之外，所有的战争都属于“大为非”和“大不义”。战争中的物资消耗和对生产的破坏，如同窃攘盗取，人员的伤亡，更是直接地杀人。因之墨子不解，统治者的“王公大人为政于国家者”为什么要进行这种有百害而无一利的战争呢？《非攻上》全篇从小生产者的角度，以最浅显的事实阐明了何以要“非攻”：

今有一人，入人园圃，窃其桃李，众闻则非之，上为政者得则罚之。此何也？以亏人自利也。至攘人犬豕鸡豚者，其不义又甚入人园圃窃桃李。是何故也？以亏人愈多，其不仁兹甚，罪益厚。……

墨子这里以窃攘盗取喻战争，窃攘盗取的论处原则是“以亏人愈多，其不仁兹甚，罪益厚”。对此，“天下之君子皆知而非之，谓之不义”，可是“今至大为不义攻国，则弗知非”，不但不知其非，反倒“从而誉之，谓之义”。这在墨子看来，真是不可理解，所以他发出这样的疑问：“此可谓知义与不义之辩乎？”

窃攘盗取的论处，是“亏人愈多，其不仁兹甚，罪益厚”，对于伤害人性命的论处，当然更是这样了：

杀一人谓之不义，必有一死罪矣。若以此说往，杀十人，十重不义，必有十死罪矣；……

无辜杀人，“天下之君子皆知而非之，谓之不义。今至大为不义攻国，则弗知非，从而誉之，谓之义”。此等混乱，墨子认为如同一个人的视觉不正常——“少见黑曰黑，多见黑曰白”，因而“此人不知白黑之辩”；如同一个人的味觉不正常——“少尝苦曰苦，多尝苦曰甘”，因而“此人为不知甘苦之辩”。所以墨子要大声疾呼，要求人们反对以战争这种最大的不义为义的不正常情况，用心可谓良苦！

墨子其世无疑的事实是，战争使众多的小国为大国所兼并。史实证明这是走向统一的必由之路。墨子反对兼并战争，是否就意味着他政治上主张“天下”小国永远分散林立呢？事实并非如此。《非攻下》：

> 是故古之仁人有天下者，必反大国之说，一天下之和，总四海之内，焉率天下之百姓，以农臣事上帝山川鬼神，利人多，功故又大，是以天赏之，鬼富之，人誉之，使贵为天子，富有天下，名参乎天地，至今不废。此则知者之道也，先王之所以有天下者也。

这可以说是墨子的政治观、国家观和统一观了。使四海之内的人和睦一致，率领天下百姓努力从事农业生产，礼奉上帝山川鬼神，利人多功劳大，人们赞誉拥护，就会“贵为天子，富有天下”。大国相互攻伐和以大侵小的战争，是不可能有这个结果的，那只会导致物资的巨大浪费、生产的停止破坏和民众的大量死亡。这就是墨子的战争观。

事情似乎有些不可理解，批判攻击墨子最力的孟子，在对待战争问题上，倒是与墨子颇有一致之处。明确指出天下最后“定于一”的孟子，也不遗余力地反对用战争达到天下统一的目的，主张以仁政治天下。仁政的主要内容，是“制民之产，必使仰足以事父母，俯足以畜妻子，乐岁终身饱，凶年免于死亡”，“取于民有制”（《孟子·滕文公上》）。这不是与墨子所谓“率天下之百姓，以农”不谋而合吗！

怎样认识和评价墨子的非攻即反对战争的主张呢？

第一，墨子定义为诛而排除于他所说的战争之外的那种武装暴力，实际上也是战争。但他却肯定了这种战争，这是有积极意义的。墨子不是对所有战争一概持反对态度的“和平主义”者。

第二，墨子的非攻，是直观的和朴素的，也是较为表面的。他没有也不可能认识到当时战争的必然性及其根源，只是从他自己和他所代表的小生产者生产、生活的经验性认识出发，从他们的利益、要求和善良愿望出发，从生活中最切近、最普遍，也最容易判明其是非的事例出发，来认识、理解、判断和类比战争，并从而决定了对其时战争所持的态度，可谓诚善之至，但又是不切实际的。墨子没有也不可能认识到历史的复杂性和曲折性，更没有认识到历史的脚步从来都是沉重的，它每前进一步，往往都要人类付出非常重大的代价。

第三，墨子的非攻，宏观地说来，在人类历史的长河中有着不可忽视的认识价值。战争这个人类互相屠杀的怪物，总有一天会退出历史舞台。墨子反对战争的呼号，可以视为人类本性厌恶战争的这种理性要求，在思想家墨子那里的早期表达。只是它要经过漫长而又曲折的过程，经过无数次更大规模的人类相互屠杀，才有希望最终变成现实。

（3）尚贤——贤人政治

自阶级和国家产生以来，任用什么样的人治理国家和统治人民，对于任何一个国家来说，都不能不是一个至关重要甚至是带有根本性的问题。固然代有兴替，国有盛衰，这种兴替盛衰有其更为深刻的原因存在，在这种原因的作用下，纵有贤智，也仍然“无力回天”。但历史又是人们自己的创造物，创造着自己历史的人们，虽然受着历史规律的制约，不过历史的规律性与历史的存在形式，也即具体的历史过程和面貌，则是不能混同的两码事。由此而有不同地区、国家和民族的历史，历史在相同规律的支配下演进，但又千姿百态，面目迥异。从来没有相同的具体历史过程。个中原因固然十分复杂，但国家机构中各级各类当政者起着十分重要的作用，似乎是肯定无疑的。

因此，历朝历代的政治家和政治思想家，无不重视用人，无不重视官吏的选拔。先秦时期的儒、道、墨、法四家，对国家政治生活中的人才问题，虽然着眼点不同，重视的程度不同，但都有所论说。不过唯有墨子，把它看成是政治的根本，有着如此集中、鲜明而又具体的阐明。

墨子的国家政治观是尚贤，也即贤人政治，认为“夫尚贤者，政之本也”(《尚贤上》)，尚贤是政治的根本。所谓尚贤，通俗地说来就是尊重、重视和任用贤人从政，去担任各级官府的官长，甚至诸侯国的君主与天子，也要以贤否为取舍。

尚贤是为政之本,那么“何以知尚贤之为政本也”(《尚贤中》)呢?《尚贤中》的回答是这样的：

> 曰：自贵且智者为政乎愚且贱者，则治；自愚且贱者为政乎贵且智者，则乱。

贵者智者为政以治愚者贱者，则国家治平；愚者贱者为政以治贵者智者，则国家祸乱。这是墨子提出尚贤说的理据，也可以说是历史和现实的经验启示。通观《墨子》一书有关尚贤的论述，自不能将这里的贵者理解为原本在上位的贵族，将贱者认定为原本为下层的民众。据墨子尚贤说的本旨，和《尚贤上》所论为政尚贤的原则，“官无常贵而民无终贱。有能则举之，无能则下之”。这里墨子虽然未能摆脱当时的流行观念，认为官为贵而民属贱；但是这里所说的贵者智者，则是因其贤而为官者，愚者贱者自然是指因其不贤而为民的人们了。

那么在墨子看来,具有什么样的条件才算是贤呢?《尚贤上》:

况又有贤良之士厚乎德行，辩乎言谈，博乎道术者乎!

…………

故古者贤王之为政，列德而尚贤。

《尚贤中》:

故古者圣王甚尊尚贤而任使能。

由此可见，墨子所推重的贤者，就是今之所谓德才兼备，或有某一方面技能、特长的人。在这里，墨子也把德放在足够重要的位置上。

为什么要任用贤人治国?或者说，贤人政治会是一种什么样的情况和结果呢?《尚贤中》:

贤者之治国也，蚤朝晏退，听狱治政，是以国家治而刑法正。贤者之长官也，夜寝夙兴，收敛关市、山林、泽梁之利，以实官府，是以官府实而财不散。贤者之治邑也，蚤出莫［暮］入，耕稼、树艺、聚菽粟，是以菽粟多而民足乎食。故国家治则刑法正，官府实则万民富。上有以洁为酒醴粢盛，以祭祀天鬼；外有以为皮币，与四邻诸侯交接；内有以食饥息劳，将养

> 其万民，外有以怀天下之贤人。是故上者天鬼富之，外者诸侯与之，内者万民亲之，贤人归之。以此谋事则得，举事则成，入守则固，出诛则强。

这可以说是墨子所设计的贤人政治的理想国。它的主要内容可以大致概括为：勤政事，善理财，重农耕。“治国”“长官”“治邑”都是贤人了，就会有“酒醴粢盛，以祭祀天鬼”，就会有“皮币，与四邻诸侯交接”，就会内无饥民，就会外怀贤人。结果是“天鬼富之”，“诸侯与之”，“万民亲之，贤人归之”，谋得事成，“出诛则强”。在这里，墨子仍然是个理想主义者，是他针对当时的现实政治生活，又从小生产者主观愿望出发所提出的，在贤人政治下诸侯国如何称霸致强的主观设计，是现实与理想的糅合。

墨子认为，为政应尚贤，这不是他的发明创造，古圣先王从来就是如此。《尚贤中》：“且以尚贤为政之本者，亦岂独子墨子之言哉？此圣王之道，先王之书《距年》之言也。……故古者圣王唯能审以尚贤使能为政，无异物杂焉，天下皆得其利。”接着，他列举了古圣先王尚贤的一些史例。《尚贤上》则所举史例更多：

> 故古者尧举舜于服泽之阳，授之政，天下平。禹举益于阴方之中，授之政，九州成。汤举伊尹于庖厨之中，授之政，其谋得。文王举闳夭、泰颠于罝罔之

中，授之政，西土服。

这些古圣先王，都因为尚贤得士而天下太平，实现了自己的政治抱负。“虽在于厚禄尊位之臣，莫不敬惧而施；虽在农与工肆之人,莫不敬劝而尚意。……谋不困,体不劳,名立而功成。美章而恶不生。”当世的王公大人欲求天下国家之治，当然应该仿效这些古圣先王。而且世上不是没有贤人，这在墨子看来从来不是问题。《墨子》中有关尚贤的论述从来没有论及世上有否贤人，贤人肯定有，关键是王公大人们尚贤与否和如何尚贤的问题。这是颇有见地的，就是在今天来看，也值得充分肯定。那么应该用什么样的具体办法尚贤呢？墨子认为，要高予之爵，厚予之禄，重予之权，他称此三者为尚贤的“三本”。《尚贤中》：

是以必为置三本。何谓三本？曰爵位不高则民不敬也，蓄禄不厚则民不信也，政令不断则民不畏也。故古圣王高予之爵，重予之禄，任之以事，断予之令，夫岂为其臣赐哉？欲其事之成也。

墨子认为这也不是他的发明创造，三代的圣王尧、舜、禹、汤、文、武之所以王天下，就在于他们尚贤，就在于他们用这样的办法尚贤。给贤人以高爵厚禄和委以重任，让他们有“拍板”的权力,这并非是为了重赏贤人,而是“欲其事之成也”啊！

关于如何尚贤和众贤，《尚贤上》还举了一个具体的例子予以说明：

> 譬若欲众其国之善射御之士者，必将富之，贵之，敬之，誉之，然后国之善射御之士，将可得而众也。况又有贤良之士厚乎德行，辩乎言谈，博乎道术者乎！此固国家之珍而社稷之佐也。亦必且富之，贵之，敬之，誉之，然后国之良士亦将可得而众也。

尚贤对于古往今来的天下国家都至关重要，尚贤甚至众贤的办法也较为简单而容易实行，但是当时各诸侯国的实际情况如何呢？《尚贤下》：

> 天下之王公大人皆欲其国家之富也，人民之众也，刑法之治也，然而不识以尚贤为政其国家百姓，王公大人本失尚贤为政之本也。

这些王公大人虽然也希望国家富、人民众和刑法治，但是根本不知道或者没有认识到尚贤是“为政之本”。“而今天下之士君子”则又是一种情况。《尚贤下》：

> 而今天下之士君子，居处言语皆尚贤，逮至其临众发政而治民，莫知尚贤而使能。

这里的“士君子”，观其能“临众发政而治民”，所以纵然不是“王公大人”，也是准王公大人式的人物，但他们是空谈派，口头上虽说尚贤如何重要，但是临到实际就不是那么一回事了。

还有一些王公大人，他们也想效法古圣先王，“尚贤使能为政”，但是他们仅只是“高予之爵，而禄不从”。（《尚贤中》）墨子指出这样做的结果，会使贤人们认为“此非中实爱我也，假借而用我也”（《尚贤中》）。这不是内心真正爱重贤才，只是借用我的名声，因之人们并不相信，贤人也不会“自至乎王公大人之侧”（《尚贤中》），达不到尚贤的目的。

对于不知尚贤重要的王公大人，和那些空言尚贤而并不实行的士君子，墨子认为他们是“明于小而不明于大”（《尚贤下》），也就是小事聪明大事糊涂。这固然也是一种可能。其实，墨子这里仍然主要是以自己的善良愿望，去揣度那些执政者，难免天真。更重要的是，如果彻底实行墨子的尚贤主张，这些王公大人和士君子也多属不贤而应不在其位，因之怎么可能接受和实行尚贤之策呢！其次，任用什么样的人治国行政，这当然是国家政治生活中一个十分重要的问题；但每一个王公大人又多有自己的贤与不贤的具体标准，因而便难免道不同不相为谋了。这些是墨子所没有认识到的。至于其间更为深刻复杂的原因，墨子也就更不可能有所论列了。所以他便只能提出尚贤原则，以历史上和现实中的事例说明尚贤的重要，以及用什么样的具体办法尚贤，而对于王公大人们的何以不尚贤，便百思不得其解了。

在墨子的尚贤思想中，笔者以为下列三点值得特别注意，也应该充分肯定。

一是《尚贤上》的一段论述：

> 故古者贤王之为政，列德而尚贤，虽在农与工肆之人，有能则举之。高予之爵，重予之禄，任之以事，断予之令……故当是时，以德就列，以官服事，以劳殿赏，量功而分禄。故官无常贵而民无终贱。有能则举之，无能则下之。举公义，辟私怨。此若言之谓也。

这里最值得肯定的是，“虽在农与工肆之人，有能则举之”，和“官无常贵而民无终贱”。墨子此论，虽然披着“古者贤王之为政”的外衣,但他所反映的则是墨子的思想，是对当时贵族政治的抨击，是对农与工肆之人有能不举和官常贵而民终贱的否定。当然它同时也是农与工肆之人一个新的阶级和阶层登上了历史舞台，和有一技之长的农与工肆之人政治呼声的反映。对于有才能的农与工肆之人，要“高予之爵，重予之禄，任之以事，断予之令”，这在中国古代历史上虽有例可举，王公大人为了扩大自己的统治基础和增强力量而有这种意识的，也时或可见，但这都是一时的“人治”。“官无常贵而民无终贱”并不否认官民的贵贱之别，只是否定官常贵而民终贱。春秋战国时期，西周血缘贵族政治逐渐遭到破坏。在此后的中国历史上，在一定的历史时期，虽也不是贵者恒贵而贱者恒贱，而是“三十年河东，三十年河西”，但是整个说来，贵贱分野还是清楚明白而又不容混淆的。农与工肆之人虽有贤才，也很难跻身官府而成为贵者。所以墨子“官无常贵而民无终贱”之说，既可以视为当时原有贵贱秩序已经遭到破坏在思想家那里的观念反映，同时又表示了有一技之长的农与工肆之人，对贵贱不以贤否为据的抗争。这个观念和这种抗争，有着十分深远的历史意义。

二是《尚贤下》的论述：

今王公大人，其所富其所贵，皆王公大人骨肉之亲，无故富贵面目美好者也。今王公大人，无故富贵面目美好者，焉故必知哉？若不知，使治其国家，则其国家之乱可得而知也。

今天下之士君子，皆欲富贵而恶贫贱，然女何为而得富贵而辟贫贱哉？曰莫若为王公大人骨肉之亲，无故富贵面目美好者。王公大人骨肉之亲，无故富贵面目美好者，此非可学能者也。

尚贤与尚亲，是两个完全不同和互不相容的任人原则。这里，力主尚贤的墨子，揭露并力辩尚亲原则的弊端。“王公大人无故富贵面目美好者，焉故必知哉？”贵族血亲关系与知即智——知识才能没有任何必然的联系，并且“此非可学能者也”。而“为政于国家”，所需要的则是可学而能的知识才能，因之为政尚亲便是毫无道理的了。墨子此论同样有着巨大而久远的历史意义，时至今日仍未减光辉！

从本质上说，人类社会自原始氏族公社开始解体以来，血缘关系便退居次要地位，以改变了的形式继续存在。相应于生产的发展，这种动物性的血缘关系和社会性的人际关系，两者一直处于矛盾对立之中，呈现着反比变化，只有到了生产的高度发展和社会关系的充分展开之时，动物性的血缘关系的影响才能最终退出历史舞台。中国历史经过春秋战国数百年，三代以来仍然存在着的贵族血缘关系算是破坏了，但在整个中国古代甚至直到近现代，血缘宗法关系不是依然有其孑遗吗！族权就是其重要的表现形式之一。

这样，在血缘宗法关系继续存在的历史条件下，为了统治者的根本利益和长治久安，聪明的和有远见的统治者便不可能不尚贤；但是政治国家的血缘宗法性质，又决定了他们不可能不尚亲。尚贤与尚亲同时存在着，而又不断消长变化。从短时段来看，它是衡量政治清明的标尺之一；从长时段来看，它又测量着社会关系的发展水平。先秦时期的墨子，便反复而又系统地阐发为政尚贤而不尚亲这种学说，实属难能可贵。

三是《尚贤中》的论述：

> 然则富贵为贤以得其赏者谁也？曰：若昔者三代圣王尧、舜、禹、汤、文、武者是也。……然则富贵为暴以得其罚者谁也？曰：若昔者三代暴王桀、纣、幽、厉者是也。

由此可见，墨子的为政尚贤之说，连最高统治者也不例外，更不要说当时诸侯国的君主了。他们不单是要尊贤用贤，而且自己也要贤，要以其贤来治理天下国家。他们也要因为政的贤否而受到应得的奖赏或惩罚。更重要的是，他们也要先贤和因其贤才得到天下的。“是故天鬼赏之，立为天子，以为民父母”。反之如三代暴王桀、纣、幽、厉，他们身为天子而不贤，“是故天鬼罚之，使身死而为刑戮，子孙离散，室家丧灭，绝无后嗣”。由是观之，墨子的尚贤可谓彻底！自农与工肆之人的贱者，到至高至贵者的天子，无一例外，都以贤否为准而定取舍，也都以贤否为准而定其位，屏除血缘关系和一切“非可学而能”的因素。这是对当时贵族特权政治的有力批判，也是农与工肆有一技之长的劳动者的理想政治蓝图。在贵族特权政治仍然存在着的历史时期，墨子的尚贤学说都是有意义的。当然，统治者对它是不可能全部接受的，那不啻是彻底的自我否定。因而对墨子说来，他的尚贤学说之为现实，同样是非常遥远的。

以上三点，笔者认为是墨子尚贤学说最为突出，也是最值得肯定的内容。

（4）尚同——统一于上

“尚同”有两义：一为重视、强调“同”；一为同于上，用今天的话来说就是统一于上。在后者的意义上，“尚”同“上”。在《尚同》三篇中，“尚”有时作“重视、强调”解，有时义同“上”。“上同”，是同于上，或者说是同一于上、统一于上，意思都是一样的。“尚同”，是重视、强调“同”，同于谁或什么呢？也是同于上，即在上位的人，在上位的统治者。人们的思想见解，人们的是非好恶，人们的一切行动准则，都要逐次统一于上级，直到天子，天子又最终统一于上天。墨子认为尚同——统一于上，同样是为政的根本和治理国家的关键。《尚同下》：

> 今天下王公大人士君子，中情将欲为仁义，求为上士，上欲中圣王之道，下欲中国家百姓之利，故当尚同之说而不可不察，尚同为政之本而治要也。

为什么尚同是“为政之本而治要”呢？这与墨子对“正长”即国家各级官吏如何产生的认识有着直接的关系。《尚同上》：

> “古者民始生，未有刑政之时，盖其语人异义。”是以一人则一义，二人则二义，十人则十义。其人兹众，其所谓义者亦兹众。是以人是其义，以非人之义，故交相非也。是以内者父子兄弟作怨恶，离散不能相和合，天下之百姓皆以水火毒药相亏害。至有余力不能以相劳，腐朽余财不以相分，隐匿良道不以相教，天下之乱若禽兽然。

这可以说是墨子的上古史观了，自然更是他主张尚同的历史根据。在先秦诸子中，在他们发挥自己的思想学说特别是政治学说时，往往都要借助历史。现实之外，历史成了他们思想的资料库，但他们心目中的历史是各不相同的。其间既有历史不同侧面的影子，更有其援先世先王以实其说的主观意图。墨子更是这样。这里墨子认为，其时人们各有自己的和彼此互不相同的是非见解，不能统一，相互非难，相互亏害，有余力不能相互帮助，有余财不能相互分享，有好的道理不能相互指教。甚至连一家之内的父子兄弟，也互为怨恶不能和睦相处。天下混乱不堪。

天下如此混乱的原因是什么？墨子认为这都是由于“无正长”。有了正长，便可以由正长来统一人们的是非见解，便可以消除混乱状态。因而产生正长便成了当时的当务之急。《尚同上》：

> 是故选天下之贤可者立以为天子。天子立，以其力为未足，又选择天下之贤可者置立之以为三公。天子三公既已立，以天下为博大，远国异土之民，是非利害之辩，不可一二而明知，故画分万国，立诸侯国君。诸侯国君既已立，以其力为未足，又选择其国之贤可者，置立之以为正长。

“选天下之贤可者”，“选择天下之贤可者”，立以为天子、三公、诸侯国君和其下的正长。用今天的话来说，墨子认为国家政权机构就是这样从无到有地产生和建立起来的。但是在当时的历史条件下，也即墨子所说“其人兹众，其所谓义者亦兹众。是以人是其义，以非人之义”（《尚同上》）的情况下，这些可为天子、三公、诸侯国君以及乡里正长的“贤可”者，具体是怎样选择的呢？墨子这里并未论及，《尚同中》则说得较为详细：

> 明乎民之无正长以一同天下之义，而天下乱也，是故选择天下贤良圣知辩慧之人，立以为天子，使从事乎一同天下之义。天子既已立矣，以为唯其耳目之请，不能独一同天下之义，是故选择天下赞阅贤良圣知辩慧之人，置以为三公，与从事乎一同天下之义。天子三公既已立矣，以为天下博大，山林远土之民不

> 可得而一也，是故靡分天下，设以为万诸侯国君，使从事乎一同其国之义。国君既已立矣，又以为唯其耳目之请，不能一同其国之义，是故择其国之贤者，置以为左右将军大夫，以远［逮］至乎乡里之长，与从事乎一同其国之义。

这里，用什么样的办法去“选择天下贤良圣知辩慧之人，立以为天子”，墨子仍未说明，但因为他是天下最为“贤良圣知辩慧之人”，所以才被选择立为天子，则肯定无疑。“天子既已立矣”，因为天子“耳目之请，不能独一同天下之义”,所以有必要“选择天下赞阅贤良圣知辩慧之人，置以为三公”；由于“天下博大，山林远土之民不可得而一也，是故靡分天下，设以为万诸侯国君”。由谁来选择三公和万诸侯国君？《尚同下》说得十分明确：

> 天子以其知力为未足独治天下，是以选择其次……诸侯又以其知力为未足独治其四境之内也，是以选择其次……三公、诸侯、卿之宰、乡长家君，非特富贵游佚而择之也，将使助治乱刑政也。

可是天子怎样知道天下人中哪些人是“赞阅贤良圣知辩慧之人”，从而“置以为三公”和“设以为万诸侯国君”的呢？墨子没有论及。那些万诸侯国君用什么办法“择其国之贤者，置以为左右将军大夫，以远［逮］至乎乡里之长”

的？墨子亦未论及。可能墨子以为，天子是天下最贤的人，诸侯国君是其国中最贤的人，他们自有办法，他们是会慧眼识英雄的。

如此说来，除天子这个天下第一“贤良圣知辩慧之人”，人们不知道何由确定和怎样立以为天子之外，天子之下的三公和各诸侯国君主，是由天子选择；各诸侯国之内的乡里正长，由各诸侯国君主选择，则是肯定无疑的。一律是由上择下。既然是由上择下，墨子是笃信上天鬼神的，那么天下谁最为“贤良圣知辩慧”，当然也就由上天来选择和认可了。实际上，最高统治者的“天子”之称，便已透露了这个消息。在墨子那里，不是也不可能是由天下之人来选择统治他们的最高统治者天子，像各级正长不是也不可能是各相应范围内的民众选择一样，一律是由上择下。“尚同”——同于上嘛！否则那便是“下同”了。可是这里也产生了一个大问题，那就是上天是怎样来选择天下最为“贤良圣知辩慧”的人立以为天子的呢？恐怕连墨子自己也未必说得明白，这真是只有天知道了。这个问题，也正是中国历史上自所谓天子产生以来，直到以后的皇帝，到帝制终结以前，那些站在“天子”立场的政治家和政治思想家，最为强调和最为尽心尽力编造其理论学说之处。在这个问题上，墨子尚同说的可取的地方，在于他强调要“选天下之贤可者立以为天子”。天子必贤。换言之，天子如若不贤，也就没有资格为天子了。

由上择下可以说是方法。各个范围内最为“贤良圣知辩慧”或谓“贤可”，可以说是条件和根据。它的认定，则来自上一级的正长，直到天子，直到上天。墨子这里的设计，可谓用心良苦！然而它的实际，难道不是另一种形式下的“唯上知与下愚不移”（《论语·阳货》）吗？

墨子尚同——统一于上这种政治思想立论的前提和根据，是以贤为本和上贤于下。因为上贤于下，所以要由在上位者选择和任用在下位者。因为自天子以至乡里正长甚至“家君”，都是以贤为标准来选择各自范围内的最贤者充任，所以自然地也就官贤于民。既然上贤于下和官贤于民，那么尚同——统一于上，那就非但是必要的，也是自然和当然的了。且看墨子是如何使天下统一于天子并最后统一于上天的。《尚同中》曰：

> 天子、诸侯之君、民之正长既已定矣，天子为发政施教曰：“凡闻见善者，必以告其上；闻见不善者，亦必以告其上。”上之所是，必亦是之；上之所非，必亦非之。己有善傍荐之，上有过规谏之。尚同义其上，而毋有下比之心，上得则赏之，万民闻则誉之。意若闻见善，不以告其上；闻见不善，亦不以告其上，上之所是不能是，上之所非不能非，己有善不能傍荐之；

上有过不能规谏之，下比而非其上者，上得则诛罚之，万民闻则非毁之。

这是天下最为贤可者的天子对他治下的臣民的要求：听到、见到善与不善的人和事，要向上报告；以上之是非为是非而不能和不允许有自己的是非；自己有好的主张要贡献于上；上面有过失要劝谏——这里墨子总算也考虑到贤于下的在上位者也可能有过失，并且为下愚所觉察。但是无论如何都只能上同——统一于上，而不能下比——相互勾结。否则，如果不按这种要求来立身行事，那诛罚就要降临了；不予诛罚的“万民”，按要求也要对被诛罚者群起而攻之。

墨子此论，善则善矣，可问题实在也太多。且不说“‘凡闻见善者，必以告其上;闻见不善者，亦必以告其上。’上之所是，必亦是之；上之所非，必亦非之”，这些真的见诸实行，人们似乎不难预见会出现何等景象！单就“上有过规谏之”来说，不既是对在上位者贤于下的部分否定，同时又与以上之是非为是非的要求难以两全吗？还有，以何为准来证明在上位者之有过失并加以规谏？在上位者本来就被肯定为贤于下，他不认为这是过失又当如何呢？其实，所有这些还只是墨子尚同——统一于上理论的一些小破绽而已。

综观墨子的“尚同”之说，可以归纳如下：以贤为本，先择其上；上贤于下，以上择下；上令于下，下同于上；官令于民，民同于官。以贤为本可以说是墨子尚同理论的有积极意义的部分，但是这个有积极意义的部分，又被其依照赏善罚恶的上天的意志而逐次以上择下之说扼杀了。就此说来，上文所谓由上择下可以说是方法云云，未必允当；实际上它具有根本性的意义，哪里仅仅只是一个方法问题呢？

善良的愿望，在变为现实的过程中，往往会走向它的反面。政治思想家对现实的思考和由之提出种种补弊救偏的方策，在付诸实施的过程中，也会因现实对这种方策的选择取舍而大异其趣。这些往往都是创意者所始料不及的。历史上的这种事例，可谓比比皆是。所有这些，都不能不使人记起马克思在《资本论》第一卷第五章中说过的一句话：“通向地狱的道路是由良好的意图铺成的。”不是吗？墨子的意图可谓良好！但是在当时，统治者对墨子关于尚同的设计，所可能接受的，只能是统一于上，至于墨子所反复论列的统一于上的条件和根据，统治者们便另有选择了。当时的现实发展在“趋同”，墨家以外的各家比如儒家和法家，不是也在制造着尚同——统一于上的理论吗？只不过视角不同，甚至连语言表述也有所不同罢了。在墨子“尚同”的有关论述中，我们不是可以看到儒家的影子，也可以看到法家的影子，还可以看到历史在经过了几百年的曲折发展之后，由董仲舒所阐发的统一专制主义中央集权国家理论的影子吗？

所以然的根本原因，笔者认为马克思的下述论断对我们应该有所启发："归根到底，小农的政治影响表现为行政权支配社会"，"小块土地所有制按其本性说来是全能的和无数的官僚立足的基地"。(《马克思恩格斯选集》第一卷）无论这里的墨子也好，儒家也好，法家也好，还是后来的董仲舒也好，在他们的政治思想中所着力研究的问题之一，不都是无数官僚手中的行政权力如何支配社会的问题吗？

再来看看在墨子的尚同论中，在天子"发政施教"之后，那些"贤可"的"无数官僚"是如何运用行政权力支配社会的吧。《尚同中》说：

> 是故里长顺天子政，而一同其里之义。里长既同其里之义，率其里之万民以尚同乎乡长，曰："凡里之万民，皆尚同乎乡长，而不敢下比。"乡长之所是，必亦是之；乡长之所非，必亦非之。去而不善言，学乡长之善言；去而不善行，学乡长之善行。

就这样，一乡之内便治理好了。因为乡长是一乡之内的最为贤可者，"举乡人以法乡长，夫乡何说而不治哉"？乡长之所以能治理好一乡，还因为他能"一同其乡之义"，

“是以乡治”。

乡长治理了一乡，“有率其乡万民以尚同乎国君”。国君是一国的最为贤可者，“举国人以法国君”，又“以其能一同其国之义，是以国治”。国家治理好了，国君“有率其国之万民，以尚同乎天子”，最后天子还要“上同乎天”。否则天便降罚，表现为“天灾将犹未止”。“圣王，明天鬼之所欲，而避天鬼之所憎”，虔诚地祭祀天、鬼，并且“听狱不敢不中，分财不敢不均”，勤于政事，如此便可“天鬼之福可得”“万民之亲可得”，“何故之以也？曰唯以尚同为政者也”。

墨子尚同的起始是“尚贤”，是以贤为本，它的最后一环和完成，却是“尚同乎天者也”！在天鬼那里，人间的最高统治者终于达到了尊事天鬼与慎重民事的结合，天下便由此而治。明显地，这表现了墨子“尚同”的无奈，不得不求助于天鬼以制约人间的“天子”。当然这也明显地表现了墨子所代表的小生产者不可能摆脱迷信，不可能很好地代表自己。

在墨子的尚同论中，笔者认为对其时正长的批评，较之上述尊事天鬼和慎重民事,更有积极意义。《尚同中》曰：

故古者之置正长也，将以治民也，譬之若丝缕之有纪，而网罟之有纲也，将以运役天下淫暴，而一同其义也。……今王公大人之为刑政则反此，政以为便譬，宗于父兄故旧，以为左右，置以为正长。民知上置正长之非正以治民也，是以皆比周隐匿而莫肯尚同其上，是故上下不同义。若苟上下不同义，赏誉不足以劝善，而刑罚不足以沮暴。

这便与“民始生，未有正长之时”（《尚同中》）没有什么两样，因之便会天下祸乱频仍。此论的意义在于，揭露了其时“上置正长之非正”,不可能达到“治民”的目的；民众的“比周隐匿而莫肯尚同其上”，其过失和责任不在下边的民众，而在上边的正长；“是故上下不同义”也是这样。最后，墨子这里所说的“上下不同义”的义，应该说是反映了其时属于贱者之列的“农与工肆之人”的是非与愿望。在墨子的尚同思想中,特别强调只有尚同才能“一同天下之义”的义，大概都可以作如是观。这也是墨子尚同思想具有积极意义的部分。

2. 经济思想——节用、节葬

《墨子》一书中论述经济问题的部分，相对说来较为单薄，从篇目上看，主要集中在《节用上》《节用中》《节葬下》等三篇文字中。这三篇文字和其他篇一样，从篇题上便可以看出其所论内容，节用和节葬都不是论述生产，而是只研究如何消费。对于消费，墨子的观点十分明确：节约。

是不是《墨子》其他篇从未涉及生产领域呢？那倒也不是。比如《非乐上》就说“赖其力者生，不赖其力者不生”，但这是将其视为“人固与禽兽、麋鹿、蜚鸟、贞虫异”而提出的，认为是一个本然和当然的事实，并非是一个社会关系原则。不一定是墨子所作的《七患》篇，还提出了“其力时急而自养俭”“其生财密，其用之节”“以时生财，固本而用财，则财足”，认为这是圣王治国，遇有水旱之灾“而民不冻饿”的原因。但总体来看，多属片言只语，较为零碎，只是在论述其他问题时间或涉及，并未展开。在墨子的经济思想中，生产与消费两者，其注意力主要集中在消费上；对于消费，墨子力主节约，反对任何形式的浪费，观点鲜明，论述系统。因此这里只对其节用、节葬说作必要的分析介绍。

（1）节用——去其无用之费

所谓节用，就是一切用度都要以节约为原则，都要“去其无用之费”(《节用上》),“无用之费”不去，不能算是节用、节约。为什么要如此强调节用？这是本着墨子的一贯主张：明王圣人应该爱民、利民和为民众着想。因为明王圣人能爱民、利民和为民众着想，他们才能“王天下正诸侯”。《节用中》曰：

“古者明王圣人，所以王天下正诸侯者，彼其爱民谨忠，利民谨厚，忠信相连，又示之以利，是以终身不餍，殁世而不倦。”古者明王圣人，其所以王天下正诸侯者此也。

爱民、利民和为民众着想，才能“王天下正诸侯”，那么如何行事才能爱民、利民，才算是为民众着想呢？那就是节用。节用的标准是，百工生产的器物产品，足以供给民用就行；凡是增加费用而不增加民利的，都非节用，因而圣王不为。《节用中》说：

是故古者圣王制为节用之法曰：“凡天下群百工，轮车、鞼匏，陶、冶、梓匠，使各从事其所能。曰：凡足以奉给民用则止。”诸加费不加于民利者，圣王弗为。

如果这样，如果“凡足以奉给民用则止”，而“诸加费不加于民利者，圣王弗为”，国家便可以省去大量费用，便可以不必向外夺取土地，也不必增加生产，仅仅用“去其无用之费”的节约办法，一个国家乃至天下的财力，便可成倍增加。《节用上》曰：

圣人为政一国，一国可倍也；大之为政天下，天

> 下可倍也。其倍之，非外取地也，因其国家去其无用之费，足以倍之。圣王为政，其发令、兴事、使民、用财也，无不加用而为者。是故用财不费，民德不劳，其兴利多矣。

这是多么好的事情！一个国家乃至天下，为政的统治者只要“去其无用之费”，只要“无不加用而为者”，财力便可成倍增加，还可以使生产者不致因生产这些“无用”之物而辛苦劳作，好处实在是太多了。

墨子此论自是有为而发。在历史上也在墨子生活的时代，从事物质生产的劳动者，从来多是有衣食之虞的。对于他们来说，无衣食之虞，有饭吃，有衣穿，有居室和可供生活劳作之用的简单粗陋的器物，最切近具体，甚至可以说是理想境界。然而这种事实并不是历史上，也不是墨子时代所有统治者都能有所认识的。墨子以节用为主的经济思想，确实颇多局限，他只重节流而不重开源，更是问题。但是只要考虑到墨子所处时代及其历史条件，考虑到他时时处处在为小生产者着想，他的小生产者代言人和思想家的身份，便可以理解何以他的节用说主要是向王公大人们提出，并且要“去其无用之费”了。可以这样认为，历史上的小生产者从来都是节用和节约的，这对他们来说似乎从来不是问题；那些不惜物力，尽情奢侈消费以满足自己物欲的，又都是依靠榨取直接生产者剩余劳动来生活和生存的统治者。因此墨子提出“大人”们的“好聚珠玉、鸟兽、犬马”，都应该省却。用“聚珠玉、鸟兽、犬马”之费，去置备那些在生活、生产和战争中的有用之物。《节用上》曰：

> 有去大人之好聚珠玉、鸟兽、犬马，以益衣裳、宫室、甲盾、五兵、舟车之数，于数倍乎，若则不难。

把“大人”们“聚珠玉、鸟兽、犬马”的费用节省下来，去购置衣裳、宫室、甲盾、五兵和舟车，那么这些于国于民有实用意义的器用，便可在数量上增加一倍。即此可以看到当时统治者用于奢侈性消费的开支数量之大，但是墨子认为移前者用为后者是“若则不难”，则是过于天真的一厢情愿。否则，王公大人也不成其为王公大人了。

在中国古代历史上，统治者一定时期奢侈性消费的膨胀和无止境追求，是一个相当突出的现象，并且往往成为引发大规模阶级斗争的原因之一。墨子是中国古代史上最早系统提出反对统治者奢侈性消费的思想家。墨子的节用说，就是以古之明王圣人为法，向今之王公大人提出关于“用”的方面的原则：“因其国家去其无用之费。”你们难道不想效法古之圣王吗？“圣王为政，其发令、兴事、使民、用财也，无不加用而为者。”他也向当时的民众提出了关于“用”的原则：“群百工”所制作的各种器物，也即各式各样的手工业产品，“凡足以奉给民用则止”。这里关于王公大人和民众的“用”的原则，具体说法不同，实际完全一致，都要“去其无用之费”，都要“无不加用而为者”，可用就行，没有必要进一步去踵事增华。主旨十分明显，就是要当时的王公大人之“用”，节制、节用和节约到普通民众即农与工肆之人的水平。

自从人类诞生以来直至今日，人们赖以生存的最基本的生活需要，仍然是衣、食、住、行。墨子在这几个方面是怎样论述的呢？关于食，《节用中》说：

> 古者圣王制为饮食之法曰：“足以充虚继气，强股肱，耳目聪明则止。”不极五味之调，芬香之和，不致远国珍怪异物。

与孔子所说“食不厌精，脍不厌细”（《论语·乡党》）相反，墨子这里根据节用原则所提出的饮食标准，粗说就是填饱肚皮能维持健康就行，不必讲究调料和味道，更不必追求什么珍怪异物即今之所谓山珍海味。否则那便是浪费。应该说，这确实是当时广大农与工肆之人的饮食观。在《孟子·梁惠王上》中所说“仰不足以事父母，俯不足以畜妻子，乐岁终身苦，凶年不免于死亡。此惟救死而恐不赡”的情况下，充饥果腹，已属幸事，食必求饱而后求美，在难得饱食的情况下，人们是不会去讲究食品的味道的，更不奢望珍怪异物！

墨子提出食的这个标准或说原则，其最大的根据当然是农与工肆之人的现实。时时处处以古圣人明王为法的他，这里提出了尧以为自己立法之本。《节用中》曰：

> 何以知其然？古者尧治天下，南抚交趾，北降幽都，东西至日所出入，莫不宾服。逮至其厚爱，黍稷不二，羹胾不重，饭于土熘，啜于土形，斗以酌。

尧的时代，大致还处在中国的先民由野蛮向文明的转变过渡期，还属于所谓“大同”时代。尧的饮食，史无确载，但极简单，类似于墨子这里所述，该是可以肯定的。墨子以尧为据，自然是希望今之王公大人，应该像尧那样，饮食能维持生命便可；还应该像尧那样，服务部众。《非乐上》说：“民有三患，饥者不得食，寒者不得衣，劳者不得息。”墨子复古外衣下所折射的，是对现实的抗争。

饮食应该如此，衣服又该是怎样呢？《节用上》说：

> 其为衣裘何？以为冬以圉寒，夏以圉暑。凡为衣裳之道，冬加温夏加凊者，芊鱼且［鲜且］不加者去之。

又《节用中》：

> 古者圣王制为衣服之法曰：“冬服绀緅之衣，轻且暖，夏服絺绤之衣，轻且凊，则止。”

衣服的最初出现和它的直接作用，当是冬以御寒，夏以防暑。这里墨子也认为，对于衣服御寒防暑以外的追求，如漂亮之类，都是“加费不加于民利”的举措，无益于衣服的御寒防暑功能，都是浪费，都应该废止。这就是墨子的衣服观。

关于住的房屋居室应该是什么样的情况？《节用上》说：

> 其为宫室何？以为冬以圉风寒，夏以圉暑雨，有盗贼加固者，芊鱼且［鲜且］不加者去之。

房屋在初民时代最早产生的原因，大概如墨子所说，为的是抵御风寒暑雨；后来有了盗贼，房屋有必要加固。舍此而外关于房屋的诸般修造，都在废止之列，为的是这“加费不加于民利”，无益于抵御风寒暑雨。

对于舟车的要求也是如此。《节用上》曰：

> 其为舟车何？以为车以行陵陆，舟以行川谷，以通四方之利。凡为舟车之道，加轻以利者，芊鱼且［鲜且］不加者去之。

《节用中》也说：

> 车为服重致远，乘之则安，引之则利，安以不伤人，利以速至，此车之利也。古者圣王为大川广谷之

不可济，于是利为舟楫，足以将之则止。

舟车之兴，是为了行水经陆，通四方之利，达此目的，便是舟车，便应满足，舍此之外，都是不必要的附加，都要废止。

还有“甲盾五兵”。墨子认为它们的产生，本是为了防御“寇乱盗贼”（《节用上》）和“猛禽狡兽暴人害民”（《节用中》）的，因之只要“轻以利坚而难折”（《节用上》），就能起到甲盾五兵的作用，在此之外的其他要求，都不必要。

人口问题，本不属于节用要讨论的范围。但这在当时诸侯国都致力于广土众民的过程中，占有十分重要的地位。《孟子·梁惠王上》就曾述及，梁惠王为“邻国之民不加少，寡人之民不加多”而向孟子讨教。孟子指出解决这个问题的办法，“是使民养生丧死无憾”，“黎民不饥不寒”。墨子则指出，首先是为政者所奉行的多为“寡人之道”。《节用上》曰：

> 今天下为政者，其所以寡人之道多。其使民劳，其籍敛厚，民财不足，冻饿死者不可胜数也。且大人惟毋兴师，以攻伐邻国，久者终年，速者数月，男女久不相见，此所以寡人之道也。与居处不安，饮食不时，作疾病死者，有与侵就俀橐，攻城野战死者，不可胜数。

> 此不令为政者，所以寡人之道，数术而起与？圣人为政特无此。

“圣人为政特无此”，再规定男女适年婚嫁，“丈夫年二十，毋敢不处家；女子年十五，毋敢不事人”。这样，本来“难倍”的人口，也就“人有可倍也”——可以成倍地增加了。

这些，便是墨子节用说的全部内容。

上文已经言及，墨子节用说的积极意义，表现在它主要是要求“节”王公大人之“用”，反对他们的奢侈性消费；反映了小生产者物力维艰和生活中的艰难处境，更是那些饥寒交迫者呼号的折射。它的不足之处主要表现在只论节用，不论生产，只节流不开源，《节用上》《节用中》两篇文字，无一语言及如何发展生产者。其实，从节用说的具体内容来分析，它更多的局限性是十分明显的。第一，墨子所说的器物之用，都只局限和限制在其所以产生和存在的初步甚至是初始的意义上，舍此便是无用，便是人力、物力的浪费，因而要反对，要去除，要禁止。这就不能不限制了生产，不能不限制了生产的发展，不能不使当时的生产非但没有发展扩大，反而萎缩和倒退到它的初始状态，并且就此永远停滞而没有任何发展。这自然与人之所以为人，人的主体地位和改造世界这种主观能动性的发挥相悖，也与人类物欲追求并无止境这种内驱力和原动力的存在相悖，更与生产的发展，与人类物质文明的进化和整个社会由低到高的前进运动相悖。这不能不是墨子节用说最大的局限性所在。第二，墨子所论衣、食、住、行、用等各种物用的具体内容，它们的何者有用或无用，并从而决定其是否存在或废止，也是很成问题的。比如饮食的“充虚继气，强股肱，耳目聪明”；衣服的冬之“轻且暖”，夏之“轻且清”；居室房屋的御风寒暑雨和防寇乱盗贼；舟车经行陵陆川谷的“轻以利”；甲盾五兵的“轻以利坚而难折”；如此等等。这些所谓标准、原则，看似具体，其实都是颇为抽象的，更是相对的。十分明显，非但不同时代不同生产条件下的物质生产、发展水平各不相同，决定了人们的物质需求不同，就是同一时代不同经济条件下不同的人，甚或相同经济条件下不同的人，他们的物质需求不也各不相同吗？这就使得这些判断标准的具体所指，因时而异，因人而异，也因地而异，不可能统一。人类的物质文明发展到今天，已与墨子所处时代不可同日而语，但墨子所说的这些标准，抽象地说来不仍然是大体适用的吗？这里，墨子仍然是为他所代表的小生产者的利益和要求，穿上了一件普遍适用的外衣，仍然是“有见于齐，无见于畸”，因而仍然是天真的一厢情愿，一个不切实际的幻想。第三，初民衣、食、住、行、用这些方面的物质需求，这些物的最初产生和存在，确实都是基于求生的需要。但与物质文明的发展进化相伴的，还有着精神世界的发展进化，还有着美的追求。但在墨子的判断标准中，是没有美的地位的。他认为物用的美的追求，毫无意义，是不加用，因而也在废止之列。这同样也是墨子节用说的不足之处。

（2）节葬——反对厚葬久丧

在不同的国家、地区和民族那里，有着不同的丧葬习俗和礼仪；在同一地方，也会因逝者的不同导致习俗礼仪有所不同。在一个地方是正常的和由来已久的习俗礼仪，在另一个地方很难理解，被视为惊世骇俗甚至不可思议。

在中国古代，儒家是主张厚葬久丧的。《论语·学而》："曾子曰：'慎终，追远，民德归厚矣。'"《论语·阳货》还记有这样一件事：孔子的学生宰我认为"三年之丧，期已久矣"，原因是"君子三年不为礼，礼必坏；三年不为乐，乐必崩"，提出一年便可。孔子不以为然，认为从感情上说来，三年守孝期间，应该是"食旨不甘，闻乐不乐，居处不安"，所以才不为礼不为乐。孔子对宰我颇不满意，认为这个学生"不仁"。

墨子则完全相反，明确提出反对厚葬久丧。《非儒下》在批评"丧，父母三年"的同时，还指出了一些所谓儒者的荒唐行径："其亲死，列尸弗敛，登屋，窥井，挑鼠穴，探涤器，而求其人矣。以为实在，则赣愚甚矣……”斥责那些自称是“良儒”的人:“五谷既收,大丧是随,子姓皆从,得厌饮食。毕治数丧，足以至矣。……富人有丧，乃大说，喜曰:‘此衣食之端也。’”人死之后不入棺,要“登屋,窥井”,甚至“挑鼠穴,探涤器,而求其人”,墨子认为这实在愚蠢!至于那些借为富贵人家办丧事而一家人都跟着混饭吃，以为“衣食之端”的所谓“良儒”,实在与骗子没有什么两样了。

厚葬久丧是墨子“非儒”的原因之一。在其经济思想中，墨子把节葬视为节用的一个重要方面，所以在《节用》篇中提出节葬，反对厚葬久丧；在《节葬下》里，墨子更把是否节葬提高到能否治理好天下国家的高度。这里他要说服的对象仍然主要是王公大人，指出仁者应该为天下国家考虑，“天下贫，则从事乎富之;人民寡，则从事乎众之;众而乱，则从事乎治之”。然而“厚葬久丧，实不可以富贫众寡定危理乱乎,此非仁非义,非孝子之事也,为人谋者,不可不沮也。仁者将求除之天下，相废而使人非之，终身勿为”。厚葬久丧不能使贫变富,少变多,危变安,乱变治,是不仁不义，应该反对、废除和永远不做。那么具体说来,厚葬久丧有哪些危害呢?

首先是财物的巨大浪费。《节葬下》:

今王公大人之为葬埋则异于此，必大棺中棺，革阓三操，璧玉既具，戈剑鼎鼓壶滥，文绣素练，大鞅万领，舆马女乐皆具。曰：必捶涂［除］差通［羡道］，垄虽凡山陵，此为辍民之事，靡民之财，不可胜计也，其为毋用若此矣。

厚葬浪费的是民众所创造的财富，还荒废了农民的生产。与古代的圣王尧、舜、禹、汤和文王、武王的做法完全相反，与暴君夏桀、商纣和周幽王、周厉王完全相符。想用厚葬的办法求得国家之富，得到的只能是贫穷。还有更残酷的事情：

天子杀殉，众者数百，寡者数十；将军大夫杀殉，众者数十，寡者数人。（《节葬下》）

这里墨子所谓古之圣王都实行薄葬，不一定是事实，墨子不过借他们来宣传自己节葬的主张；但他把厚葬视同暴君的行径，则是有见地的。他对杀殉情况的说法，也并非全是史实；但其时人殉仍然存在则无疑。墨子呼号反对人殉，是对王公大人们用人殉葬的强烈谴责！在贵族中间盛行的厚葬之风，不可能不影响到民间，影响到农与工肆之人，结果是“存乎匹夫贱人死者，殆竭家室”。匹夫贱人家死了人，厚葬几乎要使他们倾家荡产！墨子认为厚葬的害处实在太大了。“细计厚葬，为多埋赋之财者也”，它只有一个作用，就是把大量的财物埋到了地下。

其次是厚葬后的久丧，它的害处也是够大的。《节葬下》：

> 处丧之法将奈何哉？曰哭泣不秩声翁，缞绖垂涕，处倚庐，寝苫枕块，又相率强不食而为饥，薄衣而为寒，使面目陷陬［殲］，颜色黧黑，耳目不聪明，手足不劲强，不可用也。又曰：上士之操丧也，必扶而能起，杖而能行，以此共三年。若法若言，行若道，使王公大人行此，则必不能蚤朝，五官六府，辟草木，实仓廪；使农夫行此，则必不能蚤出夜入，耕稼树艺；使百工行此，则必不能修舟车为器皿矣；使妇人行此，则必不能夙兴夜寐，纺绩织纴。

先民们的丧葬本来是十分简单的。《易·系辞下》："古之葬者，厚衣之以薪，葬之中野，不封不树，丧期无数。"连棺木也没有，只用柴草包裹，埋在荒野，也不起坟堆。以后才逐渐复杂起来。单看那儒家经典之一的《仪礼》，这部可能成书于战国时期的礼制汇编，其中关于丧服、丧礼的规定，真是琐屑无遗、周详有加。有些所谓丧礼的规定，今天看来适足以为笑料。比如关于不同临丧者的哭泣，何时哭何时泣，谁哭谁泣，哭多长时间，是又哭又跳还是哭而不跳，或是跳而不哭，这些都有一定要求。似乎如此便可尽哀，便可尽孝，便符合礼，便是"慎终"。厚葬之后还要久丧，所谓三年之孝，庐墓三年，“寝苫枕块”。非要弄到孝子脸黑面瘦，耳聋眼花，手脚无力扶杖而行。在三年之丧期间，王公大人为孝子，无法过问政事；农夫为孝子，不能种田；百工为孝子，不能制器；妇女为孝子，不能早起晚睡纺纱织布。总之墨子认为三年之丧害处太多了。人们不是都希望富吗？以厚葬久丧来求富，“此譬犹禁耕而求获也”（《节葬下》）。

第三是久丧不利人口的增殖。《节葬下》：

> 今唯无以厚葬久丧者为政，君死，丧之三年；父母死，丧之三年；妻与后子死者，五皆丧之三年；然后伯父叔父兄弟孽子其［期］；族人五月；姑姐甥舅，皆有月数。……若法若言，行若道，苟其饥约又若此矣。是故百姓冬不仞［忍］寒，夏不仞［忍］暑，作疾病死者，不可胜计也。此其为败男女之交多矣，以此求众，譬犹使人负剑而求其寿也，众之说无可得焉。

战国时期的各诸侯国，在人口问题上都是不患其多而患少，增加人口是国之要政。然而按照丧礼要求，守丧者过的是非正常的生活，往往疾病甚至死亡。同样按照丧礼要求，人们非但要守父母之丧，而且还有伯父、叔父……之丧，占去了一个人一生的好长时间，“此其为败男女之交多矣”，因之不利人口增殖，应该反对。

孝亲是人的美德之一，但死亡又是自然现象，庐墓守丧极尽哀戚以示孝，不足为训；墨子认为这不利人口增殖并非完全没有道理。但他没有想到，儒家所提倡的守丧行服，也会被利用来作为沽名钓誉的手段。《后汉书·陈蕃传》就记载了这样一件事："民有赵宣葬亲而不闭埏隧，因居其中，行服二十余年，乡邑称孝，州郡数礼请之。郡内以荐蕃，蕃与相见，问及妻子，而宣五子皆服中所生。"陈蕃认为赵宣"寝宿冢藏，而孕育其中，诳时惑众，诬污鬼神"而"致其罪"。范文澜《中国通史》第二册曾指出，东汉时期"在孝廉这个名义下,包含着各式各样的求名法"。赵宣行服墓道二十多年，又在那里生了五个孩子，是借孝以求名的典型例子，哪里有什么孝亲之恩可言。

第四是久丧不利小国防备大国的进攻。《节葬下》：

> 是故凡大国之所以不攻小国者，积委多，城郭修，上下调和，是故大国不耆［嗜］攻之。无积委，城郭不修，上下不调和，是故大国耆［嗜］攻之。

厚葬久丧牵制了大量人力，浪费了大量财力，国家的物资储备自然不会多，城防工事自然不会坚固，"国家必贫，人民必寡，刑政必乱"，出战不会胜利，防守不会有力。这就为大国的攻打提供了机会和条件。因此，"欲以禁止大国之攻小国"，也一定要反对厚葬久丧，一定要节葬。

那么具体说来如何节葬呢？墨子“制为埋葬之法”的内容如《节葬下》所说：

> 棺三寸，足以朽体；衣衾三领，足以覆恶。以及其葬也，下毋及泉，上毋通臭，垄若参耕之亩，则止矣。死则既以葬矣，生者必无久哭，而疾而从事，人为其所能，以交相利也。

死者已矣，墨子强调活着的人要赶快努力做事。这种主张在今天看来，仍然是值得提倡的。他在阐述应该节葬的道理时，还由活着的人推及死者，认为“故衣食者，人之生利也，然且犹尚有节；葬埋者，人之死利也，夫何独无节于此乎”？墨子不是不主张孝，也不反对哭泣，只是以为不必久哭。送葬时“哭往哭来”，回来之后立即从事生产，去谋衣食之财，按时祭祀，“以致孝于亲”，认为这才是“不失死生之利”，对死者和生者都有利的事。

这些就是墨子节葬说的全部。墨子的节葬主张，既是他以节用为主的经济思想的重要组成部分，同时又不单是节用问题，而是事关国家的强弱贫富，是个带有根本性的问题。由此可见墨子对此的重视，和当时厚葬久丧恶风之烈了。墨子是个有神论者，但他却主张节葬。富者贵者有条件厚葬，王公大人更有此财力、物力，可小生产者却难以承受这沉重的负担。墨子的节葬说也和他的其他主张一样，时时处处在为农与工肆之人着想。

墨子的主张节葬和反对厚葬久丧之说，也像他的其他学说一样，在历史上同样也寂然无闻。厚葬久丧有百害而无一利。在墨子的学说中，他的节葬说最为现实，也最为实际可行，但并未被统治者接受实行。这不仅因为富者贵者有这个条件，富贵之极的天子——皇帝更有这个条件，他们生时靡费，死后也要享受。主要还是由于在中国古代社会，血缘宗法关系普遍而又严重地存在着。这就决定了家国一体这种国家结构，决定了国是家的放大，家是国的缩影，家长制式的统治在政治生活或社会生活中普遍存在；也决定了最高统治者的所谓以孝治天下，决定了所谓始于事亲、终于事君，有事亲孝而有事君忠，这种忠孝观念的牢固结合。由此，孝这种伦理道德观念，在长期里便相应早已政治化为统治思想的一个极其重要的组成部分。忠孝两全是人们追求的极致。厚葬久丧表现了孝，而孝亲又是服从于忠君的，这大概可以说是厚葬久丧长久存在的根本原因。当然并非所有的统治者都提倡厚葬久丧特别是厚葬，像前文曾经提到的汉文帝。但这并不能改变事情的本质，而且厚葬久丧总的说来仍在继续着。

今天回溯历史，站在今人的立场说话，厚葬的唯一可取之处，大概可以说它以丧葬的方式，在地下或地表，为今人保存了不少遗迹和遗物。这些遗迹或遗物，好多都成了名胜古迹或珍贵文物，成了历史遗产的一部分，成了宝贵的社会财富。但这与墨子的节葬说和他的反对厚葬久丧，完全是两回事，自不待言。

3. 宗教思想——天志、明鬼、非命

墨子是一个有神论者。他认为天有意志，世有鬼神。小生产者不可能摆脱宗教迷信。墨子的天和鬼神的最大特点，是赏善罚恶，伸张正义。这反映了小生产者在现实生活中的艰难处境和不幸，但他们又无力改变这种现状，因而就不得不求助于上天和鬼神了。但墨子又是非命——反对命定论的，从实质上来看，这又反映了小生产者对自己不幸命运的抗争。

（1）天志——天有意志

春秋战国是中国历史上鲜有其匹的社会大变革时期，也是人们关于天的观念的大转变时期。“在西周的天命神学中，天命是一个神圣庄严的宗教范畴，它说的是由天神所支配的有关国家命运的大事”；春秋时期则不同，“随着春秋时期天子权力进一步地没落，天和天命范畴失去了神圣庄严的性质，逐渐从高不可攀的地位下降为社会的习用语”。[任继愈《中国哲学发展史》(先秦)]

在墨家以外的儒、道、法三家中，儒家创始人孔子，虽然也说过“唯天为大,唯尧则之”(《论语·泰伯》)和“获罪于天，无所祷也”(《论语·八佾》)，但同时又认为“天何言哉？四时行焉，百物生焉，天何言哉？”(《论语·阳货》)。因而郭沫若早在《先秦天道观之进展》一文中便指出：“孔子所说的‘天’其实只是自然，所谓‘命’是自然之数或自然之必然性，和向来的思想是大有不同的。”

老子比孔子更前进了一大步。他虽然也说过“天道无亲，常与善人”(《老子·七十九章》)和“天之所恶，孰知其故”(《老子·七十三章》)，但他把“道”放置在“天”之前之上，说“人法地，地法天，天法道，道法自然”(《老子·二十五章》)。因而郭沫若在《先秦天道观之进展》一文中又说“老子的最大的发明便是取消了殷周以来的人格神的天之至上权威，而建立了一个超绝时空的形而上学的本体”，即“道”。

法家的集大成者韩非，继承了老子的“道”。他在《韩非子·解老》中说：“道者，万物之所然也，万理之所稽也。理者，成物之文也；道者，万物之所以成也。”韩非所认为的“道”，是“万物之所然”和“万物之所以成”，没有了老子所说的“道”的神秘性，并且天地日月都因“道”而始得存在，是“道”的体现。在韩非那里，至高无上的“道”及其派生物天、地、日、月，都是自然的，没有丝毫的人格神意味。墨子则不同，他十分肯定地认为有一个至高无上的人格神——上天的存在。这个上天，赏善罚恶，伸张正义，是人世间一切善恶是非的裁判者，也是所有人的命运的主宰者。

在墨子看来，在世界上和在人们的观念里，可以没有任何别的什么，唯独不能没有这个至高无上的人格神——上天。上天之于人世，如同轮人之有规，匠人之有矩。轮人、匠人无规无矩，便方圆失据；人世间没有上天，便也失去了裁判者和主宰。《天志中》曰：

> 是故子墨子之有天之[志]，辟人无以异乎轮人之有规，匠人之有矩也。今夫轮人操其规，将以量度天下之圜与不圜也，曰："中吾规者谓之圜，不中吾规者谓之不圜。"是以圜与不圜皆可得而知也。此其故何？则圜法明也。匠人亦操其矩，将以量度天下之方与不方也。曰："中吾矩者谓之方，不中吾矩者谓之不方。"是以方与不方皆可得而知之。此其故何？则方法明也。故子墨子之有天之意也，上将以度天下之王公大人为刑政也，下将以量天下之万民为文学出言谈也。观其行，顺天之意，谓之善意行；反天之意，谓之不善意行。……故置此以为法，立此以为仪，将以量度天下之王公大人卿大夫之仁与不仁，譬之犹分

黑白也。

事情看来比较明白，这个有意志的和赏善罚恶的最高裁判者上天的存在，是墨子借以宣传和实行其思想学说的需要，同时也是他所代表的那个小生产者群体的精神寄托。小生产者在现实生活中的软弱地位，使得他们无力把握自己的命运，于是便在艰难竭蹶之中，寄希望于冥冥之中的上天了。说是墨子宣传和实行其思想学说的需要，那是因为墨子的这些思想学说，诸如兼爱、非攻、尚贤、尚同……以及这里所说的王公大人的"善刑政"和万民的"善意行"，都缺乏行动的力量，与现实的距离太远，不过是一种不切实际的一厢情愿，因此便只能寄希望于上天的提倡、支持和裁夺，认为这是上天的意愿，希图由此获得变为现实的可能，如同轮人之规、匠人之矩成为所以方圆的根据一样。

但是何以确凿无疑地证明这种人格神——上天的存在呢？这实在不好办。因而在天志——天有意志的说教中，有意志的上天的存在的证明，便成了天志说中缺少了的一环，转而成为一个当然的存在，一个不必要论证的自明的真理。"夫天不可为林谷幽门［闲］无人，明必见之"（《天志上》），上天无所不在，无所不知，就是在密林深谷幽暗无人的地方，上天明察的眼睛也能看到一切！但是天下的士君子实在是糊涂，他们知道处家不可得罪家长，处国不可得罪国君，却不知道生而为人不可得罪上天！不知道得罪了家长、国君，还有邻家、邻国可逃，而得罪了无所不在的上天，却是无处可逃的，因而墨子不得不反复进行关于上天存在的说教了。

天的好恶如何？在《天志上》里墨子提出了两点：一是“天欲义而恶不义”，二是“天之爱天下之百姓”。

关于第一点，墨子论证道：

> 然则何以知天之欲义而恶不义？曰天下有义则生，无义则死；有义则富，无义则贫；有义则治，无义则乱。然则天欲其生而恶其死，欲其富而恶其贫，欲其治而恶其乱，此我所以知天欲义而恶不义也。(《天志上》)

关于第二点，墨子论证道：

> 然则何以知天之爱天下之百姓？以其兼而明之。何以知其兼而明之？以其兼而有之。何以知其兼而有之？以其兼而食焉。何以知其兼而食焉？曰：四海之内，粒食之民，莫不犓牛羊，豢犬彘，洁为粢盛酒醴，以祭祀于上帝鬼神。天有邑人，何用弗爱也？且吾言杀一不辜者，必有一不祥。杀不辜者谁也？则人也。予之不祥者谁也？则天也。若以天为不爱天下之百姓，则何故以人与人相杀，而天予之不祥？此我所以知天

之爱天下之百姓也。(《天志上》)

这些论证，实在都是很成问题的。郭沫若早在《先秦天道观之进展》中就曾指出“他的立论根据异常薄弱”，此可算是一例。

那么上天是如何实现其欲义而爱百姓的意旨的呢？回答是：赏罚。顺天意的，一定会得到上天的奖赏；反天意的，一定会遭到上天的惩罚。具体的情况又是怎样的呢？墨子是如此设计的：

“义之不从愚且贱者出，而必自贵且知者出也”，并且“愚且贱者，不得为政乎贵且知者”。(《天志中》)天最贵最智，因此义自天出。《天志上》具体规划了人世间的行义图——天子、诸侯三公、将军大夫、士和庶人，逐级地“必从上之政下”以行义，在最顶端的天子还要听命于上天，因为上天“为政于天子”。自天子以至于庶人，上行下效逐级以上为表率，最后全都上顺天意。“顺天意者，兼相爱，交相利，必得赏；反天意者，别相恶，交相贼，必得罚。”三代的圣王禹、汤、文、武都因顺天意而得赏，三代的暴王桀、纣、幽、厉都因反天意而遭罚。上天对他们分别实行赏罚的表现是什么？墨子的回答是：使禹、汤、文、武“贵为天子，富有天下，业万世子孙”，这便是上天的奖赏；使桀、纣、幽、厉“不得终其寿。不殁其世，至今毁之”，这便是上天的惩罚。

这里，墨子事实上已经将全部的历史变迁和人世毁誉，都归结为上天的意旨了。因此，芸芸众生在现实的苦难面前，便也只有祈祷上天的赏善罚恶这一条路了。然而他立论的根据，又实在是太薄弱，薄弱到无异于虚妄甚至是欺骗。

在《天志中》里，墨子对于天之爱民，更进一步加以扩大，来证明“天之爱民之厚”。他把日、月、星、辰的照耀，春、夏、秋、冬的更迭，霜、雪、雨、露的普降，以及五谷丝麻的存在和民众依赖这些来穿衣吃饭，都视为上天的精心安排。而山川溪谷的布列，则是上天用来监察民众的行善或作恶；王、公、侯、伯的存在，又是上天要通过他们来对民众赏贤罚暴。他认为上天如此兼爱民众，实在是太周到了。这如同父母爱子女，竭智尽力，穷其所有，子女长大成人难道不应该报答父母吗？人们对待上天，也应该像子女孝顺父母那样。墨子对有意志的上天的存在和上天兼爱万民的论证，真可谓煞费苦心。

然而说穿了，墨子所笃信并力证其存在的有意志的上天，只不过是他宣传自己思想学说的工具，“我有天志，譬若轮人之有规，匠人之有矩”(《天志上》)。然而可惜的是，他的有意志的上天，没有轮人的规和匠人的矩灵验，只能束缚自己，不可能范围王公大人。小生产者虽然在创造着自己的历史，并且参与了整个社会历史的创造，勤劳善良且有一技之长，但却无力把握自己的命运，因而就不能不祈求上天存在并且寄希望于上天了。小生产者的愿望是善良的，他们心目中的上天也是善良的，墨子的有意志的上天是根据小生产者的地位和愿望塑造的。然而以这样的上天为实有并且希望去说动当时的王公大人、士君子，仍然只能是一个不切实际的幻想。在思想史领域，墨子的这种天道观，在先秦诸子中属于落后者之列。

春秋战国之世的个体小生产者，还处在它的初生阶段。当时小生产者上升成为剥削者，不是没有，但总的说来不可能很多；多数小生产者的前途是暗淡的，纷纷沦为不同形式的依附者甚至奴隶。在此后漫长的中国古代社会，小生产者迄未绝迹而又总是处在分化过程之中，上升成为剥削者的仍然很少。这个群体的兴旺或萎缩，与整个社会的兴衰治乱，一直有着扯不断的联系，但鲜明代表这个群体的思想家如墨子式的人物，则不复存在了。原因之一，就是春秋战国之世的个体小生产者，是上古社会解体的产物。而秦以后的小生产者，就经济关系来说，已是地主经济的一个有机组成部分。因此便只能由那些在整个地主阶级中，主要代表着皇帝—国家的思想家、政治家，在为皇帝—国家的利益立论施政的同时，也为个体小生产者主要是农民说上几句话了，如晁错，如王安石，可以说就是这样。古代中国自统一专制主义中央集权国家政权建立之后，这个政权在意识形态领域，从来没有也不可能离开有意志的上天的存在和为其服务。这个有意志的上天也普遍地仁爱着。“天者群物之祖也，故遍覆包函而无所殊”（《汉书·董仲舒传》），“邑有人君之尊，里有公侯之富，小民安得不困”（《汉书·食货志》）？但是这个墨子式的有意志的上天，已被作为统治者手中的规和矩使用了。

（2）明鬼——有鬼论

墨子坚信有意志的上天确实存在，为此他反复申说，要别人也相信，如果不相信，那就是见小不见大，危害无穷。他要依靠这赏善罚恶的上天，依靠人们对上天的信仰，来宣传和实践自己的主张。否则，他的兼爱学说，他的整个政治理想，便失去了使人们相信和实行的根据，因此有意志的上天的存在，对于墨子来说，又如同工匠手中的圆规和矩尺一样，只是一种工具，一种实现目的的手段。

墨子的明鬼说，大体上也是这样。在《明鬼》篇中，鬼、神并提，视为一体，鬼神的性质和特点，也和有意志的上天一样，是“赏贤而罚暴”。而且鬼神对于人们的奖赏和惩罚，同样十分严明。“鬼神之所赏，无小必赏之；鬼神之所罚，无大必罚之。”（《明鬼下》）人们的或贤或暴，所做的好事或坏事，不论是大是小，都逃脱不了鬼神的明察。

有意志的上天十分明察，鬼神也十分明察，上天与鬼神的性质、特点和作用全部相同，没有丝毫两样，那么上天与鬼神之间是一个什么样的关系呢？从宣传与实行自己的思想学说的角度来说，只需一个上天或者鬼神不也就足够了吗？为什么定要两者并存呢？倘若上天与鬼神在对人间的是非和人们贤否的判断上有了出入，那又该怎么办呢？这些都是墨子所没有论及的。他只是向人们特别是王公大人说明和证明，上天、鬼神确实存在着和确能赏贤罚暴，确能起到工匠手中圆规和矩尺的作用；无规矩不能成方圆，上天和鬼神就是人世间的规和矩。至于上面所提到的种种疑问，墨子都没有虑及，或者认为都不是问题。墨子所需要的，只是上天和鬼神的明察和赏贤罚恶。

因为鬼神非常明察，可以洞见幽微，所以不论什么样的人，在什么样的地方，干了什么样的坏事，都躲不过鬼神的眼睛。官府吏治的腐败，男女之间的非礼，鬼神可以看见；人们淫暴、抢劫、偷盗，或手持刀剑劫杀无辜，抢夺车马和衣服，鬼神也可以看见。就是有人在幽暗无人的地方，在广阔的湖泽，或是在大山深谷林木茂盛的地方干任何坏事，鬼神也一定能知道。因此人们如果都能相信鬼神如此明察，那该多好，那自然官府就会吏治廉洁，老百姓不敢淫暴，不敢抢劫偷盗，不敢手拿刀剑拦路杀人，不敢在偏僻无人之处干任何坏事了。因此墨子理所当然地向王公大人们提出建议：

> 尝若鬼神之能赏贤如罚暴也，盖本施之国家，施之万民，实所以治国家利万民之道也。(《明鬼下》)

在历史上，统治者为了自身的利益，有时会很自然地去利用人们的鬼神迷信思想。他们自己也并非全然不信。墨子这里所说的鬼神与统治者所说的鬼神，就其同属宗教迷信而言，似乎没有什么本质的不同；就墨子所说鬼神的明察及其赏贤罚暴而言，与所谓报应说实际上也没有什么两样。春秋战国时期的统治者还普遍存在着鬼神迷信观念。只是墨子的鬼神说也和他的天志说一样，主要的说教对象是王公大人，更何况墨子还要借上天和鬼神来宣传和实行他的其他的思想学说，因此，他的有鬼论便也和天有意志说一样，很难为王公大人所接受了。

墨子在阐述他的有鬼论时，没有也不可能解决好这样一个问题，这就是倘若鬼神确实存在并能赏贤罚暴，如此明察，还有必要依靠统治者去施之国家和施之万民吗？人们不都会循规蹈矩、朝乾夕惕地去等待着鬼神的或赏或罚吗？还有必要靠着墨子的宣传始信其有，而不都是在敬信不二吗？因为墨子不可能解释这些问题，而敬信鬼神和需要鬼神为其规矩来宣传与实践自己思想学说的他，便只能反复申说鬼神的确有，也因此，他的有关鬼神确有及其赏贤罚暴的申说，是那样无力，很难令人信服。比如他用来证明鬼神确有的关于三代治乱的说法，便纰漏不少：

> “逮至昔三代圣王既没，天下失义，诸侯力正[征]，是以存夫为人君臣上下者之不惠忠也，父子弟兄之不慈孝弟长贞良也，正长之不强于听治，贱人之不强于从事也，民之为淫暴寇乱盗贼，以兵刃毒药水火，退[迓]无罪人乎道路率径，夺人车马衣裘以自利者并作，由此始，是以天下乱。”此其故何以然也？则皆以疑惑鬼神之有与无之别，不明乎鬼神之能赏贤而罚暴也。今若使天下之人，偕若信鬼神之能赏贤而罚暴也，则夫天下岂乱哉！（《明鬼下》）

三代圣王既没，天下便开始混乱，按照正常的逻辑，直接的原因该是圣王之没。但是墨子不这样看，他认为这是由于圣王没后人们疑惑鬼神之有无，不再笃信鬼神的主宰人世和可以赏贤罚暴。这里墨子似乎只把鬼神视为一个单纯的信仰，而不是什么有与无的问题了，正所谓信则有，不信则无。但倘若鬼神真的存在并且确实能以赏贤罚暴，在圣王既没人们疑惑鬼神存在和天下混乱的日子，无处不有不在、幽明毕见的鬼神，为什么不赏贤罚暴，来澄清乱世和确证自己的存在呢？既然三代圣王时治世的出现与圣王的存没相关，那又怎么能证明其时鬼神的存在呢？是否三代圣王的作用仅在于他们提倡鬼神信仰？所有这些《明鬼》篇全无一语涉及。这确实是个难事，要想证明本来不存在的鬼神真的存在着，这从根本上来说就是不可能的。但是墨子宣传和实行自己的思想学说，像工匠依靠圆规和矩尺才能求圆求方那样，总要有所依靠。既然历史和他所代表的小生产者限制了他，使他没有也不可能在现实中寻求可供依靠的对象，于是便只有求之于鬼神了。而要依靠鬼神，关键是要证明鬼神的存在，墨子就是这样为自己提出了一个他所不可能完成的任务。且看他是如何证明鬼神的存在的。

墨子提出了根据什么来判断鬼神的有或无：

> “是与天下之所以察知有与无之道者，必以众之耳目之实知有与亡为仪者也。”请惑［或］闻之见之，则必以为有；莫闻莫见，则必以为无。……自古以及今，生民以来者，亦有尝见鬼神之物，闻鬼神之声，则鬼神何谓无乎？若莫闻莫见，则鬼神可谓有乎？（《明鬼下》）

要以人们的耳目之实所闻所见为根据来判断鬼神的有或无。根据既然找到，事情也便好办。古往今来，人们如果看见了鬼神的形象，听到了鬼神的声音，就可以断定鬼神确有；否则，就可以断定鬼神根本不存在。墨子提出的这个判断鬼神有无的根据或说标准，可谓朴素之至，更有相当道理。人们不就是依靠自己的感官来感知周围世界的吗？既然如此，没有为感官所感知的，怎么能说是有呢？反之为感官所感知的怎么能说是无呢？墨子这里就是如此认识问题的。但是墨子的谬误也十分明显。一是他完全排除了人类的认识发展和理性思考，以感官为认识的唯一依据，这就难免为假象所迷惑；二是他所说的耳目之实所闻所见更是经不起检验的。这样，他从正确的前提出发而又获致了错误的结论，便不是什么奇怪的事情了。

退一步说，即使是他所说的耳目之实所闻所见是可靠的，那么墨子自己见到了鬼神之容，听到了鬼神之声没有呢？答案是否定的，诚实的墨子还没有学会信口开河和造假。于是他便只能从书籍文字记载中找资料，以间接的耳目之实所闻所见为根据，来证明鬼神的确有了。墨子总共举了四个例证。

一是杜伯。周宣王杀了无辜的大臣杜伯，死前杜伯说：君杀无辜，若死者有知，不出三年，一定使君主知道厉害。三年后，周宣王出猎。到了中午，杜伯乘白马素车，着红衣帽，握红弓，用红箭，追赶并射死了宣王。当时随从打猎的人们都看见了，远方的人也都听说了。这事记载在周之《春秋》上。

二是秦穆公亲自见到了神而且还和神谈话。一天秦穆公在庙堂里看见一个方形脸、鸟身、素服的神，进门向左走。穆公恐惧而逃。那神说：不用怕！天帝因为你有德而派我赐你增寿十九年……秦穆公问那神的姓名。神说他就是春神句芒。

三是燕简公杀死了无辜的大臣庄子仪，庄子仪死后不出三年，便杖死了出祭祖泽的燕简公。这事随从燕简公的很多人都亲眼看见了。此事记载在燕之《春秋》上。

四是宋文君鲍时负责祭祀的祝史观辜，因为祭祀失时，酒醴不洁，牺牲不纯不肥，惹恼了神祇，神就附在巫史身上，杖死了观辜。

墨子认为，上述这四个事例足以证明鬼神确实存在。但倘若还有人认为众人的耳闻目睹尚不足以凭信，那么三代圣王的事迹总该可以相信了吧。于是他便又举出周武王的祭祀为例证，认为“若鬼神无有，则武王何祭分哉？”(《明鬼下》)，以此来证明鬼神的存在。再以古代圣王赏必定在祖庙，罚必定在神社，来证明鬼神的存在。复以三代圣王建国立都，必立宗庙神祠，设大祝、宗伯等官，祭祀礼敬虔诚等等，都说明了“故古圣王治天下也，必先鬼神而后人者”(《明鬼下》)，来证明鬼神实在是千真万确地存在着。他的相信古圣先王，又超过了“众人耳目之实”，这就不能不为古圣先王所愚。但墨子自己又在真诚地相信着，相信着鬼神之有和他们的赏贤罚暴。不然，墨子的思想学说便进退失据，无所依靠了。由现实的社会关系而产生的墨子的思想学说本就包括对上天鬼神的信仰，而他思想学说的其他部分，又要求以上天鬼神的存在和赏贤罚暴为必要条件才能变成现实，即此一端也说明了这种思想学说不可能成为现实，还说明了墨子所代表的小生产者无力主宰自己的命运。

墨子对于有鬼论的论证，又应了郭沫若所说的那句话："他的立论根据异常薄弱。"墨子的有神论，只能是他思想学说中的消极成分，也是思想史上的消极成分。就此说来，郭沫若在《先秦天道观之进展》一文中说"墨子的思想从历史的演进上看来，实在是一种反动"，是符合实际的。

（3）非命——否定命定论

人们的贫富利达与祸福寿夭，国家的治乱兴衰和存亡强弱，原因是什么？长时期以来，无数的思想家、政治家、历史学者和各色人等，都曾经从不同的角度，进行过不懈的探讨，答案不一而足。相信上天和鬼神实有并能赏善罚恶的墨子，却在他的《非命》篇文字中，旗帜鲜明地批驳了命定论。这实在是《墨子》一书中不可多得的篇章，自然也是墨子思想中值得充分肯定的部分。命定论是虚妄的。然而历史上的统治者，那些富者贵者，又往往以虚妄的"命"

来为自己的统治和富贵辩护，并以之欺骗被统治、被剥削者，希图他们相信这是“命”而安于现状；一些被统治、被剥削者也往往认识不到“命”的虚妄。墨子对命定论的否定和批驳，可以说既是对命定论宣传者的揭露，同时又主要表达了当时小生产者对他们所处不幸地位的抗争。笔者认为墨子的非命论，较之他的政治思想的其他部分，如兼爱、非攻、尚贤、尚同等等，都更具历史价值，更有现实意义，当然更远远高出他的有神论。

墨子是怎样论证自己的非命说的呢?

他指出，那种用“命富则富，命贫则贫，命众则众，命寡则寡，命治则治，命乱则乱，命寿则寿，命夭则夭。命，虽强劲何益哉”（《非命上》）的说教，去上说王公大人，不利于施政，下说百姓，会有碍于“百姓之从事”（《非命上》）。因此，“执有命”（《非命上》）即命定论的宣传者是“不仁”的。由此似乎可以看出，墨子之所以“非命”，是因为“有命”之说，无论对于王公大人、国家政治或普通百姓，都是有害无益的。就此说来，墨子仍然是过于天真了。对于普通百姓来说，认为“有命”，一切都是命中注定，往往会导致安于现状甚至逆来顺受，放弃自己的主观努力，确实有害无益。虽然并不是所有的王公大人都相信“有命”，但是对于他们统治的百姓而言，则是另外一种情况了。像天志说和明鬼说有着鲜明的农与工肆之人的色彩一样，墨子的非命说仍然是从农与工肆之人的善良愿望出发的。农与工肆之人只要努力“从事”，勤劳不息，上天鬼神又能赏善罚恶、洞烛幽隐，如此，他们的命运便有望改善，便可以避免不幸，由此说来，何命之有？这可以说是当时的农与工肆之人所希冀的。因此墨子便笃信上天鬼神的确实存在而又非命——否定命定论了。

墨子非命——否定命定论，反对“执有命”之说，但是怎么知道“执有命”之说是错误的呢？墨子这里提出了一个判断的根据或谓标准。《非命上》曰：

> 然则明辨此之说将奈何哉？子墨子言曰：“必立仪。”言而毋仪，譬犹运钧之上而立朝夕者也，是非利害之辨，不可得而明知也。故言必有三表。何谓三表？子墨子言曰：“有本之者，有原之者，有用之者。”于何本之？上本之于古者圣王之事。于何原之？下原察百姓耳目之实。于何用之？废［发］以为刑政，观其中国家百姓人民之利。此所谓言有三表也。

这就是墨子立论的著名的三表法。在《非命中》《非命下》中，则直接称之为“三法”。侯外庐等在《中国思想通史》（第一卷）中，对墨子的这个三表法的认识意义，曾经有过评价：“三表法，推其究竟，前两表仍然是以实际的经验为基础的……至于第三表，所谓‘废［发］以为刑政，观其中国家百姓人民之利'，即是要在实践中去检证理论是否适合于实际，换句话说，就是以实践来做真理的规准。”侯氏等对墨子三表法的评价是中肯的。其实所谓三表法，说来本很平常，然而只要我们联想到现实生活中曾经发生过的那么大的争论，便不能不佩服两千多年前的墨子的高明之处，便不能不恍然于两千多年后的人们曾经迷误到何等程度！“废［发］以为刑政，观其中国家百姓人民之利”！这个墨子三表法中的第三表，在今天不仍然有着它的现实意义吗！

墨子三表法本身，是属于认识论所要讨论的问题。但是他在否定命定论的论证中运用了三表法，或者说墨子在否定命定论的辩论中提出了三表法，而在阐述他的政治思想的其他篇章,特别是在与《非命》篇性质相近的《天命》《明鬼》中，则并不是这样，由此也可以看出，墨子对命定论的否定，较之他对天有意志和有鬼论的论证，要深刻得多，也有力得多。

先看第一表“上本之于古者圣王之事”。

《非命下》指出，从三代的圣王夏禹、商汤、周文王和周武王，他们治理天下，“必务举孝子而劝之事亲，尊贤良之人而教之为善。是故出政施教，赏善罚暴”，这样，就使得“天下之乱也，将属可得而治也；社稷之危也，将属可得而定也”。因为他们的“为政乎天下”，是要使“饥者得食，寒者得衣，劳者得息，乱者得治”，所以他们“遂得光誉令问 [闻] 于天下”。据此墨子得出结论 ：“夫岂可以为命哉？故以为其力也。”

再看夏桀把国家搞乱了，商汤把它治理好 ；商纣把国家搞乱了，周武王把它治理好。“当此之时，世不渝而民不易，上变政而民改俗。存乎桀、纣而天下乱，存乎汤、武而天下治。”十分明显，天下的得治，是汤、武的努力 ；而天下的混乱，则是桀、纣的罪过。由此墨子再次得出结论：“若以此观之，夫安危治乱存乎上之为政也，则夫岂可谓有命哉？”国家的“安危治乱存乎上之为政”，“上之为政”又是由什么原因所决定的，墨子没有也不可能对此有更深入的正确阐述，但是他由此认定“夫岂可谓有命”则无疑是正确的。

《非命上》还比较详细地论述了古代圣王统治何以天下得治。他认为这是由于“圣王发宪出令，设以为赏罚以劝贤”。因此人们在家孝顺父母，出外敬爱乡邻，有规矩，有礼貌，男女有别。“是故使治官府，则不盗窃 ；守城，则不崩叛 ；君有难则死，出亡则送。此上之所赏而百姓之所誉也”，所以天下得治。但是“执有命”者则认为 ：“上之所赏，命固且赏，非贤故赏也 ；上之所罚，命固且罚，不暴故罚也。”墨子认为此说毫无道理，照此办理，就会君不义，臣不忠，父不慈，子不孝，兄不良，弟不弟。坚持有命论，“此特凶言之所自生，而暴人之道也”。得当的赏罚，未必有墨子所说那样大的作用，但是把赏罚看成命中所定，坚持有命论，则实在是“暴人之道”。

次看“下原察百姓耳目之实”。《非命中》：

> 我所以知命之有与亡者，以众人耳目之情知有与亡。有闻之，有见之，谓之有；莫之闻，莫之见，谓之亡。然胡不尝考之百姓之情？自古以及今，生民以来者，亦尝见命之物闻命之声者乎？则未尝有也。若以百姓为愚不肖，耳目之情不足因而为法，然则胡不尝考之诸侯之传言流语乎？自古以及今，生民以来者，亦尝有闻命之声见命之体者乎？则未尝有也。

这里墨子的论证方法，与他论证鬼神为实有的方法完全相同。根据“众人耳目之情”，从古及今，生民以来，从来没有人“闻命之声”“见命之体”，所以便认定“命”之为无。这里的疏漏是明显的，就是他把“命”视为一种实体，而不是先验、神秘而又为人们所无法改变的必然性之类，如《庄子·人间世》所谓“知其不可奈何而安之若命”。因为曲解了“执有命”之说者的“命”，墨子的反驳是无力的，但这又不影响墨子非命说的正确性质。确切地说来，在当时的历史条件下，墨子还不可能对社会现实有本质上的正确认识，因为人们还不可能把握自己的“命”，所以墨子对“执有命”者的驳诘，便不可能是彻底的和完全正确的。但是墨子却仍然坚执着他的非命说，也就是坚执着农与工肆之人对“命”的抗争，这便是墨子非命说的可贵之处。

再看其“废［发］以为刑政，观其中国家百姓人民之利”。《非命下》曰：

> 今也王公大人之所以蚤朝晏退，听狱治政，终朝均分，而不敢怠倦者，何也？曰：彼以为强必治，不强必乱；强必宁，不强必危，故不敢怠倦。今也卿大夫之所以竭股肱之力，殚其思虑之知，内治官府，外敛关市山林泽梁之利，以实官府，而不敢怠倦者，何也？曰：彼以为强必贵，不强必贱；强必荣，不强必辱，故不敢怠倦。今也农夫之所以蚤出暮入，强乎耕稼树艺，多聚菽粟，而不敢怠倦者，何也？曰：彼以为强必富，不强必贫；强必饱，不强必饥，故不敢怠倦。今也妇人之所以夙兴夜寐，强乎纺绩织纴，多治麻統葛绪，捆布縿，而不敢怠倦者，何也？曰：彼以为强必富，不强必贫；强必暖，不强必寒，故不敢怠倦。

这里，墨子分别以王公大人、卿大夫、劳动者的农民与妇女的实际行动和认识，来说明“命”之乌有。反之，他们如果“信有命”，那就一定会“怠乎听狱治政”“怠乎治官府”“怠乎耕稼树艺”“怠乎纺绩织纴”。如此则“天下必乱”，则“衣食之财，将必不足”。如此而上无以事天鬼，天鬼不依从；下无以持养百姓，对百姓不利；出战不胜，入守不固。真是所谓天怒人怨了。结果是失国失家，社稷倾覆。三代的暴王桀、纣、幽、厉就是这样。

像其他一些篇章一样，在驳诘论辩中墨子反复以三代圣王禹、汤、文、武和暴王桀、纣、幽、厉为正反两方面的事例，加以说明。墨子的结论是：“故命上不利于天，中不利于鬼，下不利于人。而强执此者，此特凶言之所自生而暴人之道也。”（《非命上》）因此墨子要大声疾呼地加以反对：“执有命者，此天下之厚害也，是故子墨子非也。”（《非命中》）

既然有命说是“暴人之道”，是“天下之厚害”，那么它是怎样产生的呢？

墨子认为，这是由于三代的暴王桀、纣、幽、厉，他们不但不能很好地治理国家，安抚百姓，而且穷奢极欲，内心邪辟，纵情游乐，畋猎声色，饮酒无度，暴虐百姓，根本不思治理国家，因之国破家亡，社稷倾覆，自己也身遭刑戮。但这些暴王又不肯承认“我罢不肖，我为刑政不善”，因而托词自己命该如此，“我命故且亡”。（《非命中》）还有三代的穷民，也是这样。他们在家不善事父母，对上不能善事国君，厌恶节俭，好吃懒做，因之衣食不足，常有冻馁饥寒之忧。但是他们不认为这是由于“我罢不肖，我从事不疾”，而是说“我命固且穷”。(《非命中》) 如此，自三代以来，有命说就这样流传下来了。这些谎言至今仍在愚弄着老实人。但是实际上，三代的圣王考虑得十分周到，他们生怕这种有命说会贻误后人，于是就在“先王之书”里一再否定了这种谬论。墨子对有命说产生和流传的认识，是想当然的。他没有也不可能触及同样也属宗教迷信范畴的有命说的复杂原因。

上所云云，便是墨子非命——否定命定论的主要内容。它所反映的，是当时相信上天鬼神的农与工肆之人的善良愿望。他们企望以其勤苦耐劳，来改善或改变自己的处境和地位。他们渴望有出头之日，渴望摆脱艰难竭蹶！小生产者有宗教感，不可能与宗教迷信绝缘。他们深信不疑的上天鬼神在赏善罚恶，他们更有一双勤劳的手，有一技之长。他们就是这样地希望在赏善罚恶的上天鬼神的主宰下，依靠自己的善良、勤劳和技艺，来改变自己的命运。历史的实际也是，不是作为阶级或阶层，而是小生产者中的个别人，由于环境条件的千差万别和无穷无尽的偶然性因素，也确实是在改变着或改变了自己的处境和地位，上升为富者贵者。这些，可以说就是墨子非命——否定命定论之所以然的原因所在吧。

4. 战争中的积极防御思想——城守诸篇

墨子极力倡导兼爱，但相信特别是身体力行者可能很少。他反对战争，可当时的战争依然在进行着，而且愈演愈烈，规模更大。因此，他不得不面对“大攻小、强执弱”的现实，告诫那些小国、弱国，要提高警惕，积极防御，做好战争准备。由此可知，从兼爱说出发而反对战争的墨子，在战争不可避免的情况下，他是站在小国、弱国方面，反对大国的掠夺战争的。

墨子战争中的积极防御战思想，主要集中表现在《墨子》一书中的城守各篇。城守各篇，据前人考证，本为二十一篇，亡佚十篇，今存十一篇。这就是今本《墨子》中的自《备城门》至《杂守》这十一篇文字。这十一篇文字，学者一般认为是墨家后学之作，但它反映了墨子的思想，更是墨学体系的重要组成部分。至于这种积极防御战中的各种军事设施、器械制造、军队的编制组织和旗帜号令等等，当然不排除有墨家后学的创造。对此笔者认为，视其为前此守城防御战中的战术和技术的比较全面的总结，似更符合历史实际。只是因为墨子反对战争，特别是反对大攻小和强凌弱的战争，并且墨子和他的一些弟子还亲身参加过这种防御性质的战争，成了这方面的专家，所以这个总结便很自然地由他们承担了。有的学者根据今存《墨子》

城守十一篇中，有六篇均称“子墨子”和称墨子弟子禽滑厘为“禽滑厘子”，或设为墨子与禽滑厘的问答，认为这是禽滑厘的学生也即墨子的再传弟子记载的痕迹，因之城守各篇显系墨子和禽滑厘弟子的作品。此说不无道理。在墨子止楚攻宋事件中，禽滑厘曾率墨子弟子三百人为宋守城，禽滑厘有可能是墨子弟子中城防守备战的专家。

（1）备城门——城门备战

《备城门》是城守各篇的首篇，讲的是城门备战。这大概是因为城门防守在整个守城防御战中占有特别重要的地位。就是在本篇中，禽滑厘在回答墨子所问来敌会用什么方法攻城时，指出当时常用的攻城方法为：临、钩、冲、梯、堙、水、穴、突、空洞、蛾傅、轒辒、轩车。正是根据禽滑厘的这个回答，和城守各篇今存篇目，学人考证出城守各篇亡佚的部分篇目，使今人可以比较全面地了解当时攻城之战中攻守双方所使用的主要战法。

如上所述，攻城的战法多至十二种，那么怎样才能守住城池而不为敌人攻克呢？子墨子的回答是：一是要“城池修，守器具，推［樵］粟足”，二是要“上下相亲”，三是要“四邻诸侯之救”。只有这三条还不能“守必固”，还要有“守者必善，而君尊用之，然后可以守也”。为了能长期坚守，还要“城厚以高；壕池深以广”“薪食足以支三月以上；人众以选；吏民和”等等，只有“此十四者具”，才能长期坚守，否则，“虽善者不能守矣”。

城门备战详细研究了有关的各个方面，诸如城门的安装，筑城工具的准备，城上屏障的设置，大城的闺门、郭门，堑壕上的板桥，附城上的耳楼，发箭用的转射机，解救敌人用火箭射火烧城门的办法，以及兵力、武器和各种器械的配置等等，都一一述及，十分详细具体，甚至连厕所的设置都考虑到了。

《备城门》篇有关城门备战的论列，也间接揭示了城防攻守战给守城民众所带来的灾难："民室杵［材］木瓦石，可以盖［益］城之备者，尽上之。不从令者斩。"为了备足城防用的器材，要拆毁民房，不服从命令就要遭杀身之祸。为了坚守城池，妇女、老人和孩子都要加入守城的行列："五十步丈夫十人、丁女二十人、老小十人……广五百步之队，丈夫千人，丁女子二千人，老小千人，凡四千人，而足以应之，此守术之数也。"

《备城门》篇所研究的除城门备战临敌之外，还广泛记述了城防战中战术布置和物资器械准备的各个方面，巨细无遗。这是我国古代军事著述中，在城池防守方面最为详备的文字。它当不只是墨家的一家之言，更非主观造作，而是具有城防战中实战经验总结的意义。以下有关各篇也应大体作如是观。

（2）备高临——如何对付“积土为山，以临吾城”的攻城战术

《备城门》篇所研究的，是城门防卫和整个城池防卫战中的部署以及物资器械准备。此下的《备高临》直至《备蛾傅》等六篇文字，是研究在敌人特殊的攻城战术下，守城者如何击退攻城之敌的战术。《备高临》就是研究和记述如果攻城之敌在城外积土为山，居高临城，且与我城相接，兵弩齐发，守城者应如何应敌。

作者首先指出，攻城者于近城处积土为山以攻城，方法拙笨。因为此法会使攻城者的士卒疲劳，又不足以构成对守城者的致命威胁，所谓“足以劳卒，不足以害城”。

但倘若攻城之敌仍用此等战法攻城，守城者应该怎样对付呢？作者提出了两个应敌方案。第一个应敌方案是在原有的城上再筑台城，实际上也就是将原有之城加高。这种称为台城的原城加高部分，又叫行城，高三十尺，使守城高于攻城之敌所筑之土山。看来可能是为了省工，这个原城之上新筑的台城或谓行城，互不连接，只是有一定长宽要求的土台，每个土台左右各为二十尺的空间距离，以木相连。如此，守城者面对城外攻城者所筑之土山，便又可以居高临下，以强弩射杀攻城之敌了。

第二个应敌方案是不必在原城之上筑台城，而是在城上装置“连弩之车”。每个连弩车配上十个战士。在攻城之敌筑成土山连接守城发动攻击时，守城者就由这种连弩车发射连弩，来击退敌人的进攻。

作者还详细介绍了这种连弩车的制造方法及技术要求。

（3）备梯——如何对付云梯攻城

《备梯》篇中的墨子，向弟子禽滑厘讲述了防御攻城之敌云梯攻城的办法。这里墨子首先指出了云梯作为攻城用器械的缺点：这是重型器械，移动困难。至于对付云梯的办法，大体略同于对付敌人筑土为山以攻城，同样是于原城之上新筑行城亦即台城，不同之处是不用连弩，而是从“城上繁下矢、石、沙、炭，以雨之，薪火、水汤以济之”，“若此，则云梯之攻败矣”。

此外，在云梯进攻下的防守方法还有：利用行城的堞墙发射连弩，在敌人进攻的道路上投放蒺藜，在城外设置鹿砦，以及用火炬攻击登城之敌，等等。这些防守方法的技术要求或具体操作过程，记述得同样十分详细。

（4）备水——如何对付水攻

用水用火攻城，这是古老的战法。所谓“备水”，就是研究当攻城之敌用水攻城时，守城者如何预为之备。

首先，在战前要详细调查了解城内城外的地势高下。当敌人用水攻城时，如果城内地势偏低，就要在城内开渠泄水，并且在最低洼处凿井，使水浸泄地下。还要在井侧放置观察水深的瓦片；当测知城外水深达到一丈以上时，就要在城内开渠排水。此法是否以实战经验为依据，不得而知。但度以常理，当大水围城且城内地势低洼时，地下水位也必定很高，因之穿井泄水，似不可能；当城外水深一丈甚至更深时，城内开渠排水排向何处呢？可能的情况大概是，大水围城日久，水向城内渗透，因之不得不开渠将水引向低洼处——但这也有问题：城已渗水的当务之急，不是取土筑城以防城溃吗？还有一个疑问是，城内井侧放置瓦片，怎么能测知城外水深已达一丈以上呢？

另一个对付敌人以水攻城的办法是“决外堤”，即破坏敌人为引水攻城而筑的堤防。办法又有两个：一是组织船队，用船冲破敌人的堤防；二是选拔精壮士卒，前去挖开敌人的堤防。不论是用船冲撞或人工开挖，都要在城上守兵弓弩的有力配合下进行。作者计划得十分周到：“决外堤”的士卒在出发前，他们的父母妻儿都要被集中起来，以为人质，为的是防止士卒出城后叛变投敌。

（5）备突——用烟熏法反击攻入突门之敌

所谓突门，就是城内预凿的暗门，为突袭围城之敌而设。“备突”的特点在于，当敌人攻入暗门后，而以烟熏来消灭敌人。因此要在暗门内修好烧火的窑灶，备好风箱和柴草；在暗门入口处的正中，用绳索系轮悬置。当敌人攻入暗门时，当即放下车轮阻敌退路，同时鼓风燃火，以烟熏敌。这就是“备突”战法。

对于“备突”这种战法，这里的疑问也不少。

何以要在暗门的入口处用悬置车轮的办法来阻挡敌人的退路呢？即若《备突》篇所言——“用车两轮，以木束之……使度门广狭，令之入门中四五尺”便放下车轮，如此办法能挡住敌人的退路吗？从松绳落轮到生火冒烟，在当时，大概至少要两三分钟时间。且烟熏也不足以致敌死命；若然，那不是也伤及自己吗？要么暗门的设计是一个机械装置，烟火都已备好，只等敌人进入。有点像现时捉鼠的笼子，老鼠进入，门迅即紧闭。时间悠远，文字记载简单，“备突”这种战法中暗门是如何设计建造的，今人已经很难全部弄清了。但有一点当是肯定的，就是这不会是作者的凭空杜撰，而是来自当时的战争实际。它可能是，也可能不是一种十分有效和成功的城防战法，所记与实战运用也可能有出入，但不会一点影子也没有。

（6）备穴——以地道战对付地道战

《墨子》一书中的《备穴》篇，是中国历史上，也是世界历史上最早一篇记载和研究地道战的文字。

在城池攻防战中，守城者首先要在城内建造专供瞭望之用的高楼，以随时观察攻城之敌的动向。如若敌人筑垣聚土异于平时，或其附近“水浊非常者”，那就表明敌人在挖地道了。对付的办法是，对准敌人的地道开挖地道来迎战敌军。如若一时不能判明攻城之敌所挖地道的准确走向，那就紧靠着城墙，五步凿一井，井中置放瓦罂，用来侦听敌人地道所在或何处正在开挖地道，而后挖相应地道迎敌。

地道战中十分有效的战法，是用熏烟制敌。

如果所挖地道与敌人的地道相遇，那就要看当时敌我双方的具体情况，分别采取不同措施。或熏烟制敌，或以木板阻敌，使之不能进入我方地道；或诱敌进入我方地道；或进入，也可不进入敌人地道，而只以铁钩钩击敌人；或以短矛、短戟、短弩等与敌在地道内展开战斗。

这真是壮观的古代地道战场景。它虽不能与抗日战争时期中国人民为抗击日本侵略者而创造的地道战相比拟，但是在两千多年前古代中国的战国之世，在由诸侯分立走向统一这个大的历史背景之下，勤劳智慧的先人，无论是战争中的攻者，还是防者，都创造出了多种多样的地道战法，实在令人称奇。

为了对付敌人不同的地道进攻，守城者所开挖的地道也各不相同，有直的，也有曲的；有距地面高些的，也有低些的；有较为显露的，也有较为隐蔽的。为了准备和方便随时投入战斗，地道内储备着各式各样的武器；还有着许多便利战斗的附属设施。为方便上下出入，地道内还安装有“类似近世之铁索缆车”样的器械。考虑到攻城之敌也可能用烟熏法攻战，地道内还要多存放些醋，以便届时用它来保护眼睛……

《备穴》所讲述的守城地道战，可谓细致周详，面面俱到。因此有学者称《备穴》篇是一篇生动形象的地道战的战术论文，并由此认为墨子是我国最早的地道战专家。思想家墨子是否为我国最早的地道战专家，这很难说。但倘若一点也没有当时城防地道战的实战经验，既不曾经指挥过，也没有参加过此等地道战，那是不大可能如此具体细致地记述当时备穴的种种情况的。

（7）备蛾傅——如何对付敌人蚂蚁般密集进攻

“蛾傅”,《备城门》篇作“蚁傅”。孙诒让《墨子间诂》在《备蛾傅》篇题下注说：“《孙子·谋攻》篇作‘蚁附’，曹注云：‘使士卒缘城而上，如蚁之缘墙。’”“傅”字义同“附”。

那么，如果攻城之敌决一死战，志在必得，命令士卒缘城而上，密集如蚁群，守城者该如何迎敌呢？

守城者迎敌的战法之一是，居高临下向登城者射击；用“校［技］机”（即一种机械）来杀伤敌人；清除敌人可供登城的用具或物体；投掷火把；用开水向敌人倾倒；烧“荅”，即一种竹制平面器去覆盖敌人；投石落沙如雨下。这样，蚂蚁般密集登城的敌人，就会败退。

此外还有许多战法。

一是制造吊箱、滑车，每一吊箱命力士四人乘箱上下，随时击杀登城之敌。

二是用竹编制“累荅”，用火烧“荅”去压盖登城之敌。

三是在几根长木两端捆上车轮，内装柴草，燃火之后滚向敌人。这种临时制造专用来对付“蚁附”之敌的器械，名曰“火捽”，又叫“传汤”。

四是预先在城下插上削尖的木桩，或设置其他障碍物，阻敌登城。

所有这些用来迎战攻城之敌密集登城的战法，是守城实战经验的总结。两千多年后的现在，阅读这些篇章，人们仍可想见当时城池攻防战的激烈。春秋战国历时几百年，这种城池攻防战也进行了几百年。孟子说攻城以战，杀人盈池，当时没有义战。墨子见到大国攻小国和强国攻弱国而为之不平，为之呼号，为之奔波，为小国出谋划策，自是有其道理。可在当时的社会条件下，统一又是历史的必然趋势，统一的实现只可能选择战争这种手段。因此对当时战争的评价和墨子战争观点的评价，就较为复杂了。

此外，在《墨子》一书的城守诸篇中，如上文据《备城门》篇所述，还应该有《备钩》《备冲》《备堙》《备空洞》《备轒辒》《备轩车》等篇章，因其文久佚，已经不可能知道它们的具体内容和价值了。

（8）号令——积极备战，严明军纪，赢得城池保卫战的胜利

城守诸篇，自《备城门》至《备穴》，所述都是城池守卫的具体战法，属于所谓战术方面的问题。而《号令》篇集中论述了战前如何严明军纪和积极进行战备，以保证战争的胜利这个问题。

作者首先指出："备不先具者无以安主，吏卒民多，心不一者，皆在其将长。"这就是说，不预先做好城池防御战的准备，人心就会不安；吏卒和城内民众的认识是否统一，责任全在他们的"将长"。这是颇有见地的。又说："凡守城者以亟伤敌为上。"只有最大限度地杀伤敌人的有生力量，才能赢得守城战的胜利。这可以说是具有战略眼光，属于高明的军事见解了。

要取得城池守卫战的胜利，要最大限度地杀伤攻城之敌，就要有严密而周到的应敌措施和严明的军纪。

城上，"四面四门之将，必选择之有功劳之臣及死事

之后重者”担任。分岗设防，严格号令。城内街道居民，分为八部组织管理；所有居民都实行连保，层层负责，按时巡行街道。提高警惕，自守城大将以下，各有“信符”；夜晚有口号，“信不合及号不相应者，伯长以上辄止之”。不按规定时间出行或形迹可疑者，都要严加检查追究；凡“归敌”即投敌者，甚至其父母和妻子，也要处斩。

重视情报和联络，方法主要有三：一是举烽火，二是击鼓，三是设置标记。

注意防止可能发生的各种偶发事件。如若发生，如何处置，也有明令。首先是防火。“慎无敢失火，失火者斩”；火灾一旦发生，“救火者无敢喧哗”。如何组织救火，具体规定是：不准越街越巷救火，以防可能发生变故；失火的街巷，官吏与民众“皆得救之”；官吏还要立即派人火速将火情报告守城的大将，“大将使信人将左右救之”；官吏如不及时向上报告，要处以斩刑。之所以对守城之内有关的事规定得如此详细具体，要求如此严格，是因为可能有人“以火为乱事者”即放火谋乱，策应攻城之敌，所以火灾是“围城之重禁”。其次是防盗：“诸盗守器械、财物及相盗者，直一钱以上，皆断。”这个规定是相当严厉的。最后是“诸以众强凌弱少及强奸人妇女”的，也要处以斩刑。

优待战死者的家属和受伤者。战时及时埋葬死者，医治受伤者；战后，“必身行死伤者家以吊哀之，身见死事之后”。但若“诈为自贼伤以辟事者”，也要严惩。

协调军民关系，安抚城中居民，调解民众彼此之间的矛盾：“守入临城，必谨问父老、吏大夫，请［诸］有怨仇雠不相解者，召其人，明白为之解之。”做到这一点，对于众志成城来说，自然是有重要意义的。

所有号令规定一经公布，就要上下一体遵行，并且严格赏罚。

由以上所述可知，《号令》论述了城池守卫战的各个方面，同样是巨细无遗。它所特别强调的，是积极备战和严明纪律，以此来赢得战争的胜利。不要说是先秦典籍，就是整个古代中国的兵家著述，述守城“号令”之详备，怕是也无出其右者。在通常情况下，战争中取守势、守城而不是攻城的一方，往往是弱者。作者的“号令”是为战争中守城的弱者设计的，或者说它是当时弱者守城经验和教训的总结。这题旨，与守城其他篇章一样，也与墨子的“非攻”思想是一致的。

当然，我们从《号令》，也能从城守的其他篇章窥见当时战争的残酷。

三 《墨经》

《墨经》,晋人鲁胜的《墨辩注叙》称其为《墨辩》《辩经》,本只指《墨子》中的《经》上、下和《经说》上、下四篇文字;近世学者也有将《大取》《小取》合入上四篇而一并称之为《墨经》的。《墨经》是《墨子》一书中形式颇为特殊,内容最为丰富,文字衍、脱、讹误较多和解读难度最大的部分。关于《墨经》的作者及其时代,《墨经》与墨子的关系,学术界对这些问题的不同见解,前文"关于《墨经》"部分已经述及。这里拟在分别讲述《墨经》各方面的内容之前,先对《墨经》内容上的特点、《墨经》的性质及其研究等,单列一个题目,略为介绍。

1.《墨经》的性质和特点

《墨经》中的《经上》篇,并非像《墨子》中的其他篇章那样，有其中心论旨，有大体首尾一贯的阐述，而是以十分简约的文字，分条表述了相关的原理、定理、定义或概念。《经下》体例略同《经上》，只是同时还有一些较为复杂的论题，且其每条都用“说在某某”这种形式来阐释事理或指示例证。《经说上》是专为注解和说明《经上》而作，文字也相当简约。《经说下》是进一步阐释或举例说明《经下》中的“说在某某”所指，同样具有注解说明的性质，文字一般较《经说上》稍为详细。

《中国思想通史》（第一卷）的作者认为，《墨经》中的这种“说在某某”，与《韩非子》中的《内储说》《外储说》各篇的“其说在某某”，《吕氏春秋·有始览》的“解在某某”，“是同样的体裁”，且“《韩非子》的‘其说在某某’各篇也有所谓‘经’”，认为“这就足证此种体裁为战国时代末期的特有作风”。此说当是实际。不过，《韩非子》的“经”与“说”，同《墨子》的“经”与“说”，在相互之间的关系上是有所不同的，前者可以说完全是“经”之义理的进一步阐释，后者是完全不同、互不相属和分属于不同学科领域的原理、定义、定理或概念的提出与界定。且《经说》上、下两篇，因是所谓解经之作，所以除少数例外，每条开头的一字或两字，都是所解经文的第一字或两字。这就是梁启超所说的“标牒字体例”。这大概是为了条理清楚以免错乱，也为了方便读者。《墨经》这种十分独特的结构，为先秦诸子，也为中国古代典籍所仅见。

《墨经》的另一个特点是文字简约，包罗宏富，真可谓文约义丰，高度浓缩。它仅以几个字或十几个字所表述的每一条，都是一个独立的论题，展开来都是一篇文章，都是人们对自然或社会长期认识和实践经验的总结概括。但它成“经”了，省去了过程的记述和理论上的阐述，凝结和提炼成为原理、定理、定义或概念。这同样是先秦诸子，也是中国古代典籍所仅见。

此外，它的内容涉及诸多学科的各个方面，不仅涉及认识论、逻辑学、心理学、政治、伦理以及教育学，也涉及自然科学中的数学、力学、光学以及工艺应用等等，几乎可以称得上是当时的百科全书了。据《中国思想通史》（第一卷）统计，《墨经》“讲逻辑的最多，占第一位，讲自然科学的占第二位，讲道德定理的占第三位，讲心理学的占第四位，其他如经济政治等理论、对各家学说的批判又次之”。不同学者因为对《墨经》所论理解认识不同，分类统计不完全相同。但是不管怎么说，以如此简约的文字，涵盖了这么多的学科，包罗如此丰富的内容，这同样为先秦诸子，也为中国古代典籍所仅见。

《墨经》以如此简约的文字，把涉及自然和社会这迥然不同的诸多方面的人类认识成果，不加区别，糅合在同一篇文字中，又同以原理、定理、定义或概念加以表述，此等著作形式，实在可以说是颇为特殊。《墨经》的作者为什么要如此行文呢？

笔者以为，以《墨经》为墨家后学之作较为适宜。倘以为是墨子所自作，从《墨经》所涉及的知识领域之广，其表述形式的原理、定理、定义或概念的性质，在当时的历史条件下，以墨子一人之力，实在是不大可能的，墨子不可能是无所不知、无所不能的人。且看《墨子》书中《墨经》之前诸篇至《尚贤》这些传为出自墨子之手的篇章，多为近取其譬以说理，根本不像《墨经》似的“走进概念的世界”。

《墨经》的作者，更多的可能是“墨离为三”之后，墨家后学中的著述者，汇集了墨家所继承的前人的认识成果，再加上墨家自身的认识成果，非由一人，也非一时，而是在流传中经由多人之手，逐渐定型为《墨经》的。它是“经”，信仰者应该诵习践履，因之言简意赅，因之涉及墨家所知所能所信仰的各个方面。至于后期墨家以《墨经》为表现而“走进概念的世界”这一派，其所以“走进概念的世界”，《中国思想通史》（第一卷）认为：“墨辩一派的活动，开始于孟、庄时代，终结于荀、韩时代。”在这个时代，儒家的思、孟学派走向了“宗教性的唯心主义”；道家的老、庄则走向了“否定历史发展的玄妙世界观”。“墨辩一派在这样的思潮里采取了特别的路数，他们把墨子的社会变革理论通约于人类思维的世界”，“由孔、墨是非的现实世界到孔、墨是非的概念世界”，认为“从人类思维的批判活动讲来，这一高级形态，是在唯物主义和唯心主义的斗争中发展起来”的。是否如此，自然大有商榷的余地。但这里从思潮，从不同学派发展及其相互关系的宏观角度来观察问题，对我们正确认识《墨经》，当有启发。至于“后期墨学之所以走入科学的概念世界”，《中国思想通史》（第一卷）还认为：方授楚在《墨学源流考》第八章所述，“道破了这点”，即“墨子本注重知识，又与其弟子，多参加实际生产事业。日积月累，亲身之经历既多，后学继此精神加以组织之，说明之。……当时重要学派，如儒家之求知识，多在论说，道家多重冥想，名家则颇以文字语言为游戏，因均脱离生产关系（？）也”。这大概就是后期墨学走进科学的概念世界的原因所在。但《墨经》所述相互迥异的诸多学科的知识，应该说不可能全部来源于墨家之徒的经历，而应是前此各该学科发展的总结，在这个总结中，当然也包括墨家之徒自身的贡献在内。

对于《墨经》的性质，任继愈主编的《中国哲学发展史》（先秦）认为，包括《大取》《小取》在内的这六篇《墨经》，“是一部‘墨学手册’或‘墨家须知’，包含着后期墨家共同的理论基础，所以尽管他们学派内部有分歧，‘相谓别墨’（以正统自居），但‘俱诵墨经’”。笔者以为，这种“墨学手册”或“墨家须知”的说法，有助于我们认识这样一个问题，就是多亲自参加生产实践的墨家及其后学，何以在《墨经》中，以如此简约的文字，把涉及自然和社会这迥然不同的诸多学科的知识，不加区别，浓缩在同一篇文字中，以原理、定理、定义或概念的形式予以表述这样一个问题。因为墨家及其后学多亲自参加生产实践，所以主要得之于和用之于生产实践或与之有关的自然科学知识与技术，便要构成为“俱诵”的“墨学手册”或“墨家须知”的一部分；因为他们是一个学派甚或可以称之为“政治团体”，他们有政治、经济和伦理道德等各方面的要求、规定、信仰和行为准则，要与不同见解者辩说申论等等，所以便又有了政治、经济、逻辑学、心理学、教育学等诸多方面的内容。同样因为它的“墨学手册”或“墨家须知”的性质，才文约义丰，才“走进概念的世界”，才浓缩为和表现为原理、定理、定义或概念。

由于《墨经》本身的这些特点，更由于秦汉以后墨学长期成为绝学，因此，甚至连历史上研究《墨经》的著述，如西晋鲁胜的《墨辩注》，也不传于世，便使《墨经》成了中国古代著述史上的化石，号称难读，梁启超在其《墨经校释》自序中，就曾指出《墨经》难读的八个方面的原因。这就使得《墨经》在自然科学方面的贡献，在历史上，并没有发挥它应该发挥的作用，成为踵继者研究继承的对象和发展前进的起点。它与整个墨学一起，同样成了绝学。

到了清代的乾嘉时期，墨学的研究开始活跃起来，但《墨子》中的《墨经》部分，并未占有什么特殊地位。直到19世纪末期，相应于国外新思想的输入，和国内资产阶级意识的觉醒，知识分子们先是对封建专制主义和儒学表示了反感和反对，后来更高扬起科学和民主两面旗帜。他们援引国外，也援引中国的古代，以论证自己思想和行为的无可非议。他们在先秦诸子中“发现”了与儒家相反对的墨家学派。因之“‘五四’前后三四十年间，研究墨学的人日益增多，治墨论墨成为学术界一股时髦的潮流，其中对墨经的研究，更受到学者们的关注。具有新思想的人认为，墨经六篇讲科学、重理性，可以与西学相参证，能够启发愚昧、解放思想，是反封建的诸般思想武器之一。这一时期，陆续出版的关于墨学的著作，据不完全统计，前后不下七八十种，专门解说墨经的也有二十余种。其中影响较大的学者有胡适、梁启超二人”[《中国哲学发展史》(先秦)]。到这时，长期化石了的《墨经》，才真的焕发出了它固有的光彩。

《中国哲学发展史》(先秦)在很好地概括了墨家、《墨子》和《墨经》在“五四”前后几十年间成为学界热门的情况及其原因之后，又总结了清代以来各家研究《墨经》所运用的观点与方法，还颇为惬当地指出了《墨经》研究中两种不妥当的做法：“(一)对暂时难以确注的条文，臆测妄度，强为之解，或利用古字辞含义多方、古音通假的现象，随意推衍，轻易增减文字，以自圆其说，致使结论陷于武断。（二）不顾墨经的时代条件，将它的哲学和自然科学无限拔高，给它穿上现代哲学和科学的时装，好像近世许多伟大的科学学说，在墨经中早已被发现。”这个批评是符合实际的。但这种并不妥当的做法，尤其是“拔高”，在时下墨家和《墨子》一书的研究中，似乎并未完全避免。

2. 政治、伦理关系的抽象界定

仁与义、忠与孝、功与罪、利与害……这些政治、伦理关系，自从人类社会开始了阶级分化的过程以来，便出现和存在。这也是先秦诸子所广为涉及的问题。在《墨经》中，无论《经上》与《经下》，都有关于人们社会关系中政治、伦理关系的论说。这些论说的共同特点是，一本“经”之体例，舍弃掉它们的具体内容，抽象化为语义式的界定，走进了概念的世界。这里仅对《墨经》所论说的几个政治、伦理概念，做一介绍。

（1）仁与义

仁，体爱也。（《经上》）

仁，爱己者非为用己也，不若爱马，著若明。（《经说上》。孙诒让校谓“著”当为“者”,“若明”二字为衍文。)

“体爱”之“体”，或以为即“体身”之“体”，此“言爱人当体诸己身，方谓之仁”(谭戒甫《墨辩发微》)；或以为“体”当为《经上》所谓“体，分于兼也”之“体”。不论如何解释这里的“体”字，只要看《经说上》的解说，所谓“仁”，就是像是自己爱自己那样，而不像是人们爱马是为了役使马，似乎便可了然。《经说下》在否定“仁义之为内外”时说得更为明白：“仁，爱也。”这种爱，自然是对别人的爱，“不若爱马者”，不应当以对自己是否有用为取舍。这里对于仁的界说，与孔子所说的“仁者，爱人”，很难说有什么重大的不同。区别只是在于如何去爱，是无差等的爱呢还是有差等的爱，对此，两者便判然有别了。《经上》对于仁的界定和《经说上》对于这个界定的解说，实在可以说是兼爱学说的总概括。

什么是义呢?

义，利也。(《经上》)

义，志以天下为芬［分］，而能能利之，不必用。(《经说上》)

孔、墨都重义。孔子说，“君子义以为上”(《论语·阳货》)，义只局限于君子；《墨子·贵义》则说，“万事莫贵于义”,无君子、小人之别。什么是义呢?这里的界定是:义,就是有利于人。更进一步也更具体的解说就是:义,是以天下事为自己分内的事,兼利天下,但又不求自己见用于世。不见用于世,自然也便无由富贵显达。这真是彻底的利他主义了。在今天看来,这不仍然是道德的极致吗?倘天下每个人都如此,自然也便“交相利”。上文曾言及,《墨经》的论说特点,是舍弃掉具体内容,抽象化为语义式的界定。这种界定,实际上多半是有非常鲜明的墨家特色的。关于义的界定,便是显例。

在《经下》和《经说下》,在批评儒家的仁内义外说时,又进一步把本来分论的仁义与爱利,直接联系起来,指出仁义的实质、内容和表现,就是爱人利人,不分内外:

> 仁,爱也;义,利也。爱利,此也;所爱所利,彼也。爱利不相为内外,所爱利亦不相为外内。

仁和义,就是爱和利,就是爱人和利人;舍爱人和利人,就无所谓仁和义。思想和行为,密不可分,不过毕竟不是一回事,把两者完全等同或混同,显然是欠妥的。但《墨经》这里所强调的是行为。仁和义,就是表现为爱人利人的具体行为,或曰行动,否则便无从说明或证明。社会上的每个人都仁都义,就是都有爱人利人之行。这样,当然地也使每个人都是所爱所利的对象了。每个人都既是施者,又是受者。十分明显，这里对于仁和义的界说，实际上是穿上了仁义衣裳的“兼相爱,交相利”。墨子的兼爱说在《墨经》中，扩大和上升为抽象的同时也更具有普遍意义的仁义，成为仁义的具体化和表现了。儒家本重仁、义，在孔子和孟子那里，仁和义具有特别重要的意义。

《墨经》以爱利为仁义，这是否表现和说明了在儒、墨两家的矛盾斗争中，儒家对墨家的影响呢？

（2）忠与孝

忠，以为利而强低也。(《经上》)

忠，不利弱子；亥足将入，止容。(《经说上》)

孝，利亲也。(《经上》)

孝，以亲为芬［分］，而能能利亲，不必得。(《经说上》)

在长期的中国古代社会，忠与孝一直是与政治关系紧相联系的两个十分重要的伦理道德观念。在家庭关系中，子事亲要孝；在国家政治生活中，臣事君要忠。忠和孝都是绝对的。但在两者不能同存时，孝则要服从忠。孝是忠的起点，忠是孝的完成。忠与孝成了最高的伦理道德规范，它淹没了“人”，又是人的完善化的标志。它是仁人君子们追求的当然目标，并且成了自觉行动，也规范着芸芸众生，影响一直及于近现代。

但这种绝对的忠孝观念，有一个发展过程，并且主要是在以最高皇权为表现的统一专制主义中央集权国家形成之后，才逐渐定型的。因此在《论语》中，孔子在回答有人向他提出的“子奚不为政”这个问题时，虽然认为“《书》云：‘孝乎惟孝，友于兄弟，施于有政。’是亦为政，奚其为为政？”(《论语·为政》)，但是在回答鲁定公问“君使臣，臣事君，如之何”时，则提出应该是“君使臣以礼，臣事君以忠”(《论语·八佾》)。可见在后来长期被奉为圣人的孔子那里，忠君也不是无条件的，只有君主以礼使用臣下，臣下才能忠心地服侍君主。

对于《经上》所说，“忠，以为利而强低也”，应该如何解释？

谭戒甫在《墨辩发微》中说：“下条训‘孝’为利亲，本条训‘忠’不曰利君者：知墨家之所谓忠，乃谋国辅人、奉上使下之一令德，初非限于臣对君也。王闿运改强低为‘强仕’，孙诒让改为‘强君’，其思致为自来忠君之言所束缚，亦已久矣。”那么何为“强低”呢？谭氏引曹耀湘说：“强者勇于任事，低者抑然自下，如《易》言劳谦。”至于《经说上》的“忠，不利弱子；亥足将入，止容”，谭氏的训解是：“亥”为“其”之假借。“此言成人之子，体虽柔弱，亦当‘使各从事其所能’。若为之父者，‘舍余力、隐谋、遗利，而不为天下为之’，则有害于兼，失为利之旨矣。……其足将入止容者：入，犹大禹‘三过其门而不入’之入。墨子法禹，形劳天下，突不得黔；故足将入室而有止容。……盖过门将入，举足欲迟，言不顾家也。不利子，不顾家，以利天下，所以为忠”。《经上》与《经说上》关于“忠”的界定和解说，其文不排除《墨子》在长期流传中有讹误和脱漏的可能。但谭、曹二氏的训释，与墨子“兼相爱，交相利”的学说相吻合，可能近真。如此说来，这里的所谓忠，就是克己苦己以利他人了。克己苦己以利他人，便自然不可能是不爱他人；相反正是因为爱他人，所以才为他人而如此地克己苦己。这样，《经上》和《经说上》对仁、义和忠的界定和解说，虽各有所侧重，但并无实质上的不同：都是爱他利他，都是以“经”和“经说”的形式，在阐述和宣传“兼相爱，交相利”。

《经上》所说的“孝，利亲也”，也是这样，只不过孝作为伦理道德观念，它限定的范围是亲子之间的关系。因此孝的利他，便也只能是子之事亲，有利于父母，这便是孝了，“不必得”，就是说不必计较是否有孝的名声。《经上》所界定的孝，与《兼爱下》“姑尝本原之孝子之为亲度者……欲人之爱利其亲也”，文字繁简不同，阐述问题的角度也不一样，但内容可以说毫无二致：欲人之爱利其亲，自己当然更会爱利其亲。欲人之爱利其亲，“即必吾先从事乎爱利人之亲，然后人报我以爱利吾亲也”（《兼爱下》），这便是兼爱；自己“爱利其亲”，这便是孝。《兼爱下》还说，“兼即仁矣，义矣”。《经上》和《经说上》所界定和解说的仁、义、忠、孝，实在不过是以不同的表述形式和概念，重又肯定了墨子的“兼相爱，交相利”之说，就此说来，真是所谓“三句话不离本行”了。其实这也是自然和当然的事，既为墨家之“经”，自不能不阐释墨子同时也是墨家的主要主张。就《墨子》一书中传为墨子所作的一些篇章，与《墨经》两者之间的思想内容进行比较分析，有助于进一步厘清墨子与《墨经》的关系这个学术界仍在争论的问题。

（3）功与罪

> 赏，上报下之功也。（《经上》。《经说上》的解说同《经上》）
>
> 罚，上报下之罪也。（《经上》。《经说上》的解说同《经上》）

赏和罚，作为政治法律上的行为和手段，在先秦诸子中，法家最为重视。韩非就以赏罚为“二柄”。他不相信有什么仁恩和义，力主君臣主仆之间全赖赏罚来制约。赏罚在儒家的政治思想中也有一定的地位。《论语》虽未专门论及赏罚（赏字仅一见，未及罚字），但事实上，任何政治法律上的禁与劝，都离不开相应的赏与罚。《墨经》对赏与罚的界定，与仁、义、忠、孝不同，可谓抽象之至。

从赏罚行为的操作上来看，赏罚当然都是“上报下”，因而《墨经》的界定赏罚为“上报下之功”和“上报下之罪”，也不能说明什么问题，并不能显现它的墨家特色。能说明问题的，是何为功与何为罪。

> 功，利民也。(《经上》)
>
> 功，不待时。若衣、裘。(《经说上》)
>
> 罪，犯禁也。(《经上》)
>
> 罪，不在禁，惟害无罪，殆姑［若殆］。(《经说上》)

《经上》对于什么是功或谓有功，界定得可谓清楚明白。有功，就是有利于民众，就应该奖赏。《经说上》对之作了进一步的解说：是否有利于民即有功，还有个时间问题；不待其时，其功即利民的作用不能显现。比如“冬以圉寒，夏以圉暑”的裘服和葛衣，就是如此。冬服裘而不服葛，不能说葛衣于民无利；反之亦然。《经说上》这里把社会的和政治的行为的“功罪”之“功”，解释为器物之对人的“功用”之“功”了。当然《经上》所界定的“功，利民也”，也可作如是解。看来《经上》似乎是把上述两种不同的“功”混同了，或者说合而为一了：认为社会的和政治的行为与器物，都视其是否有利于民人为准则以判定其是否有“功”，也即是否利民。有功即利民，利民即有功，不论是社会的和政治的行为，或者是器物之用，都是如此，都是以其是否利民为标准。这里对“功”的界定，同样也显示了它的墨家特色；甚至其概念上的混同和合一，也是这样。

《墨经》对于什么是有罪的界定，比较抽象而具有普适性：有罪，就是犯禁即犯法，这种说法在今天看来也是相宜的。《经说上》对于罪的解说似乎有些文不对题，而又意在说明什么是罪与非罪。但非罪不等于“无害”和值得提倡，只是说此等行为不在法禁范围。虽然有害无益，但仍属无罪而不能说是犯罪罢了。“殆姑”，梁启超校改为“若殆”，谭戒甫以梁说为是而据改。孙诒让认为“殆与逮声义相近；谓近而相及”，谭戒甫以孙说为是：“若殆”，就是像很多人走在一条小路上，“尾追相及，未遑礼让”。（谭戒甫《墨辩发微》）“行路相挤”也好，“尾追相及，未遑礼让”也好，这在时下也不无发生，虽然不足为训，但也只是小事一桩，自然说不上是什么犯罪行为，可又确实是无益的，甚或可能造成不良后果，因之属于“惟害无罪”的性质。《经说上》以此为例以说明什么属于“惟害无罪”，实在可以说是非常贴近人们的日常生活。《墨子》书中大凡举例以说明论旨，大多如此，非特《墨经》为然。只是这里对犯罪的界定和罪与非罪的解说，不像对仁、义、忠、孝的界定和解说那样，十分明显地具有墨家的政治倾向性罢了。

（4）利与害

上文在评说《墨经》中关于政治伦理观念的界定和解说时，涉及利，也涉及害。那么，关于利与害，《墨经》又是如何界定和解说的呢?

利，所得而喜也。(《经上》)

利，得是而喜，则是利也;其害也，非是也。(《经说上》)

害，所得而恶也。(《经上》)

害，得是而恶，则是害也;其利也，非是也。(《经说上》)

得到了它人们就欢喜的，这就是有利或利益；得到了它人们就厌恶的，这就是有害或祸害。利和害相反和对立，因之人们对待二者的态度和情感也便或喜或恶，正好相反。这里对于何为利和何为害，不是从事情和事物本身的性质，而是从它对于人们所造成的影响、结果，人们对它的喜好和厌恶这种主观上的态度与情感上来界定，实在可以说是朴素之至，毫无思辨色彩，颇反映了墨家对事物观察的经验特色。当然这里对于利与害的界定，片面性也是十分明显的。首先，确实，利与害有其主观性，并且在通常和正常情况下，人们都是闻利则喜，闻害则恶，但是完全撇开客观发生和存在的事情或事物的性质及其复杂性，完全主观化为一种情感上的体验，忽视了认识上的复杂性，只是跟着感觉走，这就不可避免地会出现利与害认识上的失真，和情感上喜与恶的失当。其次，这里利、害概念的界定者似乎也没有认识到，人们的利与害有相同处和一致处，也有不同处，甚至相反之处，就是对作为群体的农与工肆之人，也是这样。劳动者同时又是私有者的农与工肆之人，他们是小生产者，其阶级眼光是近视的和狭隘的，他们的利、害观，不可能不受到这种近视的和狭隘的阶级眼光的局限。

（5）信与廉

这里，我们再看看《墨经》对于信与廉的界定。

信，言合于意也。(《经上》)

信，不以其言之当也，使人视城，得金。(《经说上》)

谭戒甫在《墨辩发微》中解释这里对于信的界定和《经说上》对之进一步的解说时谓："意，億［亿］之省文，料度也。料度之事，固未必验；但若其言与所料度者相合，即谓之信。《荀子·不苟篇》杨倞注：'当，谓合礼义也。'不以其言之当也者，谓言合于億［亿］，即不以其言之合义，亦谓之信也。如億［亿］城上有金，乃一不合理义之言也；然使人视城而果得金，则言合于億［亿］，即谓之信。"

这就是说，预料与事实相符，这就是信；信与义或礼，是两码事。为什么会有此论？谭氏继续指出："墨家重功用；信与不信，须视其事之结果为何如耳。……《孟子·离娄下篇》云：'大人者，言不必信，行不必果，惟义所在。'按孟子为儒家，其言正与此相反。"谭氏所见至当。孟子认为可以因义而舍信，《墨经》则认为信与义无关。两家都把信与义割裂了。《墨经》对于信的界定和《经说》的进一步解说，片面性似乎更大。因为"信"并非只是"言合于億［亿］"，这至多只是"信"的一个方面，无论如何不是全部；更不是如《经说上》所说，"不以其言之当也"，倒是与当否直接联系着。信的很重要的一个方面，是它表现了和表现为一种伦理道德观念。

身遭大不幸的司马迁，在《史记》的《太史公自序》中讲到了他为什么"作《游侠列传》第六十四"："救人于厄，振人不赡，仁者有乎；不既信，不倍言，义者有取焉。"他肯定了游侠是有仁有义的。在《游侠列传》中他又说："今游侠，其行虽不轨于正义，然其言必信，其行必果，已诺必诚，不爱其躯，赴士之厄困，既已存亡死生矣，而不矜其能，羞伐其德，盖亦有足多者焉。"这里司马迁又认为游侠的立身行事"不轨于正义"；但那种"救人于厄"，那种为"赴士之厄困"而"不爱其躯"的精神，那种"不矜其能，羞伐其德"的品格，又"有足多者"，值得称道。司马迁对游侠的看法不无不一致之处，这与他的不幸遭遇有关。这里想着重指出的是，肯定游侠的司马迁，也认为游侠的行为“不轨于正义”，上引司马迁所描述的游侠的特点，与墨子、墨家特别是墨侠的作风和气派，也与《墨经》对什么是信的界定，与《经说上》所谓“信，不以其言之当也”，视信与义是两码事，是相通的和一致的。这里说到了司马迁对游侠的看法有不一致之处。其实司马迁是心向游侠的。因为他认为游侠有仁有义，所以才为之立传，但在《游侠列传》的正文里，又说游侠们的行为“不轨于正义”，用“虽……然”这种近乎曲笔的表述方法，来肯定游侠之“有足多者焉”，这事实上便否定了“不轨于正义”之说。且“不轨于正义”之“正义”，与今言“正义”的区别也是较为明显的：那就是司马迁这里所说的“正义”，实在有着“正统的”和“官方的”意思，仔细品味《游侠列传》便明白。

《墨经》对于“廉”的界定和解说，可以认为是墨家在伦理道德上的自律。

> 廉，作非也。(《经上》)
>
> 廉，己惟［虽］为之，知其心所駬［葸］也。(《经说上》)

“廉，作非也”，孙诒让在《墨子间诂》中谓：“‘廉’疑当作‘慊’。慊，恨也。作非，谓所为不必无非。”谭戒甫在《墨辩发微》中则谓："《释名》云：'廉，敛也；自检敛也。'又云：'非，排也；人所恶排去也。'则作非者，言己作之而恶者排去之也；即自检敛之义。"二说相较，当以谭说为是。这就是说，所谓"廉，作非也"，就是"自我检点约束，一经自我发现做了错事、坏事，立即改正"的意思了。墨家之徒，有较为严格的纪律规定，如有违反，那是要受惩处的。这里则要求，每个墨者都要自觉地约束自己，常自检点，遵守纪律，不做错事、坏事。"己惟为之"的"惟"字，孙诒让谓："惟，当作虽，同声假借字。"（谭戒甫《墨辩发微》）如此，则"己虽为之，知其心所䛗［葸］也"，这就是说，自己做了错事、坏事，即使他人并不知道，也要心存戒惧。这就是所谓自责自省和不欺暗室了。自然，在一般情况下，有这种道德自律的人，那是不会干出什么错事、坏事的，特别是事关伦理道德方面的事情。这就是《墨经》所界定和解说的廉，墨家对信仰者的道德品质要求。

在《墨经》中，廉概念与诣［狷］概念是相互联系着的。

> 诣［狷］，作嗛也。（《经上》）
>
> 诣［狷］，为是。为是之台彼也，弗为也。（《经说上》）

诣［狷］，就是"作嗛"。作嗛，孙诒让在《墨子间诂》中引《国策·魏策》高诱注——"嗛，快也"，指出嗛意为"言狷者洁己心自快足”，也就是所谓心地纯正，便能怡然自得了。“为是之台彼也，弗为也”，能以心地纯正而怡然自得的正直人，所作所为都属于“是”即正确，自然也就不会去干欺罔别人的事。孔子说：“狷者有所不为。”(《论语·子路》）孟子也说：“欲得不屑不洁之士而与之，是狷也。”(《孟子·尽心下》）在当时的儒、墨两家，同为显学而又相互矛盾斗争的过程中，墨家对于信仰者的这种自律要求，要求信仰者成为廉者、狷者，这既是墨家的一贯之道，同时也表明墨家在接受着儒家的影响。

（6）任与勇

《经》和《经说》对于任与勇这两个概念的界定和解说，较为明显地表现和概括了墨家之徒特别是其任侠一派的特点。

任，士损己而益所为也。(《经上》)

任，为身之所恶，以成人之所急。(《经说上》)

勇，志之所以敢也。(《经上》)

勇，以其敢于是也命之，不以其不敢于彼也害之。(《经说上》)

立身为士，有损于己而有益于“所为”，这就是“任”。“所为”的对象和受益者，当然是别的人；而“任”，毕沅说：“谓任侠。”（孙诒让《墨子间诂》）这种有损于自己的行为，从本能上来说，当然是“为身之所恶”，即自己所讨厌的，但这却能“成人之所急”。司马迁说，游侠“不爱其躯，赴士之厄困”；《孟子·尽心上》说“墨子兼爱，摩顶放踵利天下，为之”；《庄子·天下》篇说，墨子、禽滑厘“以绳墨自矫，而备世之急”。这些可以说是《经上》和《经说上》对“任”的界定与解说的注解。谭戒甫在《墨辩发微》中解释“为”时说：“不言损己益人而曰益所为者，言所为者天下，人皆在所为之中，义较广矣。……非若朱家郭解之流，益其所为者少也。”墨子和禽滑厘等确实如谭氏所说，但墨侠一派便很难说了；果如此，这可以视为墨侠与秦汉时期的游侠的区别。从墨子到“墨离为三”的墨家任侠一派，再到秦汉时期的游侠，其间既有一个演化和蜕变的过程，当然也便有其同和不同之处。

士之任者，既然以“损己而益所为”为素志，“为身之所恶，以成人之所急”，自然也就敢于作为，敢作敢为，如此立身行事，自然就是勇了。因为勇者素志如此，敢于如此，所以人们称他勇敢，“以其敢于是也命之”。勇者有所为，自然也就有所不为。他为天下和为士之厄困而勇而敢；反之，则不勇不敢，这就是“不敢于彼”。这有所不为而不勇不敢，适足以成就其有所为而勇而敢。“不以其不敢于彼也害之”，并不因为他的有所不为的不勇不敢而影响他有所为而勇而敢的美名。《墨经》关于任与勇的界定和解说，在概念的世界里，抽象了墨者特别是其任侠一派的形象。

（7）誉与诽

誉与诽，就是表扬与批评。它在任何一个国家、民族、社会或团体中，都是重要的和不可或缺的，因之它从来就存在着，只不过表现形式不同。《墨经》在对以上这些（当然不止这些）政治的和伦理道德的概念进行界定与解说的同时，也没有遗忘誉、诽的作用。

誉，明美也。（《经上》）

誉，必其行也。其言之忻，使人督［笃］之。（《经说上》）

诽，明恶也。（《经上》）

诽，必［止］其行也，其言之忻［怍］。（《经说上》）

誉扬，就是彰明美德。为什么誉扬就是彰明美德？因为誉扬这种彰明美德的作用，“必其行也”，可以坚定人们做好事的思想和行动。“其言之忻，使人督［笃］之。”督，孙诒让在《墨子间诂》中谓："督，'笃'之借字。"因为誉扬即彰明美德的话使人听了内心高兴，可以鼓舞人，所以受表扬的人就会更加诚笃地去做好事；这种做法自然也会影响到其他人。反之，“诽，明恶也”，批评，就是指明什么是丑恶。“必其行也，其言之忻。”孙诒让在《墨子间诂》

中谓：“诽誉义相反，说不宜同，疑皆涉上而误，下亦有脱文。”脱文的内容，今天已经不可能知道。“必”，谭戒甫校改为“止”；“忻”，梁启超校改为“怍”。两字都是因为形近而讹误。“止其行也，其言之怍”，批评的话会使人愧怍，羞耻之心人皆有之，自然就会少干或不干这种丑恶之事了。《经说上》对“诽”概念的进一步解说，虽然如孙诒让所指出的其下可能有脱漏文字，但是可以想见，“诽”即批评，对人当然有着警醒作用。

《墨经》对誉、诽的界定及其进一步解说，主要只阐述了什么是誉和诽及其作用，并未指明所誉所诽的具体内容。但是我们从其对上述一些政治与伦理道德概念的界定和解说中，不是可以比较清楚地看出这里誉、诽的倾向性吗？墨家是一个学派，又有着团体组织的性质，其内部有较为严格的纪律要求。看来当时的墨家，已在运用着誉、诽即表扬与批评这个武器，来鼓励和约束其成员了。

3. 哲学思想

传为墨子亲作的《天志》和《明鬼》，其目的就是要论证有意志的上天和鬼神的存在，并且还要依靠上天和鬼神的赏罚，来实现自己的政治理想。“我有天志，譬若轮人之有规，匠人之有矩。”倘若不存在有意志并能赏善罚恶的天帝鬼神，墨子的政治理想也便失去了行动的力量。

这再清楚不过地表明了墨子是一个有神论者，有神论构成了墨子政治思想的一个必要和重要的有机组成部分。

在《墨经》六篇的《大取》《小取》两篇文字中，也提到了“鬼”。《大取》:“[人之]鬼，非人也；兄之鬼，兄也。”《小取》:“祭人之鬼，非祭人也；祭兄之鬼，乃祭兄也。”这里虽然也讲到鬼并且认为鬼是存在着的，但只不过人死为鬼罢了，完全没有了《明鬼》篇中鬼神的威权，而且这里的所谓鬼，只不过是作为其逻辑推论的例证之一而已。但是不管怎么说，这里总还是肯定了鬼之存在。不过在狭义的《墨经》即《经》上、下和《经说》上、下四篇文字中，作者有关的论说则彻底走进物质概念的世界，完全屏弃了鬼神观念，成了一个较为彻底的唯物论者。

（1）名与实

《墨经》首先从名实关系的角度论述了自己的唯物论。

名，达、类、私。(《经上》)

名，物，达也，有实必待文多也命之。马，类也，若实也者必以是名也命之。臧，私也，是名也止于是实也。声出口，俱有名，若姓宇洒。(《经说上》)

《经上》从名、实关系的角度，把对事物的名词、名称分为达名、类名和私名这三个类别。所谓达名、类名和私名，就是共通的名、某一同类的名和个别的名——名词或名称。《经说上》在解说中，也据“经”而从名、实关系的角度，把这三类名、名词或谓名称具体化了。这个具体化十分重要，人们正是以这个具体化为主要依据，来说明《墨经》中哲学思想的唯物主义性质的。

“名，物，达也。”孙诒让在《墨子间诂》中谓：“言物为万物之通名。《荀子·正名》篇云‘故万物虽众，有时而欲遍举之，故谓之物。物也者，大共名也’，即此义。”唯物论者荀子,认为遍举万物的“大共名”,就称之为“物”；《经说上》所谓“物”是达名，也即孙氏所谓“物为万物之通名”。这里,一说“物”为达名,一说“物”为大共名。实际上二者同义，大共名就是达名，达名就是大共名，两者意思完全相同，殊无二致。

“名，物，达也。”“物”是万物的通名和遍举万物的大共名。有其名必有其实，“有实必待文多也”（孙诒让在《墨子间诂》中谓：“窃疑‘多’当作‘名’，言名为实之文也。”可从），有一定的物就一定有相应的名、名词或谓名称来表达和称谓。世界上只有达名、类名和私名所表达和称谓的事物。在达名之下，称其为“马”的是类名，与此类之“实”相似,就一定要用“马”这个类名。称之为“臧”的是某个奴隶的私名，“臧”这个私名只能用在这个奴隶身上。凡人们称说出来的事物都一定有相应的名称，如同人的姓名与其本人相符合一样。这里不同类别、不同范围的名实关系，更为通俗地说来，便是不同类别、不同范围的物和物的称谓之间的关系，而作为万物之达名、通名和大共名的“物”，这个称谓，它所表达的，是包括整个客观物质世界的物，名和实都称之为物，统一于物。在这个称之为物的概念所表达的物质世界之外、之上，再没有什么更高的存在了，更不存在什么有意志、司赏罚的上天和鬼神。在走进概念世界的《墨经》中，“物”是最高的同时也是最为抽象的概念，是从名实关系的角度，对世界物质性的哲学概括，由之表明了《墨经》哲学的唯物论性质。

（2）时间与空间

在肯定了世界的物质性的同时，《墨经》又相当深刻地界定和阐述了唯物论的时空观。

久，弥异时也。（《经上》）

久，今［合］古今旦莫［暮］。（《经说上》）

宇，弥异所也。（《经上》）

宇，东西家南北。（《经说上》。“东西家南北”之“家”字，或以为衍文。孙诒让谓：“家犹中也，四方无定名，必以家所处为中，故著家于方名之间，非衍文也。”胡适谓“家”乃“冡”之误，冡即蒙字，写者误改为家，又以其不可通，乃移下两字以成三字句。

全句本当作“蒙东西南北”。）

“久”，就是现在所说的时间，也就是《淮南子·齐俗训》所谓“往古来今谓之宙”的“宙”。“久，弥异时也。”“宇，弥异所也。”用现代汉语来表达就是：久（宙），周遍地包括各种不同的时间；宇，周遍地包括各种不同的场所。《经说上》的解说将其进一步地具体化：久（宙），包括古今旦暮一切不同的时间；宇，包括东西南北一切不同的空间。换句话说也就是，时间是绵延的，空间是广延的，并且它们都是无限的。《墨经》对时空无限性认识的一个重要特点，是从具体的和不同的时空出发。时间的绵延无穷表现为它包括所有的不同时间——合古今旦暮；空间的广延无穷表现为它包括所有的不同场所——东西南北。这就是《墨经》时空定义所反映的时空观念。

（3）有限与无限，有穷与无穷

《墨经》对时空的认识，是从个别到一般，从具体到抽象，从有限到无限，所以便很自然地包含着辩证因素，包含着辩证法。

宇，进无近远。说在敷［布］。（《经下》）

宇，伛［区］不可偏举，字［宇］也。进行者，先敷［布］近，后敷［布］远。（《经说下》）

“宇，进无近远。”因为空间是无限的，所以前进后退这种位置上的变化，也就说不上所谓远近。“宇，伛不可偏举，字也。进行者，先敷近，后敷远。”“伛”，通“区”，“字”为“宇”之讹误，“敷”同“布”。“宇，区不可偏举”，空间是无限的，这无限的空间是由无数的具体而又有限的区域空间叠加而构成，因此这无数的具体有限的区域空间，也就不可能“偏举”，不可能具体数说区分远近。“进行者，先布近，后布远”，有一定目的地的徒步行走，先举步行走的距离目的地便近一些，后举步行走的便远一些，无限的“区不可偏举”的宇宙空间，可不是这样。

空间是无限的，也是有限的，是无限与有限的统一。

> 穷，或［域］有前不容尺［线］也。(《经上》)
>
> 穷，或［域］不容尺［线］，有穷。莫不容尺［线］，无穷也。(《经说上》)

“或”，“域”的本字；“尺”，即“线”。“穷，域有前不容线也”，就是在一个有限的空间区域，再向前便不能容纳一根线；“莫不容线，无穷也”，若是继续测量下去，前面没有不能容纳一根线的空间，这便是无穷，即无限了。有限与无限是相对而存在的，这就是《墨经》具有辩证因素的空间观念。

空间如此，时间也是这样。《经说下》“久，有穷无穷”，时间是有穷的，又是无穷的，是有穷与无穷的相对统一。

始，当时也。(《经上》)

始，时或有久，或无久。始，当无久。(《经说上》)

“始，当时也。”就是说，所谓“开始”“初始”，指的是“正当其时”。这不是认为时间是有始的吗？不是这样。谭戒甫在《墨辩发微》中曾经颇得其旨地指出:时间本无始，“然世俗仍谓之有始者，大抵以当其时为率。当，相值也”。当其时，适值其时，这就是“开始”“初始”。“始，时或有久”，即具体到某一时段时，时间是有始终和有先后的，因而也就有了“开始”“初始”。所谓“或无久”,则是就“整个”时间而言。因为“整个”是无穷无尽，无所谓先后始终的，所以也就是“无久”了。绵延恒存的时间，就是这有久与无久的统一。既然如此，那么《经说上》怎么又继续说“始，当无久”了呢？谭戒甫在《墨辩发微》中对此有着较为合理的解释:“云‘当无久’而不云‘当有久’者，有久即由‘当无久’而得;故曰‘始,当无久’。”也就是说，所谓“开始”“初始”，对某一时段而言虽然存在，但这个某一时段是存在绵延无始终的“无久”之中，只是“无久”的一个局部、部分;这个某一时段如此，每一时段都是如此，因而其“始”便当然也是如此，故曰 :“始，当无久。”

（4）时空关系

《墨经》时空观的可称之处，还在于认识到了两者之间的关系。

> 宇或［域］从［徙］，说在长宇久。（《经下》）
>
> 长宇，徙而有处……宇徙久。（《经说下》）

“从”，据毕沅说，当为“徙”。“宇域徙”，就是空间区域、方位上的移动变化。“长宇久”，空间区域、方位上的移动变化，同时也就形成了和表现为“久”即时间上的延伸。“长宇，徙而有处。”之所以知道“宇域徙”，是因为在茫茫天宇中的迁徙移动，时时处在一定的处所即空间的某一区域和方位。这迁徙移动时时处在一定的处所即空域的某一区域和方位的，当然只能是具体的物质存在。据此，《墨经》把时、空变化与物质的运动联系了起来。这实在是《墨经》的高明之处。为了具体说明问题，《墨经》还用人的行路远近与时间的先后变化这种生活中的事例，来说明位移与时间变化的关系。

> 行循［修］以久，说在先后。（《经下》）
>
> 行，者［诸］行者，必先近而后远。远近，修也；先后，久也。民行修必以久也。（《经说下》）

“循”，张惠言谓：“‘循’当为‘脩’。”“脩”，孙诒让谓为“修”之假字。“者”，据谭戒甫校，当作“诸”。人们走远路自然要用较长时间，这较长的时间中自然就有先后之别。《经说》的解说讲得更为明白：人们的行路，必定是先到近处而后到达远处。远近，指的是路程的长短；先后，指的是时间的久暂。人们走远路必定要用长时间。换言之，也就是物质的运动同时表现为时空的变化，时空的变化统一于物质的运动，没有也不可能存在着离开了物质运动的时空变化。《墨经》把物质的运动与时空的变化统一起来，并且统一于物质的运动。这种见解在当时来说，是深刻的和杰出的。

既然时空变化统一于物质的运动，因而设若这种物质的运动不复存在，也就无所谓时空了。

> 尽，莫不然也。（《经上》）
>
> 尽，但止动。（《经说上》）

“尽”，就是“莫不然”。什么是“莫不然”呢？这里《经说》的解说至关重要。所以“莫不然”，那是由于“但止动”。“但止动”，用现代汉语来表达，就是：只要停止了运动。又是什么停止了运动呢？如上所云，那自然是具体的事物，自然是物质的运动了。设若具体的事物、物质停止了运动，那就是“莫不然”，那就是一切皆尽，一切都不复存在。当然，具体事物的运动，物质的运动，是不会也不可能停止的，因而时空便无穷无尽了。把时空联系起来考察，认为时空不可能离开物质的运动而独立存在，这是《墨经》时空观的深刻独到之处，也为其唯物论提供了坚实基础，更表明了《墨经》对客观物质世界的辩证认识。

4. 墨家逻辑

墨家的逻辑，由两部分组成。一部分在除《墨经》以外传为墨子所作的各篇中，一部分在《墨经》六篇。《墨子》中的文章，凡传为墨子所作论述他的基本主张的，多为论辩性质。

（1）三表法

在论辩中产生的墨家逻辑，最主要的，可以说是墨子用以证明自己主张之所以正确的方法——三表法（又称“三法”）了。《非命上》：

> 子墨子言曰："必立仪。"言而毋仪，譬犹运钧之上而立朝夕者也，是非利害之辨，不可得而明知也。故言必有三表。何谓三表？子墨子言曰："有本之者，有原之者，有用之者。"于何本之？上本之于古者圣王之事。于何原之？下原察百姓耳目之实。于何用之？废［发］以为刑政，观其中国家百姓人民之利。此所谓言有三表也。

要证明自己的主张正确并让别人相信其正确，言“必立仪”，即首先要确定一个共同的标准，这就是“有本之者，有原之者，有用之者”的“三表”。根据第一表“上本之于古者圣王之事”——“古者桀之所乱，汤受而治之；纣之所乱，武王受而治之。此世未易民未渝，在于桀纣，则天下乱；在于汤武，则天下治”（《非命上》），证明“有命”说是错误的。根据第二表“下原察百姓耳目之实”——“我所以知命之有与亡者，以众人耳目之情知有与亡。有闻之，有见之，谓之有；莫之闻，莫之见，谓之亡。然胡不尝考之百姓之情？自古以及今，生民以来者，亦尝见命之物闻命之声者乎？则未尝有也”（《非命中》），也证明了“有命”说是错误的。根据第三表，“废［发］以为刑政，观其中国家百姓人民之利”——“今也农夫之所以蚤出暮入，强乎耕稼树艺，多聚菽粟，而不敢怠倦者，何也？曰：彼以为强必富，不强必贫；强必饱，不强必饥，故不敢怠倦”（《非命下》）。如果相信了“有命”说，如此行政，“农夫必怠乎耕稼树艺矣，妇人必怠乎纺绩织纴矣”（《非命下》），必然导致衣食不足，祸乱丛生，甚至社稷倾覆。第三表同样证明了“有命”说的谬误。由此墨子得出了结论：“命者，暴王所作，穷人所术，非仁者之言也。今之为仁义者，将不可不察而强非者，此也。”（《非命下》）因此他要大声疾呼地加以反对。

墨子只是在《非命》篇中提出了用以证明“有命”说之是非信否的三表法，但是实际上，正如《中国思想通史》（第一卷）的作者所指出的：“他用这一仪法普遍地解析事理，如明鬼、非攻、非乐、兼爱。”

三表法是应该充分肯定的，因为它重视历史的经验，重视百姓的耳目之实，和以百姓人民之利来定是非取舍。但它的不足之处也是很明显的，最显著不过的例证是，他同样“必以众之耳目之实知有与无为仪”，一再称引历史记载和从民众的利益出发，却得出了有鬼的结论。

作为证明方法的三表法，有的逻辑史著作将其归于关涉逻辑学原理的基本范畴“法”，指出这是系统逻辑学说逐渐酝酿成熟过程的发端。这是有道理的。除此之外，墨子和前期墨家在逻辑学上最重要的概念，莫过于“类”和“故”了。《中国思想通史》（第一卷）认为：“墨子在逻辑思想上的最伟大的发现，首推‘类’和‘故’这两个具有方法论意义的重要概念。”在中国古代逻辑思想史上，墨子是“类”和“故”这两个概念的第一个发现者。杜国庠指出：“他不但发见了它们，而且有意识地广泛地运用了它们，使他的理论放出了异彩，同时也奠定了墨家逻辑的巩固的科学基础。”（蔡尚思《十家论墨》）墨子的“类”和“故”这两个逻辑学概念是如此重要，这里当然应该介绍。

（2）关于“类”

在被认为是墨子或前期墨家的作品中，成了逻辑学“类”概念的“类”字，总共出现了五次，其中在《非攻下》出现的两次，为同语重出，所以实际上可以说只有四次。

子未察吾言之类，未明其故者也。(《非攻下》)

入人之国而与人之贼，非义之类也。(《非儒下》)

义不杀少而杀众，不可谓知类。(《公输》)

臣以三事之攻宋也，为与此同类，臣见大王之必伤义而不得。(《公输》)

“类”概念的发现，相应于人们对事物有了本质认识，才有可能。同类即本质相同的事物，它的存在形式往往是纷繁复杂的。论辩中的墨子和墨家，为了宣传自己的主张，驳斥论敌或释疑解惑，必须抓住事物的本质，才有可能在立论或批驳中，以逻辑的力量折服对方，赢得信仰者，由此而有“类”概念的确立运用。上引《墨子》各篇文字中“类”概念的提出和运用，都是如此。以《非攻下》为例，“非攻”的主旨，是反对不义的战争，但又并非反对一切战争，可是不同类别也即不同性质的战争，在其存在形式上又有着共同的方面。因此，在墨子广取例证宣传“非攻”时，那些“好攻伐之君”便举出例证反诘墨子道：“昔者禹征有苗，汤伐桀，武王伐纣，此皆立为圣王，是何故也？”他们以夏禹、商汤和周武王这些圣王的攻伐征战来证明自己进行战争的合理性。墨子回答道：“子未察吾言之类，未明其故者也。彼非所谓攻，谓诛也。”（你没有分清我所说的战争的不同类别，不明白其中的缘故。禹、汤、武王的讨伐，不是我所说的“攻”，而是“诛”。）以战争的不同类别区分这种逻辑力量，驳斥了“好攻伐之君”，宣传了“非攻”。这从逻辑学的角度说，就是认识事物必须要有“类”概念的确立，必须“察类”和“知类”，才不会模糊事物的界线，才能认识事物的本质，也才能获得真知。其他在《非儒下》和《公输》中，也都以“察类”“知类”基础上的“类”概念运用，抓住了事物的本质，辩而取胜。在《墨子》书中传为墨子所作各篇，虽未直接道及“类”字，然都广泛存在着“类”概念具体运用的事例，用来明是非、分善恶、别异同和定取舍。因此《中国思想通史》（第一卷）的作者说：“墨子的逻辑思想，即是依据着类概念的类推方法，而这一方法就是墨子所到处运用的辩诘术的灵魂。”

（3）关于“故”

《中国思想通史》（第一卷），对《论语》全书和《墨子》自《尚贤》至《公输》传为前期墨家文献的二十九篇，所用“故”字的情况进行了统计分析。《论语》全书“故”

字十二见,《墨子》二十九篇中“故”字三百四十见。但“作为逻辑概念的与‘原因’同训的名词‘故’字,在《论语》里尚未形成,到了《墨子》书里则已大量出现”,即九十一见,成了一个重要的概念,立论的前提,和明是非、别异同的最高根据。

这似乎是很自然的。因为“类”概念的确立和他的继续阐明,都要有“故”即对事物之所以然的探讨。“类”与“故”这两个概念相互紧密地联系着：“子未察吾言之类，未明其故也。”这里先说察类，次言明故，先类后故。要察类就一定要明故，明故而后察类，不明故自然也就难别其类，两者在逻辑上有着必然的联系。

墨子在论辩中提出和确立了“类”和“故”这两个概念,实在可以说是意义深远。因为思维形式及其规律,说到底,不过是客观事物存在形式及其规律的思维反映。而人类对客观事物认识的不断深化，从一定意义上来说，就在于明其“类”和知其“故”——对是什么和为什么的不断阐明。

在具体的论辩过程中，墨子对“故”概念的运用，根据所论问题的不同而各不相同。

一是“识其利，辩其故”。《兼爱中》：

然而今天下之士君子曰：“然，乃若兼则善矣，虽然，天下之难物于故也。”子墨子言曰：“天下之士君子，特不识其利，辩其故也。今若夫攻城野战，杀身为名，此天下百姓之所皆难也，苟君说之，则士众能为之。况于兼相爱，交相利，则于此异。夫爱人者人必从而爱之，利人者人必从而利之，恶人者人必从而恶之，害人者人必从而害之。此何难之有？特上弗以为政，士不以为行故也。”

兼爱不行，那是由于士君子们没有认识到兼爱之利，不懂得兼爱未行的原因，“上弗以为政，士不以为行”，所以祸乱不止。这里的关键是，人们特别是君主与士君子未识兼爱之利，未懂兼爱未行之因。

二是“察其类，明其故”。《非攻下》：

则夫好攻伐之君，又饰其说以非子墨子曰：“子以攻伐为不义，非利物与？昔者楚（熊）丽始讨此睢山之间，越王繄亏，出自有遽，始邦于越，唐叔与吕尚邦齐晋。此皆地方数百里，今以并国之故，四分天下而有之，是故何也？”子墨子曰：“子未察吾言之类，未明其故者也。古者天子之始封诸侯也，万有余，今以并国之故，万国有余皆灭，而四国独立。此譬犹医之药万有余人，而四人愈也，则不可谓良医矣。”

饰说以非墨子的好攻伐之君，所说楚、越、晋、齐之大，与墨子所言为类不同，更没有弄明白四国所以“四分天下而有之”的原因，因之以四国为例以否定“非攻”，是错误的。

三是问以“何故”。《公孟》：

子墨子曰：“问于儒者，‘何故为乐？’曰：‘乐以为乐也。’”子墨子曰：“子未我应也。今我问曰：‘何故为室？’曰：‘冬避寒焉，夏避暑焉，室以为男女之别也。’则子告我为害［室］之故矣。今我问曰：‘何故为乐？’曰：‘乐以为乐也。’是犹曰：‘何故为室？’曰：‘室以为室也。’”

墨子要儒者回答“为乐”之“故”从而进行批驳，儒者以“乐以为乐”作答。墨子又以“何以为室”的回答为例，指出了“乐以为乐”之未能说明其“何故为乐”，同样达到了批驳儒者的目的。

四是“无故从有故”。《非儒下》：

（儒者）又曰：“君子胜不逐奔，掩函弗射，施则助之胥车。”应之曰：“若皆仁人也，则无说而相与。仁人以其取舍是非之理相告，无故从有故也，弗知从有知也，无辞必服，见善必迁，何故相［与］？若两暴交争，其胜者欲不逐奔，掩函弗射，施则助之胥车，虽尽能，犹且不得为君子也……”

这里作者回答儒者所提出的战争中胜者如何对待败者的疑问时，强调了根据敌人的不同情况而采取不同的方法，同时又提出了一个具有普遍性意义的原则：无故从有故，无知从有知。对于不同的敌人，不同对策的提出是如此；对于儒家学说，毫无疑问，当然也应该如此。这里我们只是在讨论前期墨家的逻辑思想，在肯定其“故”概念提出的逻辑学意义。但是推而广之，思想文化的传承，人类历史的发展，虽然曲折，可总体上说来，不是一直在循着“无故从有故也，弗知从有知也”的路径延伸着吗？

前期墨家的主要逻辑思想如此。学术界多以为系后期墨家之作的《墨经》或谓《墨辩》六篇，继承并发展了前期墨家的逻辑思想，建立起比较完整的逻辑理论体系。梁启超在《墨经校释》自序中称其为“世界最古名学书之一”。《墨经》标志着逻辑学作为一个独立的学科，早在战国时代便已建立起来。

（4）关于“辩”

研究思维形式及其规律的逻辑学，最初是在论辩驳难中产生和发展起来的，因此中国古代便直接称之为“辩”或谓“辩学”。在前期墨家那里，虽有自己的论辩之术即逻辑，但它都只是存在于具体的论辩过程中，并未独立成为直接的研究对象和一门单独的学问。到了后期墨家的《墨经》那里，情况就完全不同了：

> 辩，争彼也。辩胜，当也。（《经上》）
>
> 辩，或谓之牛，或谓之非牛，是争彼也。是不俱当，不俱当，必或不当，不当若犬。（《经说上》）

这是关于“辩”的性质和任务的界定。“辩”是为了“争彼”即是非，辩论胜利，那是因为辩说合理、正确。《经说》对此举例解说：譬若一头牛，或说是牛，或说不是牛，两种说法不可能都正确，但这不可能都正确的两种说法之中，只可能有一种即那以其体形小而误以为狗的说法，是不正确的。下文对此又有进一步的阐发：

> 谓辩无胜，必不当，说在辩。（《经下》）
>
> 所谓非同也，则异也。同则或谓之狗，其或谓之犬也。异则或谓之牛，牛或谓之马也。俱无胜，是不辩也。辩也者，或谓之是，或谓之非，当者胜也。（《经说下》）

既然上文明确界定了“辩”的任务是为了“争彼”而达到获胜的目的，因而这里便理所当然地驳斥了“辩无胜”的“必不当”。当然在特殊条件下也确实有“俱无胜”的情况，譬如见一条狗，有人说“这是狗”，有人说“这是犬”，狗、犬相同而异名，因此而无胜利者；说狗是牛，或者是马，这也没有胜利者。但这两种情况都不是什么“辩”的问题。真正的“辩”，那一定是有是有非，恰当、符合实际的一方才能获得胜利的。《经》上、下论“辩”的性质和任务如此。在《小取》这篇《墨经》或谓《墨辩》中系统论述墨家逻辑的文字中，开篇便对“辩”的性质、任务、方法和原则进一步作出了详细、明白和具体的规定：

> 夫辩者，将以明是非之分，审治乱之纪，明同异之处，察名实之理，处利害，决嫌疑。焉摹略万物之然，论求群言之比，以名举实，以辞抒意，以说出故。以类取，以类予。有诸己不非诸人，无诸己不求诸人。

明白是非的原因，审查治乱的规律，分清相同相异之处，考察名称和实际的关系，处理利害，决断嫌疑。这六条，是“辩”的性质、任务和目的。描摹和探求万事万物的所以然，研究各种说法并加以比较，用名称说明实际，用言辞表达概念，用论理说明原因，从同类事物中选取出已知，再从同类事物中推论出未知。这里明确说明了“辩”的方法。“有诸己不非诸人，无诸己不求诸人”——自己有这种认识，那就不应该非难别人有这种认识；反之，自己没有这种认识，那就不应该要求别人有这种认识，这是辩者在论辩中所应遵循的原则。《小取》是中国古代第一篇系统的逻辑学论著，上引这段文字，可以说是这个逻辑学论著的“绪论”。

（5）关于“名”

《墨经》中从“辩”的角度所说的“名”，就是今天的“概念”。

《经上》在论“知”的途径时，说到可以由“名”而“知”和由“实”而“知”。《经说上》对什么是“名”和什么是“实”的解释是：“所以谓，名也；所谓，实也。”对这两句话，谭戒甫在《墨辩发微》中的疏解颇为惬当：“‘实’必待‘名’而后有所表示，斯谓实为‘所谓’；而亦惟‘名’为能表示‘实’之所以，斯谓名为‘所以谓’也。”这样的名、实关系，才是“名实耦”即相互契合。辩者达到如此境界的方法，就是上引《小取》篇开宗明义所说，“以名举实”。这从认识论也从逻辑学的角度来看，当然属于概念与客观事物的关系问题，概念来自客观事物，反映了客观事物，是客观事物的主观映像。《墨经》这里讲的是辩即逻辑学，同时也表明了它认识论上的唯物性质。

论述了名、实和名实之间的关系，《墨经》还对名即概念从其外延上分为不同的类别与内涵，指出姓名不能等同于单独概念，而只是一个代号。此说有理。

又从不同的角度出发，将“名”分为兼名（属名）与别名（种名），形貌之名（具体的名）与非形貌之名（抽象的名），反映事物时空关系的居运之名与数量关系所决定的数量之名，等等。

（6）关于“说”

《墨经》中的所谓“说”，意同今天逻辑学中的推理。推理的作用在于由已知的判断、结论，推出未知，不经过推理过程，是难以获得这种原属未知的新知的。因此《经上》明确指出：“说，所以明也。”（此条经文无“经说”）经过“说”即推理过程才能弄明白。《小取》篇又指出“以说出故”，用论说即推理来说明事物的所以然。对于推理的过程及其必要的条件，《大取》篇进行了相当系统的论述：

> 夫辞，以故生，以理长，以类行也者。立辞而不明于其所生，妄也。今人非道无所行，唯（虽）有强股肱，而不明于道，其困也，可立而待也。夫辞以类行者也，立辞而不明于其类，则必困矣。

“夫辞”，据孙诒让说校补。《墨经》所说之“辞”，意同今天的“判断”。汪奠基则认为，“这是肯定‘辞’为逻辑推论的中心结构，因为辩说之辞，形式上表现为判断的命题，实际则必须根据客观事物的所以然之故，然后以理长，以类行。换句话说，推论的辞，都是依种类关系，按客观理由进行结论的”（汪奠基《中国逻辑思想史》)。这里作者明确指出，一个判断的确立，首先必须“明于其所生”。所谓“明于其所生”，就是要“以故生”,这是推理的前提和根据。把故、理、类三者作为推理、论证必备的条件而直接联系起来。有的学者指出，这是后期墨家论证学说的精华。这里想说明的是，这个精华的产生，明显地是有一个过程的。在前期墨家那里，并没有关于“故”“类”的专门论述，只是在具体的论辩过程中才提出这两个概念。到了《经》《经说》上、下，情况便完全不同，“故”“类”作为专门的逻辑概念被提出，并加以定义和解说：

> 故，所得而后成也。(《经上》)
>
> 故，小故，有之不必然，无之必不然。体也，若有端。大故，有之必然，无之必不然，若见之成见也。(《经说上》)

“大故，有之必然，无之必不然”，原作“大故，有之必无然”，据孙诒让说校改。什么是“故”？这里“故”的定义就是“所得而后成”：事物存在所要求的条件全都具备了，这一事物才能“成”，即出现和存在。《经说上》又进一步把“故”分为“小故”和“大故”。所谓“小故”，就是事物出现和存在所必备的部分条件。有了“小故”，只是具备了事物出现和存在的可能；但若无“小故”，那该事物就肯定不会出现和存在。这就像有一定长度的物体肯定要有两端，没有两端肯定不会构成一定长度的物体。所谓“大故”，就是事物出现和存在的全部必备条件。有了“大故”，该事物肯定就会出现和存在；否则肯定不会出现和存在。这就像“见之成见”，即人能看见外物要有相应条件一样，这些条件全都具备，肯定能看见外物。关于“类”：

> 止，类以行之，说在同。(《经下》)
>
> 止，彼以此其然也，说是其然也；我以此其不然也，疑是其然也。(《经说下》)

“止，类以行之”的“之”，本作“人”，据孙诒让说校改。所谓“止，类以行之”，就是对事物的认识，先要有“类”的区别。这里的“经说”，学人的解释各有不同。但不管解说如何不同，有一点是应该肯定的，这就是：“说”既解“经”，此条经文既是强调区别事物“类”的重要，因之“彼”“我”“然”与“不然”，即对事物认识的不同，当是由于对事物之“类”的区别有异。对此，杜国庠说得好：“从次条即言‘推类之难’，下文又言‘异类不吡（比）’，‘说在于是推之’等等看来，它是把类概念看成类推的基础而加以重视，是无可疑的。”(《蔡尚思《十家论墨》) 前期墨家只是在具体的论辩中强调了类的区别，到了《经》和《经说》，则“把类概念看成类推的基础而加以重视”，到了《大取》和《小取》，“已经不是当作单纯的逻辑概念看待，而是在阐明它们在‘立辞’和论式中的关系和地位了”（《蔡尚思《十家论墨》）。其间的脉络是十分明显的，“故”概念也是如此。因此才有了上引《大取》篇关于推理过程及其必要条件的系统论述。

（7）不同的“说”

《大取》相当系统地总结和概括了“说”即推理的过程及其条件。《小取》则逐一定义了“说”的不同形式或所谓方法，对于自前期墨家以来之“说”，同样具有总结和发展意义：

> 或也者，不尽也；假者，今不然也；效者，为之法也；所效者，所以为之法也。故中效，则是也，不中效，则非也，此效也。辟也者，举也［他］物而以明之也。侔也者，比辞而俱行也。援也者，曰子然，我奚独不可以然也。推也者，以其所不取之，同于其所取者，予之也。是犹谓也者，同也，吾岂谓也者，异也。

这里的“或”“假”“效”，因为其定义性的解说太简单，意义也不显豁，理解各有不同，因之它们是否是三种不同的推理形式，或者是何种推理形式，学人看法各异。但对“辟”“侔”“援”“推”的认识，则无异辞，即它们是四种不同的推理形式。

“辟也者，举也［他］物而以明之也。”“辟”同“譬”，就是比喻。比喻的推理形式是，“举也［他］物而以明之”，举出另外一物以说明此物，也就是运用比喻的形式，由一概念推出另一概念。从逻辑学上来说这是一种类比推理形式。《墨子》一书中，“譬之”“譬犹”“譬若”等凡用比喻以论辩说理者，均属此种推理形式；仅在《经》及《经说》中就有二十余条之多。因为这种比喻式的推理方式，多为借助论辩双方或讲者听者都知道的事物以说明某一事物，运用得当，通俗形象或有较强的逻辑力量，因而与墨家显学同时的其他各家，也多用“辟”，这就是《说苑·善说》所谓：“说者，固以其所知谕其所不知，而使人知之。”

“侔也者，比辞而俱行也。”孙诒让引《说文》注谓：“‘侔，齐等也。’谓辞义齐等，比而同之。”“侔”就是“齐等”；“比辞而俱行”，就是“辞义齐等，比而同之”。用逻辑的语言来表述，就是把前提和结论相比较，以其相等同为根据的逻辑推理；前提肯定、正确，结论即新的判断必定也是肯定、正确的。《小取》篇称此种推理形式为“是而然”，并且举例加以说明：

> 白马，马也，乘白马，乘马也。骊马，马也，乘骊马，乘马也。获，人也，爱获，爱人也。臧，人也，

爱臧，爱人也。此乃是而然者也。

“辞之侔也，有所至而正”(《小取》)，即这种“比辞而俱行”的“侔”式推理，只有在一定的范围和条件下才是正确的：前提肯定，在主、谓项上附加同一成分（相同概念）而构成的新的判断，否则便毫无意义或不可能正确。

“援也者，曰子然，我奚独不可以然也。”对于这种“援”式推理形式，孙诒让注谓：“‘援，引也。’谓引彼以例此。”“援”，就是“引”。“子然，我奚独不可以然也”，你可以这样，我为什么就不可以这样呢？回答自然是肯定的。因此孙诒让谓之“引彼以例此”，就是援引、引用对方的论断以服务自己的论断，驳斥对方。这种“援”的推理形式，属于逻辑学中的类比推理。其特点是“引彼”即援引对方的论断，证实自己的论断，以子之矛攻子之盾。“引彼”是为了“例此”，因之所援引对方的论断，必须“以类取”即同类，否则便不可能“例此”，不可能证实自己论断的正确。对于这种引用对方的论断来证实自己论断正确的“援”式推理，《小取》也有例证：

盗人，人也，多盗，非多人也；无盗，非无人也。奚以明之？恶多盗，非恶多人也；欲无盗，非欲无人也。世相与共是之。若若是，则虽盗人也，爱盗非爱人也，不爱盗非不爱人也，杀盗非杀人也，无难矣。此与彼

> 同类,世有彼而不自非也,墨者有此而非之,无也[他]故焉……此乃是而不然者也。(据孙诒让校改)

援引世人“多盗,非多人”之论而以类相从地推论出自己的论断“杀盗非杀人”,这就是“援彼以例此”,但却“世有彼而不自非也,墨者有此而非之”,这就是毫无道理的了。

“推也者,以其所不取之,同于其所取者,予之也。”“推”,就是类推;“其”,指论辩中的对方;“所不取之”,所否定的事例;“所取者”,所肯定的事例;“予”,判断。所谓“推”这种推理形式,就是将论辩对方在辩论中所肯定的事例和所否定的事例,加以比较,作出判断,指出谬误,反驳对方。这在逻辑学上,属于归谬式的类比推理。这种推理形式,《墨辩》中未举出具体的例证。

在界定了辟、侔、援、推这四种推理形式之后,《小取》篇的作者还考虑到客观事物的复杂性,和人们语言表述上的复杂性,指出这四种推理形式所可能出现的错误,因而要人们审慎以待:

> 夫物有以同而不率遂同。辞之侔也,有所至而正。其然也,有所以然也。其然也同,其所以然不必同。其取之也,有所以取之。其取之也同,其所以取之不必同。是故辟、侔、援、推之辞,行而异,转而危,远而失,流而离本,则不可不审也,不可常用也。故

言多方，殊类异故，则不可偏观也。

事物各有成因，表现相同成因不一定相同。人们在辩论中挑选论据各有理由，但论据相同挑选的原因不一定相同。因此，辟、侔、援、推这几种推理形式，不同的人在运用时便有差异，甚至会出现各种各样的错误。人们论辩中的言辞，各不相同，事例和根据也是这样，因之自然地也就不能等量齐观，一概而论了。

5. 自然科学知识

墨子出身工匠，又是时为显学的墨家学派的创始人。虽然《墨经》与墨子的关系，历来诸说难于统一，但是他身怀技艺，又重实践，有着较为广博的自然科学知识，特别是与工艺相关的自然科学知识，当是事实。这与走进概念世界的《墨经》是一致的。《墨经》包罗宏富，涵盖面极广，就所占分量而言，自然科学知识居第二位。研究《墨经》中自然科学知识的著述不少，但因《墨经》文字古奥，过于简略，或有衍、脱、讹误，因之有些论述，至今研究者也见解不一，或者难有确解。这里主要依据前修与时贤的释读解说，择其要者予以介绍。

（1）知识论

知识论本来属于认识论的范畴，不是自然科学。但是《墨经》中丰富的自然科学知识，与其知识论是直接联系着的。

就是说，正是因为《墨经》有着这样的知识论，所以它才囊括了那样多方面的自然科学知识。因此，在具体说到《墨经》中的自然科学知识以前,先介绍一下它的知识论。

知，接也。(《经上》)

知，知也者，以其知过物而能貌之，若见。(《经说上》)

这里的“知”指的是人所特有的知觉本能。“知,接也”，知觉，就是人的感官与外物的接触。因为人有这种知觉本能，所以当其与外物接触（这里主要指视觉）时，便“过物而能貌之，若见”，便能把所接触过的外物的形象描画出来，就像这种外物仍出现在眼前一样。因为人有这种知觉本能，所以才有可能认知外物。

知，材也。(《经上》)

知材，知也者，所以知也。而必知，若明。(《经说上》)

这里以“材”训“知”,较之“知,接也”又深入一步。所谓“知，材也”，就是说，人之所以能感知、认知外界事物并获得知识,是因为人本身具有“材”,即认识能力。《经说上》的解说，可以帮助人们认识《经上》用来界定“知”

的“材”之内容:“知材,知也者,所以知也。”所谓“知材”,就是“知”之“材”,也即能力。人们有了这种能力,才能去感知、认知外界事物。“而必知,若明”,人们一定能够感知、认知事物,获得关于社会和自然界的各种各样的知识。

在此基础上,《墨经》还归纳和总结了人们获取知识的途径与方法。

> 知,闻、说、亲;名、实、合、为。(《经上》)
>
> 知,传受之,闻也;方不庳[障],说也;身观焉,亲也。所以谓,名也;所谓,实也;名实耦,合也;志行,为也。(《经说上》)

这里所说的“知”,明白无误地指的是“知识”,并且论述了人们获得知识的途径和方法。通过传授而得到的知识,这是“闻知”;通过自己的观察实践而得到的知识,这是“亲知”;通过逻辑推理而得到的知识,这是“说知”(“方不”之“方”,即方、圆之“方”;“庳”同“障”。“方不障”,即已有知识的残缺不全,并不能构成通过逻辑推理而获得新知的障碍)。还可以通过对名实和名实关系的考察而获得知识。考察事物名称之所以然而获得的知识,这是“名知”;考察事物的实际而获得的知识,这是“实知”;考察事物名称与实际的相互关系而获得的知识,这是“合知”。而对人,通过对他的心志与行动的考察而获得的知识,这是“为知”。

《墨经》对获得知识的途径与方法的概括，存在的问题是明显的。这些途径与方法的意义与作用不同，不能并列。重要的是它把知识区别为“闻知”与“亲知”，并且把对人的认识也纳入知识的范畴，这一点是应当充分肯定的。

侯外庐等所著《中国思想通史》(第一卷),对《墨子》的知识论，有专节阐述。但其“所依据的史料是经考证的《墨子》诸篇，晚出的《经说》与《大取》《小取》篇以及其他后人所伪托的各篇皆未取材”;指出“墨子的知识对象，可以说客观上是国民领域的农、工、商生活”，肯定了墨子的知识论是唯物主义的。应该说,《墨经》的知识对象和知识论的性质，也是如此。

墨子其时在农、工、商生活知识基础上提出的解决问题的方案，前边一再指出，是空想和幻想性质的，不可能变成现实。

《墨经》的作者迄无定说，但它的知识论，它关于自然科学的知识，则不存在这种局限。《墨经》中的自然科学知识在科学史上有着很高的地位。只是在历史上，它长期成了化石似的存在，继承阐扬者中绝。直到近代以来，经过众多学者的潜心研究，才逐渐为人们所认识。

（2）数学

墨子本人就是一个高明的工匠，他的弟子中当亦不乏承师之业而为巧匠者，或者本为工匠而后成了墨家的信徒。数学中的几何学，较之数学中的其他分支学科来说，与工匠的关系更为密切。《墨经》中的数学知识主要是关于几何学方面的，这可能与墨子本人及其后学的工匠职业有一定的关系。

关于方的定义：

> 方，柱隅四讙也。（《经上》）
>
> 方，矩见支也。（《经说上》）

“柱”，是方形的四边；“隅”，是方形的四角；“讙”，是“权”的假借字，意为等或正。“方，柱隅四讙也”，用今天的话说就是：四边四角相等。《经说》对之又作了进一步的解说。矩为古代画方的工具，即今之曲尺。“见支”二字，孙诒让疑为“写交”之误；谭戒甫疑为“皃交”之误：“皃，籀文作貌，有画义。”（谭戒甫《墨辩发微》）两说义近，无大差别。如此，则“方，矩写交（或貌交）也”，就是：方形，用矩画直线相交，这就成了方形。

关于圆的定义：

> 圜，一中同长也。（《经上》）

圜，规写支也。(《经说上》)

“圜”，同“圆”；“中”，中心，即圆心；“同长”，由圆心至圆周半径相等。

“一中同长也”，就是从圆心至圆周半径全相等，这就是圆。怎么样才能给出这种圆的图形呢？“规写支也”，用圆规画曲线相交，这就成圆了。

关于点的定义：

端，体之无序而最前者也。(《经上》)

端，是无同也。(《经说上》)

陈澧谓:“端，即西法所谓点也。”“无序”，孙诒让谓:“谓端最在前，无与相次叙者。”谭戒甫谓：“本条论极微之理……今分物至于极微，更无有与之相比次者，即端是也。故曰端体之无序。”(谭戒甫《墨辩发微》)“端，体之无序而最前者也”，端，就是整个线段被分割到最前面的那一点。什么是“最前者”呢？《经说上》的解说是：

“无同”,前面再没有与之相同者,这就是“端”即点了。

关于立体与平面的定义：

厚，有所大也。(《经上》)

厚，惟无所大。(《经说上》)

谭戒甫在《墨辩发微》中谓：“《说文》:‘厚，山陵之厚也。垕:古文厚,从后土。’按后土即谓大地。大地山陵,形成立体,故此厚系指立体形。”“有所大”,谭氏谓:“盖所谓厚者即为所积之体故也。”“惟无所大”,谭氏谓:“犹云惟无所大者无厚……盖谓止有面而无体也。”《墨经》对体与面的定义,用今天的话来说就是:立体,有长有宽又有高;平面,只有长、宽而无高。

定义了方、圆、点、面、体,《墨经》还阐述了它们之间的关系,给出了诸多定理。如论点、线关系:

> 体,分于兼也。(《经上》)
>
> 体,若二之一,尺之端也。(《经说上》)

“体”与“兼”,谭戒甫在《墨辩发微》中谓:“体言其分,兼言其全……尺即几何学所谓线。尺之端者,线之点也。”“尺之端也”和“分于兼也”明白地指出了点、线关系是整体与部分的关系;点可积成线,线可分为点。

(3)力学

在工匠的劳动中,有各种各样的力学现象,那么什么是力呢?

> 力,刑之所以奋也。(《经上》)
>
> 力,重之谓,下、与,重奋也。(《经说上》)

“刑”,同“形”,指物之形即物体。“奋”,《尔雅·释诂》

曰："奋，动也。"奋即运动。"力，刑之所以奋也"，力是物体运动的原因。《经说上》对之作了进一步的解说。力，重量。"重之谓"，谭戒甫在《墨辩发微》中谓："力加于物而后物动；惟力不易见……故曰'重之谓'。""与"，同"举"，指物体的上举。"下、与，重奋也"，物体的下落上举，都是重力的奋动即运动。

物体运动的原因是力，物体运动的停止又是由于什么呢?

> 止，以久也。(《经上》)
>
> 止，无久之不止，当牛非马，若矢过楹。有久之不止，当马非马，若人过梁。(《经说上》)

"止"，指物体运动的停止、静止。"久"，王闿运谓："久，谓撑柱也……止物者物本不止，以有久者故止。"（谭戒甫《墨辩发微》）"止，以久也"，物体静止，是因为有外力阻挡。《经说上》对此从运动和静止两个方面加以说明：没有外力阻挡，运动中的物体不会自行停止运动，如同飞箭穿过厅堂的两个柱子中间不会落下，这容易理解，如同说牛不是马一样。反之，运动中的物体有了外力的阻挡也不停止，这就如同说马不是马一样难于理解。如同人们行路，因河流阻挡而必不能前行；要继续前行，那就只有改走桥梁。"若人过梁"这个例子，喻指运动着的物体因外力作用而改变运动方向。对此，谭戒甫谓："盖我为力之施身，行于大道，忽阻以江，所谓有久之者也。然不因江而止，乃过夫梁；特动态稍变耳。"（《墨辩发微》）

关于杠杆原理实际应用的阐明：

> 负而不挠，说在胜。（《经下》）
>
> 负，衡木，加重焉而不挠，极胜重也。右校交绳，无加焉而挠，极不胜重也。（《经说下》）

"负"，原作"贞"，据孙诒让说改。负重而能不倾倒、偏斜。是什么原因和在什么情况下，横木负重而能不倾倒或偏斜呢？《经说下》对此作了具体说明：横木一端加重而能不倾倒、偏斜，那是因为横木另一端的重物相得即"胜重"，也即得其重心。譬如桔槔，如将其立柱与横木的"交绳"右移，不汲水加重就要倾倒或偏斜，那是因为另一端的重物太轻，"不胜重"。

力学原理在建筑中的运用：

> 堆之必柱，说在废材。（《经下》）
>
> 堆，并石絫石耳，夹寝者法也。方石去地尺，关石于其下，县丝于其上，使适至方石。不下，柱也；胶丝去石，挈也；丝绝，引也；未变而石易，收也。（《经说下》）

“堆之必柱”，原作“推之必往”;“而石易”，原作“而名易”。均据谭戒甫说改。

“堆之必柱”，这里提出了建筑施工中的一个原则，那就是在垒砌建筑物时，一定要有支撑，否则，上面摆放的建筑材料就会下落，或者倒塌。《经说下》对这个原则举例作了详细解释。在修建有室的前堂即夹寝时，先要集中和垒砌石材。在距地基一尺高的地方置一方形石，方石下面塞上石块，方石上面正对方石系绳，绳的下端正好抵至方石。此时方石未因绳的提挈而下落，那是因为其下有石块支撑。如果方石系绳后再去掉其下的石块，方石仍未下落，那是因为有绳子的提挈；如绳断则方石下落，那是因为引力作用。如上述情况没有变化而方石位移，那是因为方石受到其他力的作用。

这个属于建筑方面的力学实验性例证，是《墨经》阐述已知力学规律的具体事例之一。他如关于桔槔、秤、滑轮等的力学作用规律，《墨经》中也都有具体论列。而所有这些，又都与当时的社会生产实践有着较为密切的联系。

（4）光学

为什么会有光学上的“本影”和“半影”？两千多年前的《墨经》对此便有正确的说明。

景二，说在重。(《经下》)

> 景，二光夹一光，一光者景也。(《经说下》)

为什么影子会有两个？“说在重”，那是因为影子出现了重叠。为什么影子会出现重叠？那是因为“二光夹一光”，也就是两个光源相交重合。“一光者景也”，其实，一个光源只能形成一个影子。

“景二”是如此，“景到”即倒影的形成又是什么原因呢？

> 景到［倒］，在午、有端与景长，说在端。(《经下》)
>
> 景，光之入，照若射。下者之入也高，高者之入也下。足敝下光，故成景于上；首敝上光，故成景于下。在远近有端与于光，故景庫［障］内也。(《经说下》)

“照”，原误为“煦”，据曹耀湘说改。“午”，纵横相交。这里指光线的交点。端，端点，这里指小孔。为什么会出现倒影：“在午、有端与景长，说在端。”那是由于在光线交叉处有一个小孔，物体与影像之间有一定距离。最重要的还在于有一个小孔。

为什么会是这样？《经说下》对此又有进一步的解说：光线照到人身上，如同射箭，直线行进。从下面射入小孔的光线到人，反而高；从上面射入小孔的光线到人，反而低。人足在下，遮蔽了下光，成影于上；人头在上，遮蔽了上光，成影于下。由于在物体的远处或近处有一个小孔，所以影像便被倒立着映射入影障内了。这里在对小孔成像原理的实验性说明中也明确指出了光的直线传播性质，同时还说明现今照像者进退暗箱的理由。

《墨经》从影二、倒影的所以然，光的直线传播性质，光的反射性质，物影的大小是由于物体的或斜或正和光源的时远时近，进而阐述了凹凸镜的成像规律：人或物照临凹镜，影像便或缩小而倒置，或变大而正立。这是因为人、物在球面中心以外，或是在球面中心也即焦点之内。而凸面镜则是“鉴团（圆）景一”,即凸镜前只有一种影像出现，临镜近则影像大，反之则影像小，但一定都是正面而立的形象。在此基础上《墨经》又综述了球面镜成像的情形：

> 临鉴而立，景倒，多而若少，说在寡区。(《经下》)
>
> 临正鉴，景寡、貌能［态］、白黑，远近、柂正，异于光。鉴景当俱，就去尒［亦］当俱，俱用北。鉴者之臬，于鉴无所不鉴。景之臬无数，而必过正。故同处，其体俱，然鉴分。(《经说下》)

这里明白指出：凡物立临镜前，是凹面镜，镜中的影像便倒立着；是凸面镜，“多而若少”，镜中的影像则比原物缩小了。为什么会有如此奇特的现象？作者的回答是，“说在寡区”,这是由于镜面区域小。对于“说在寡区”一语，学者所见或有不同。方孝博谓：“由于光的反射定律没有发现，所以形成这些现象的原因在当时是不能彻底了解的。墨经作者试图说明其原因，认为是由于鉴面和人的颜面或人的躯体比较起来都小些，要把整个颜面或躯体都收到鉴面里去，所以发生这些奇异的现象，这就是‘说在寡区’的意思。”(《墨经中的数学和物理学》)方氏所见，可能近真。

《经说下》对球面镜的影像又有进一步的解说：临镜，正面对看球面镜，“景寡”（或谓当作“景多寡”），就是临镜者很少，临镜者的外貌形态，颜色或白或黑，距离或远或近，姿势或斜或正，都是由于光线不同，也即因镜子所映照的物体不同而有所不同。在临镜时，“鉴景当俱”，镜子和影像总是同时存在，“去亦当俱”，物体接近或离开镜面，影像也同时接近或离开，并且物体与影像的方向相反，“俱用北”。“鉴者之臭”，即临镜物体的形状（“臭”，意为容貌），镜子会全部映照出来，“于鉴无所不鉴”。可是“景之臭无数”，也即临镜物体的影像无数，这些影像与其真实的形象总有一些差别，“而必过正”。“故同处，其体俱，然鉴分”，同一物体在镜中之所以会出现不同影像，是因为镜面凹凸不平。

这里对球面镜成像种种情况的观察与描述，可谓细微而精确。学人早已指出，《墨经》对于光学的阐述，相当系统完整，且远早于西方同类著作。

四　先秦墨子思想的发展与影响

1. 先秦墨子思想产生的根源

先秦墨子思想的产生主要根源于小生产经济的发展和平民的觉悟。

恩格斯说：

> 差不多一切民族都实行过土地由氏族后来又由共产制家庭公社共同耕作，——据凯撒证明，在苏维汇人当中就是如此，——继而差不多一切民族都实行过把土地分配给单个家庭并定期实行重新分配。（《马克思恩格斯全集》第21卷）

中国史料中记载的井田制差不多是这两种方式的结合。井田制度下，农业生产者具有双重身份，当耕种公田时，是无偿的奴隶劳动，劳而不获，国家即是奴隶主；当耕种私田时，则近似于自耕农，拥有一定的生产工具，对私田有使用和收益权，但没有所有权。所有权归国家奴隶主，国家对土地进行定期重新分配。

春秋战国时期，井田制度开始瓦解，代之以爰田制。爰田制基本上取消了公田（并未完全取消，仍有国家保留的田地），不再定期重新分配田地，赋税不再只来自公田收入，而以亩为单位，由劳务地租改为实物地租。这些变化意味着农业生产者实际上拥有了一定的土地所有权，生产主要以家庭为单位个体经营。因此，从井田制到爰田制的变革，促进了农业小生产方式的发展，农业生产者有了一定的生产资料，也有了一定的自由。比起集体耕作中的奴隶，农业小生产者的积极性和主动性大大提高了。在此基础上，农业小生产者的自我意识和自信心也相应地增强了，他们的认识能力随着生产能力的提高而达到了一个新的水平。

与此同时，随着贵族的日益没落，原先作为贵族家奴的工商业者纷纷流落民间。他们在失去主人的同时获得了一定的自由，他们中的许多人自立门户，自设工肆，凭自己的技艺和劳动交换生活必需品，成为自由的小工商业者。这些人和农业小生产者一样，是小生产方式的阶级基础。随着这种小生产方式的形成，小生产者的平民意识也随之萌生。

农业小生产者和小工商业者中的一些人在学术下移的背景下有了学习历史文化知识的可能，有了知识的小生产者就逐步上升为“士”。春秋战国之际，“礼崩乐坏”“天下无道”，社会的大变革、大流动为小生产的发展和平民小生产者的觉悟创造了条件，提供了机遇，他们成为当时社会上一股蓬勃上升的新生力量，既植根于社会生产实践，又充满向上的活力和生气。他们希望并致力于巩固扩大业已获得的所有权与自由，力求彻底冲破旧有的束缚，争取更多更大的自由和公平竞争的机会。

墨子正是在这种背景下应运而生的平民小生产者的代言人，他本人及其弟子都是来自平民小生产者中的“士”，他们既有丰富的历史文化知识，又有丰富的社会实践经验，深刻了解平民小生产者的利益和愿望。墨子说出了他们的心声，大声且充满自信地宣告了他们的自觉，表明了他们的谁也不能忽视的存在与需求。

在中国思想文化发展史上，平民意识的自觉晚于贵族意识，但其渊源却比贵族早。原始社会末期的氏族部落首领，原本都是氏族部落全体利益的维护者，没有贵族、平民之分。这种原始的平等、大同与公利意识正是后来平民意识的源头。随着生产力的提高、分工和交换的发展，维护公利、公理的部落首领才转化为私利、特权的占有者——贵族。这时才有贵族意识出现。古史传说中的尧、舜、禹的言行事迹是平民意识的最初表现，汤、文、武则是贵族意识的代表，体现着比较开明的贵族专制意识，所以蕴含着为平民所认同的部分内涵，这部分内涵也成为墨学的渊源。西周末到春秋时期的疑天思潮和辩证观念既体现着人相对于神与天的自觉，也体现着平民相对于贵族的自觉。平民的这双重自觉或者说自我发现，是墨子思想的直接来源。墨学正是这些观念的理论化和系统化，在《墨子》中平民的自发世界观上升为自觉的哲学世界观和方法论。

墨学与传统文化中平民意识的渊源关系也体现在以后的兴衰过程中。儒、墨的显隐正是两种传统、两种意识、两种趋势力量消长的结果。

2. 先秦墨学自身的发展

《墨子》是先秦墨家学派前后两百余年的学说结集，不是一人一时之作。胡适将先秦墨家分为前后两个阶段，他认为《墨子》的“十论”和《耕柱》《贵义》《公孟》《鲁问》《公输》等篇是墨子和前期墨家的思想，由墨子弟子记录或演绎而成;《墨辩》六篇是后期墨家，即所谓别墨的思想。墨子和“别墨”思想的区别，各家观点不尽相同：胡适把前期墨家学说称为“宗教的墨学”，把后期“别墨”的学说称为“科学—哲学的墨学”。

冯友兰的看法与胡适基本一致。他认为前后期墨家思想的区别在于：前期墨家拥护宗教，宣扬天命论，主张阶级调和；后期墨家则宣扬唯物主义的自然观、经验主义的认识论和科学知识。区别的根源则是“经济地位不同”。前期墨家是铺子的主人、老师傅，后期墨家是铺子中的学徒。前者对后者有剥削。

任继愈也认为墨子属于城市手工业行会师傅的阶层，但没有明确地说后期墨家在阶级属性上与墨子的关系。他认为前后期墨家学说的区别在于：墨子思想具有二重性，在社会政治方面，既有鲜明的人民性和强烈的批判精神，同时也有保守、改良和空想的特点；在哲学思想方面，存在着唯物论因素和唯心论因素的对立。后期墨家批判地继承了墨子的思想，有两个决定性的突破：一是抛弃了宗教，发展了科学的世界观；二是克服了唯心主义，真正达到了唯物主义反映论的水平。

侯外庐等著的《中国思想通史》则认为孔子、墨子的思想都反映了平民阶级对于古代的权利义务关系的主张。而墨子学派的后期发展，大体分为墨辩和游侠两派。

综上所述，关于先秦墨家自身的发展，学者们已达成以下几点共识：①先秦墨家学说的发展分为前后两个阶段；②后期墨家对前期墨家的思想有批判，也有继承和发展；③后期墨家不止一派，《墨辩》六篇是其中辩者一派的著作，先秦时期对墨子学说的发展作出重大贡献的主要是这一派，近现代研究者所关注的也是他们；④墨辩一派对墨子学说的发展主要是科学世界观、唯物主义认识论等方面。

春秋时期，社会经济、政治各方面的变革刚刚开始，平民小生产者的自觉还比较朦胧，像墨子这样的平民出身的“士”还是凤毛麟角。社会上虽说名实已乱，但旧的礼义之名仍在一定程度上发挥作用，春秋五霸仍要打着周天子的旗号，其兼并战争还要借维护王室天子的名目来号召。在这旧的仍拖住新的历史时期，平民阶级还很软弱，墨子思想的两重性自有其历史的必然性。战国中后期，铁制农具开始出现，农业生产力提高；社会变革全面展开，兼并战争不再需要借口，国际交往日趋频繁，工商业随之获得快速发展。社会上平民出身的“士”越来越多，对社会政治、经济、军事、文化等各方面的影响力越来越大，成为百家争鸣中一支举足轻重的生力军。此时墨者的进步性、批判性才有了充分展现的可能。这为墨家科学世界观和唯物主义认识论摆脱宗教的外衣和唯心主义的束缚创造了条件。

前期墨子的思想集中表现为“十论”中的政治伦理学说和其中运用的论证方法——三表法。墨子之时，社会上影响最大的是孔子创立的儒家学派，孔子弟子组成的儒士集团人数最多，也最活跃，他们代表着没落贵族群体中积极有为、力图在新时代重建旧秩序的开明贵族意识。墨子作为新兴平民阶级的学者，赞同他们积极改良的主张，但反对他们的贵族立场。所以，《墨子》中既有与儒家相通的观点，如“尚贤”“亲士”；也有对儒家学说的驳难，如以“兼爱”反对亲亲有杀、尊贤有等，以“尚力”反对天命，以“节用”反对厚葬久丧，等等。《墨子》“十论”对传统等级秩序的批判和否定，表现出平民阶级强烈的进取意识，希望得到平等的权利和机会以提升自己的政治经济地位。但一方面由于受到小生产方式落后的生产力的局限，平民阶级经济上的贫乏制约着他们政治上的发展，软弱的现实能力和进取愿望之间的矛盾，使墨子不得不借助幻化的天志、鬼神之力，借天威行人愿，以弥补自身的不足；另一方面，由于“尚贤”“兼爱”“尚力”“交相利”等观念中蕴含的平等意识，既与“尚同”中虽不一定是墨子或墨家本义，却明显存在着的等级意识自相矛盾，又与当时以及后来社会主流意识相左，不符合宗法等级制的社会实际，因而没能继续发展转化为实践模式。中国古代从平民利益出发的平等观念，犹如昙花一现，流星般地消失了，从此只有立足于统治者利益的作为工具意识的民本思想中隐约保留着一些墨子平等观念的影子。

后期墨家所处的时代与墨子之时相比已有很大的变化。铁制农具的使用、生产力的发展和工商业的发达促进了平民知识分子队伍的扩大，这时出身平民的“士”日益增多，影响力也迅速增强，活跃于社会生活的各个领域，使墨学成为与儒学并立的“显学”。在这种背景下，后期墨家抛弃了墨子的宗教外衣，墨子的科学世界观被充分揭示出来，把墨家学说沿着正确的方向向前推进了一大步。这是后期墨家发展墨子思想的第一点表现。

后期墨家发展墨子思想的第二点表现是:将墨子在“十论”中运用的、贯穿其思想始终的哲学方法论和逻辑方法系统地揭示出来，建立了唯物主义反映论的知识论体系和融辩证逻辑与形式逻辑于一体的逻辑体系。既克服了墨子认识论中的唯心主义因素和经验论倾向，也克服了墨子逻辑方法的不系统性。在认识论和逻辑学上都达到了先秦时期的最高水平，对同时期的其他思想家和后人产生了积极的影响。

后期墨家发展墨子思想的第三点表现是：将墨子的科学思想和科学技术归纳整理出来，并结合当时科学技术的发展和他们自己的实践经验，加以阐释和发展。《墨经》中记载的许多数学、物理学和其他自然科学知识和实用技术都凝聚着前、后期墨家几代墨者的努力。这种前后相继的科学精神和求知方向不仅在先秦，就是在整个中国思想文化发展史上，都是独具特色、难能可贵的。

后期墨家发展墨子思想的第四点表现是：将墨子积极防御的军事思想和防御器械的有关理论系统地揭示出来。

这方面的思想理论也是前、后期墨家代代相承、不断发展而成的，如果没有后期墨者的继承、传授、发展和整理记录，墨子的有关观点和经验，后人就可能不得而知。

后期墨家在批判地继承和发展墨子思想的同时，也表现出与墨子不同的学术倾向。墨子一生学术和社会实践活动的重点是宣传和推行他的政治伦理思想，即“十论”。哲学方法、逻辑方法、自然科学知识、应用技术技能、军事理论和防御器械等都是他宣传、论证和施行“十论”的工具和方法，没有独立的学术地位。后期墨家的学术兴趣则从政治伦理转向了哲学与科学，着重弘扬和发展了墨子体系中隐性存在的认识论、逻辑学和自然科学理论。

学术重点的转移，并不意味着背离墨子的学术宗旨，而是符合思想演变规律的必然历程，是墨学自身发展由肯定走向批判地否定阶段的表现。墨子思想中虽蕴含着理性的因素，但总体上处于经验层面，其中经验与理性没能有机结合。其政治伦理思想中的十大纲领还比较笼统、直观，只有借助天志、鬼神的权威作为施行的保障。战国中后期在兼并战争中凭借武力和实力夺得政权与势位的新兴当权者，已认识到并以事实昭示人们：现实的权利只有靠现实的力量来获取。虚幻的超现实的权威被虚悬一边，富国强兵成为普遍的信仰，古代圣王的典范意义也已被齐桓、晋文等霸权代表取代。总之墨子用以论证与推行其理论的经验论据和天神权威，在这时都已基本丧失说服力。后期墨家适时地转向哲学、科学与逻辑，实际上是将墨子思想往深层推进，从理性层面寻找更强有力的根据。正是后期墨家学术重心的转移，将墨子思想中隐性的正确的那部分因素揭示出来，使之鲜明化、系统化、独立化，经验与理性相统一的知识论、完整的逻辑体系和高明的积极防御理论等才得以形成和显现。

后期墨家学术重心的转移不仅是墨学自身发展的必然，也是当时时代的需要使然。战国中后期百家争鸣达到高潮，众口异辞，百家异说，科学与诡辩难分，真理与谬论交织，理论的纷繁与淆乱使社会上是非混乱，无所适从。同时，政治、军事上的竞争使社会统一的趋势日益明朗，这就要求在思想理论上澄清是非、辨明真伪，以指导现实的社会实践。《墨辩》明确地给当时流行的各种名词术语下定义、作界定，并强调“夫辩者，将以明是非之分，审治乱之纪，明同异之处，察名实之理，处利害，决嫌疑”（《墨子·小取》）的原则，表明他们对社会需要的自觉。后期墨家的知识论、逻辑学、自然科学知识、生产与军事技术等都达到了先秦最先进的水平，不仅发展了墨子的思想，而且成为百家争鸣的总结者和继往开来者之一。

遗憾的是，秦汉以后墨学没能得到进一步的发展。后期墨学只是墨学发展的第二个环节即批判地否定的环节。

墨学要从理论转化为实践还需要经过第三个环节，即否定之否定的改造，将理论理性转化为具体可操作的实践理性，使目标理性与工具理性结合起来。这样才有可能落实墨子民本、平等的政治伦理观，实现兼爱、交利的平民理想，使墨辩逻辑形式化，将科学技术转化为生产力等。在古代近两千年的历史进程中，墨学虽有过几次再现，但都没有得到充分发展的机会。

墨家和儒、道、名、法诸家产生、形成和发展于同一社会大环境之下，面临同样的时代大课题，彼此之间的相互吸取、相互影响与相互辩难一样，是必然和自然的。因此，被后世斥为异端的墨学，事实上既与诸家思想不无相互契合之处，异中有同，又对战国时期诸家学说的发展有所影响。

3. 墨学对儒家的影响

（1）孟子对墨子思想的吸收与改造

从孔子到孟子儒家思想的演变过程中，墨子思想是不可或缺的一环，有人说孟子是孔、墨两家思想的继承者，此说虽尚未成为共识，却言之成理，考之有据。墨子对孟子的影响主要表现在政治思想方面，孟子的“仁政”学说和民本主义是孔、墨政治学说的结合体。

孔子在政治上主张“德政”。“德政”是西周“敬德保民”

思想的继承，其蓝本是周礼，目标是“复礼”，即恢复西周那种井然有序的社会等级秩序。孔子认为维持社会秩序稳定的根本途径是思想统一，将外在的维系既定秩序的行为规范内化为人们的自觉自愿，实现“礼”和“仁”的统一。所以，他认为为政之道要在“为仁”，通过在上位者“道之以德，齐之以礼”（《论语·为政》），使“天下归仁”（《论语·颜渊》）。

在孔子的政治学说中，也讲到“节用而爱人”（《论语·学而》）之类的话，但却没有提出民本观念。他关注的是在旧的社会结构中，如何“道千乘之国”（同上），如何恢复和巩固旧的社会秩序。他的立场总体上仍是贵族政治，其志趣在于继承、阐发和弘扬周公的思想和夙愿。孟子的民本思想和重新统一天下的理想，在《论语》中都没有，这些思想观念渊源于墨子，是对墨子思想的吸纳与改造。

孔子只是站在贵族的立场上，为了贵族统治的稳固而主张“德政”，反映的是开明的贵族意识，提出的是较为明智的统治方略。墨子则站在为天下兴公利、除公害的立场上，为了社会的进步和发展而主张“兼爱”“尚贤”，反映的是平民意识，提出的是以客观、公正、平等为原则的管理方法。墨子的社会理想是消除原有的等级结构，建立以平等竞争为起点的新秩序。这些观念既符合尚未夺取政权成为新贵族的地主阶级的思想和利益，为他们参与社会竞争，夺取政权，打破旧体制，建立新秩序，提供了理论根据，又可使他们赢得平民的拥护和支持。

孟子是新兴地主阶级的代表，孟子之时，新兴地主阶级已在一定范围内、一定程度上掌握统治权，因此具有二重性：既要效法贵族统治，又要进一步夺取旧贵族的政权；既要压制平民的进取和觉悟，又要利用他们的认同与合作。正是这种二重性使孟子思想成为孔、墨的结合体，也正是这种二重性使秦汉新的社会秩序没能彻底摆脱旧的宗法结构，战国大变革没能彻底地成为平民对贵族的革命，而是新贵族对旧贵族的夺权，这也是墨学中绝的原因之一。

墨子对孟子的思想影响具体表现为以下几点：

首先，孟子的仁政不像孔子的德政那样只着眼于政治道德，而是着重经济，特别是“制民之产”与“轻徭薄赋”，这种注重经济政策和利益的观念是墨子重民利思想的继承。如墨子最关注“饥者不得食，寒者不得衣，劳者不得息”的问题，孟子推行仁政的目的是要“使民养生丧死无憾”，“仰足以事父母，俯足以畜妻子，乐岁终身饱，凶年免于死亡”，都把百姓基本物质生活条件的满足放在第一位。

其次，孟子和墨子一样反对兼并战争，但不一概地反战。孟子认为只有“不嗜杀人者”才能统一天下，又认为发政施仁之国可以征讨不得民心之国，他说：

王如施仁政于民，省刑罚，薄税敛，深耕易耨。壮者以暇日修其孝悌忠信，入以事其父兄，出以事其长上，可使制梃以挞秦楚之坚甲利兵矣。彼夺其民时，使不得耕耨以养其父母，父母冻饿，兄弟妻子离散。彼陷溺其民，王往而征之，夫谁与王敌？（《孟子·梁惠王上》）

孟子支持的这种战争正是墨子所说的“诛”，有人问他“汤放桀，武王伐纣”之事，他说：“闻诛一夫纣也，未闻弑君也。”（《孟子·梁惠王下》）有人问墨子：“昔者禹征有苗，汤伐桀，武王伐纣，此皆立为圣王，是何故也？”墨子说：“子未察吾言之类，未明其故者也。彼非所谓攻，所谓诛也。”

墨子区别攻与诛的标准有二：一是是否合乎“天志”。禹、汤、武王所发动的战争，都有种种迹象表明是“天志”，并得到鬼神之助，此为“诛”。战国之时诸侯国间的兼并战争则无天志神意授命，故为“攻”。二是是否“亏人自利”。

禹既已克有三苗，焉磨为山川，别物上下，卿制大极，而神民不违，天下乃静。……祀纣先王，通维四夷，而天下莫不宾。（《墨子·非攻下》）

被征战之国民不受害，反受其利。而战国之攻则

> 芟刈其禾稼，斩其树木，堕其城郭，以湮其沟池，攘杀其牲牷，燔溃其祖庙，劲杀其万民，覆其老弱，迁其重器。(《墨子·非攻下》)

总之，攻者“上不中天之利”，“中不中鬼之利”，“下不中人之利”；前者为“诛”，后者为“攻”。

孟子区分两种战争的标准主要是是否合乎敌国国民的利益。如齐宣王问伐燕之事，孟子说：

> 取之而燕民悦，则取之。古之人有行之者，武王是也。取之而燕民不悦，则勿取。古之人有行之者，文王是也。以万乘之国伐万乘之国，箪食壶浆，以迎王师。岂有他哉？避水火也。如水益深，如火益热，亦运而已矣。
>
> 若杀其父兄，系累其子弟，毁其宗庙，迁其重器，如之何其可也？天下固畏齐之强也，今又倍地而不行仁政，是动天下之兵也。(《孟子·梁惠王下》)

孟子之时，社会盛行的信念是强力与霸权，孟子极力推行王道仁政，反对“以力服人”的兼并战争，支持救亡继绝的仁义之师，赞成诛伐有罪之君，反对掠夺无辜之民，是墨子“非攻”思想的继承。但孟子撇开了“天命”“天殃”的说法，只重民利，比墨子进步。

再次，孟子的民本思想受到墨子民本观念的影响。

墨子主张“选择天下之贤可者”，立为天子、三公、诸侯国君和正长，消除“一人一义”之乱，使天下人皆“上同而不下比”。“上之所赏而下之所誉也”，“上之所罚而百姓所毁也”，“天下之百姓皆上同于天子”，(《墨子·尚同上》)天子则上同于“天志”。而

> “天之意，不欲大国之攻小国也，大家之乱小家也，强之暴寡，诈之谋愚，贵之傲贱，此天之所不欲也。不止此而已，欲人之有力相营，有道相教，有财相分也；又欲上之强听治也，下之强从事也。”……则刑政治，万民和，国家富，财用足，百姓皆得暖衣饱食，便宁无忧。是故子墨子曰：今天下之君子，中实将欲遵道利民，本察仁义之本，天之意不可不慎也。(《墨子·天志中》)

墨子之“天志”，即民意之体现者和民利之保护者，上同于“天志”实质是下同于民。兴民利、除民害是墨子所谓“贤可者”唯一的标准，亦即选择天子、三公、诸侯国君和正长的唯一标准。他显然否定了传统的宗法世袭制和孔子所主张的亲亲、尊尊而后才贤贤的体制，将民利神圣化为“天志”，上升为至高无上、独一无二的评价和选择统治者与管理者的尺度。只是没能明确由谁“选择”，

按什么程序来“选择”。所以，墨子的“民本”只是停留在观念的胚胎状态且披着宗教迷信的外衣。

孟子提出“民为贵，社稷次之，君为轻”（《孟子 · 尽心下》）的响亮口号，也主张能否得民心、兴民利是能否得天下的根据。如他说：

> 桀纣之失天下也，失其民也；失其民者，失其心也。得天下有道：得其民，斯得天下矣；得其民有道：得其心，斯得民矣；得其心有道：所欲与之聚之，所恶勿施尔也。（《孟子 • 离娄上》）

可见，孟子也不认为传统的宗法世袭制是天经地义的，能否得天下最后的根据不是出身高下，而是是否得到民众的拥护，这表明孟子比孔子更深刻地认识到民众的力量不容忽视。这无疑是源于墨家学说和墨者社会活动的深刻影响。

然而，孟子对墨子思想的继承与后期墨家不同，不是为了弘扬与发展墨学，而是因为墨学的真理性和客观情势不得不吸取和利用。他吸取的标准是“为我所用”，而不是其中的本义，因而他的继承是经过改造的。最根本的区别是：在墨子思想中，“民利”是全部学说的宗旨，是其最根本的立足点和最后的归宿点，是终极目的。在孟子思想中，仁政、反对兼并战争和民本主义思想中所强调的民利、民心，都只有工具价值，没有目标价值，仁政的根本目的在于保障君国的财赋收入和兵役徭役的人力资源；反对掠夺他国的目的在于避免“动天下之兵”，遭受被侵略国家同样的命运；强调民贵君轻，是因为失其民则失天下。所以，孟子没有继承墨子的基本立场，而是吸取了墨子的一些思想观念，并改造成维护新的贵族统治的理论工具。

最后，孟子与墨子的义利观看似相反，其实也有一定的继承性。如：

> 今若国之与国之相攻，家之与家之相篡，人之与人之相贼；君臣不惠忠，父子不慈孝，兄弟不和调。此则天下之害也……凡天下祸篡怨恨其所以起者，以不相爱生也。是以仁者非之。（《墨子·兼爱中》）
>
> 王曰：“叟，不远千里而来，亦将有以利吾国乎？”孟子对曰：“王何必曰利？亦有仁义而已矣。王曰‘何以利吾国’？大夫曰‘何以利吾家’？士庶人曰‘何以利吾身’？上下交征利而国危矣。……苟为后义而先利，不夺不厌。未有仁而遗其亲者也，未有义而后其君者也。”（《孟子·梁惠王上》）

这两段话的观点很接近，只是用语不同。孟子所说的“利”，即墨子所谓的“交相别”；“交征利”，即“不相爱”“交相恶”；“仁义”，即“相爱”“利他”。孟子劝梁惠王“何必曰利”，其理由是言利的结果不利，不言利讲仁义才能有利。孟子所说的“利”与“仁义”的关系其实是私利与公利、小利与大利、近利与远利之间的关系。他并非不求利，而是求公利、大利与远利。在这一点上与墨子兴公利、除公害相近，只是标准不同。而且孟子在逻辑论证方面远逊于墨子，在他的文章中，没有严格界定义利范畴，也没有厘清义利关系。

另外，孟子虽然反对墨子的“兼爱”说，却和墨子一样强调利他与利己以及损人与害己的因果性。如：

> 夫爱人者人必从而爱之，利人者人必从而利之，恶人者人必从而恶之，害人者人必从而害之。（《墨子·兼爱中》）
>
> 君之视臣如手足，则臣视君如腹心；君之视臣如犬马，则臣视君如国人；君之视臣如土芥，则臣视君如寇仇。（《孟子·离娄下》）
>
> 邹与鲁哄。穆公问曰：“吾有司死者三十三人，而民莫之死也。诛之，则不可胜诛；不诛，则疾视其长上之死而不救，如之何则可也？”孟子对曰：“凶年饥岁，君之民老弱转乎沟壑，壮者散而之四方者，几千人矣；而君之仓廪实，府库充，有司莫以告，是上慢而残下也。曾子曰：‘戒之戒之！出乎尔者，反

平尔者也。'夫民今而后得反之也。君无尤焉！君行仁政，斯民亲其上、死其长矣。"(《孟子·梁惠王下》)

可见，孟子之仁政与墨子之兼爱、交利并非水火不容，行仁政的理由和兼爱、交利的道理、逻辑都一样。区别仍在于立足点不同。孟子仁政利在君国、在长上，墨子兼爱则利在平民；孟子的视线是自上而下的，墨子的眼光则是平视的。

总之，墨子思想的影响使孟子比孔子更深刻、更强烈地认识到平民的地位、利益和作用，及其与君国统治者利益的相关性。因此，孟子将墨子重民利的思想改造承继下来，作为新贵族建立和巩固其统治与权益的理论工具。从此，墨子重民利的思想一直作为儒家王道仁政和民本主义的内在组成部分，以扭曲的面目传承千古。历代明君贤相均津津乐道孟子之仁义、仁政与爱利民的思想，视之为儒家嫡传正统，实乃数典忘祖，不知其真正的源头乃是墨学——被他们所排斥的异端。如同李斯对韩非，杀其人用其学一样，孟子一面拒杨墨，一面则把其学说吸收到自己的体系中，改头换面而用之。这种现象在古今中外都不罕见。它提醒人们牢记孟子"尽信书不如无书"的教导，不可被"写的历史"蒙蔽，往往要拨开云雾才能见青天。

张书印先生在《先秦儒墨义利观的共同点及其借鉴》

一文中将儒、墨义利观的共性归结为以下三点：①儒、墨均以利释义；②儒、墨所说的利，均指个人的私利；③儒、墨所说的义，都指与私利相对的阶级的公利。儒、墨所讲的义有四个共同特点：利群性，利他性，利大性和舍己性。此说不无道理。但就具体内涵而言，儒、墨义利观仍有重道德伦理与重物质经济利益的区别。儒家义的根本标准是道德伦理，墨家义的根本标准则是物质经济利益。但孟子在一定程度上吸取了墨家将道德建立在物质经济利益基础上的思路。

（2）荀子对墨学的吸取

荀子吸取的墨学因素更多，荀子作为百家争鸣的总结者，对诸子百家兼收并蓄，其中也包括墨子和后期墨家。在荀子的政治伦理学、科学、哲学和逻辑学等思想中都可以发现墨学的影子。

荀子被后世儒家斥为别派，正统思想文化在尊儒抑墨的同时扬孟抑荀。荀学和墨学在历史上遭遇了相似的命运，在近代又一起复兴，成为反封建官方意识形态的传统正统孔、孟儒学并嫁接西学的契机和土壤。相似的历程根源于相近的特质。他们在哲学上均站在朴素唯物主义的立场上，与正统儒学的唯心主义立场相对立；在政治伦理学上均重民利，主张义利统一，与正统儒学义利两分、重义轻利的价值观相反；在人才观上重知性、智能，在认识内容上求真求是与求善并重，与正统儒家重德性，以“止于至善”为认识目标不同；在逻辑方法上重分析，与正统儒家重综合的思维方式有别；在天人关系上重人为，尚人力，积极进取，力主创新，与正统儒家以先天尺度为准绳，以崇古内向的天性复归为目标，将人为局限于道德自觉与践行的天人合一观异趣。

首先，在哲学立场上，墨子思想中虽包含着天志、明鬼等唯心主义因素，但总体倾向是唯物的，胡适称之为“宗教的墨学”并不贴切。后期墨家更是彻底扬弃了墨子思想中的唯心主义杂质，弘扬了其唯物主义的根本立场，并使之建立在当时最先进的科学的基础之上，对当时常用的许多概念都作了科学的唯物的界定，如时间、空间、物质等。特别是在认识论上，后期墨家不仅继承了墨子经验论的唯物主义立场，而且克服了墨子思想中经验与理性相脱节的不足，发展了朴素辩证的唯物主义反映论。荀子是先秦朴素唯物主义和朴素辩证法相统一思想的集大成者。从原始的朴素实在论到西周末年的疑天思潮、辩证思想再到墨子的经验论、后期墨家的朴素辩证唯物的物质观、时空观和反映论，都是荀子思想的理论来源。特别是后期墨家为荀子的集大成创造了条件，对荀子有直接的影响。同时墨学的许多精华也通过荀子的继承和发展以及荀子通俗的语言和文风得以为后人更好地认识与继承（虽然是有实无名的）。

比如在名实观上，荀子继承了墨家“实”是第一性的、“名”是第二性的这一唯物的哲学立场。墨子认为，盲人之所以为盲人，不在于他不知道黑白之名，而在于不能辨黑白之实。他说：

故我曰瞽不知黑白者，非以其名也，以其取也。

同样的道理：

故我曰“天下之君子不知仁者”，非以其名也，亦以其取也。（《墨子·贵义》）

强调实对名的决定意义。后期墨家更明确地主张：以名举实。

举，拟实也。（《墨子·经上》）

举，告以文名，举彼实也。（《墨子·经说上》）

揭示了名与实之间反映与被反映的关系。荀子“制名以指实”的名实观与此一脉相承。

在认识论上，后期墨家提出四个认识要件：

知，材也。

虑，求也。

知，接也。

恕，明也。(《墨子·经上》)

“知材”是指人的认识能力，如耳之聪，目之明；“虑求”是指人的主观能动性，如求知意识和求索行为；“知接”指人的官能与外物接触，即感性认识；“恕明”指人的心智对事物的辨析，形成深切著明的规律性认识，即理性认识。荀子也说：

形具而神生……耳目鼻口形，能各有接而不相能也，夫是之谓天官；心居中虚，以治五官，夫是之谓天君。(《荀子·天论》)

荀子把认识分为相互联系的两个阶段，即“天官簿类”和“心有征知”，前者即感性认识，后者即理性认识。既认识到感官与外物接触是一切知识的源泉，又认识到感性认识的局限性，强调心知的辨析能力。后期墨家把知识按其来源分为“闻、说、亲”三类，“闻知”是指间接知识，“说知”是由已知推到未知的知识，“亲知”是从直接经验中获得的知识。知识的三个来源是对某个人的知识而言的，从根本上来说，知识的唯一来源是“亲知”，即直接经验。后期墨家还按内容把知识分为四类——“名、实、合、为”(《墨子·经上》)，《墨子·经说上》释曰：

所以谓，名也；所谓，实也；名实耦，合也；志行，为也。

“名知”是关于名即概念的知识,或由概念而得的知识;“实知”是关于实际事物的知识，或由事物而获得的知识。“名知”只知其名,不知其实;“实知”只知其实,不知其名。既知其名，又知其实，把名和实统一起来的知识就是“合知”，即由名与实的结合而得的“知识”。“为知”是志向目标与行动相结合而得的知识。后期墨家认为“为知”是知的最后环节，即知的完成，也是知的根本目的。荀子同样指出：

不闻不若闻之，闻之不若见之，见之不若知之，知之不若行之。学至于行之而止矣。(《荀子·儒效》)

他也把知识分为闻、见、知、行几种类型，并强调“学至于行之而止”，只有“行”才能“明”，即获得真知。

在认识论上，荀子和墨家都既认识到认识内容的客观性，又强调了人的主观能动性以及行对知的检验作用，注重行为效果。在天人关系论上也存在着同样的观点。墨子在肯定天志、鬼神存在的同时，极力主张“尚力”“非命”，认为人的主观努力即“强力从事”可以改变自己和社会的状况，个人和社会的命运都不是天命在冥冥中注定的，而是由人的行为决定的。所谓：

强必治，不强必乱；强必宁，不强必危。

强必贵，不强必贱；强必荣，不强必辱。

强必富，不强必贫；强必饱，不强必饥。（《墨子•非命下》）

呼吁人们积极进取，不可消极待命。荀子也坚信人力在天道面前大有作为。他一面讲“天道自然”“天行有常”，天是自然而然的，无目的，无意识，天的运行有其恒常的规律，强调天道的客观性；一面奉劝人们努力学习，掌握各种事物的知识以便加以利用为人类服务，号召人们“善假于物”“制天命而用之”，并肯定人有天不能替代的能力和作为。他说：

天有其时，地有其财，人有其治，夫是之谓能参。

天行有常，不为尧存，不为桀亡。应之以治则吉，应之以乱则凶。强本而节用，则天不能贫；养备而动时，则天不能病；修道而不贰，则天不能祸。……本荒而用侈，则天不能使之富；养略而动罕，则天不能使之全；倍道而妄行，则天不能使之吉。……受时与治世同，而殃祸与治世异，不可以怨天，其道然也。（《荀子•天论》）

这里所说的“道”即人道、人的行为。人的吉凶祸福，社会的治乱兴亡都取决于人自己的行为，不是天有意安排的。天有其客观规律，不以人的意志为转移，在规律面前，人人平等，社会人生的治乱祸福是由人道决定的。

其次，在政治伦理观上，墨子以民利为政治伦理的根本目标，主张一切为“兴天下之利，除天下之害”服务，认为国家的政治伦理首先要解决“饥者不得食，寒者不得衣，劳者不得息”这三大民患。后期墨家明确指出“义，利也”，以民利为公义、正义的标准。荀子虽然和墨子的阶级立场有所不同，荀子是站在新兴统治阶级的立场上立言的，其目的是为即将建立起来的新的统一秩序的建构与巩固出谋划策，与墨家的平民立场不同。但墨家所代表的平民不仅是新兴当权者曾经的战友，一同反对过旧贵族的特权，而且是新秩序的基础和有机组成部分，对新秩序的建立与巩固起着举足轻重的作用。对此，荀子比孔子、孟子都有更清醒、更明智的认识与见解，这集中体现在他的礼论和义利观中。

虽然荀子说儒者“一之于礼义”，墨者“一之于情性”，儒者“两得之”，墨者“两丧之”（“两”指礼义和情性），表明他是站在儒家基本立场上立言的，但他的礼论却与孔、孟的观点有所不同。

其一，孔子所讲的“礼”是维护旧的贵族统治秩序的，只允许形式上的细节的改良，实质则完全是西周制度的翻版。荀子所推崇的“礼”则是为新兴当权者所要建立的新秩序服务的，虽然由于社会变革的不彻底，新秩序之中仍存留着不少旧的因素，荀子的礼名义上也以周礼为依归，但随着社会性质的变化，作为社会秩序代名词的礼的本质也相应地发生了变化。

其二，孔、孟均从人的先天心性中寻找礼的依据，孔子的仁、孟子的性善，都是人的先天心理属性。他们以人的心理属性论证礼的内在性，证明礼与人的内在属性是一致的，礼是内在属性的外在表现；同时以先天性论证礼的神圣性、权威性和仁礼统一的本然性。既然礼与人先天的心理属性是一致的，那么孔子的“克己复礼”，孟子的王道仁政、养心寡欲等就都不违反人的本性，而是复归仁礼统一的先天本性的途径和方法。这样，孔、孟的基本理路就是依靠人的心性自觉与道德践履来维护社会秩序，礼源于先天心性，后天人为则是礼所要约束的对象，因此，孔子所克的“己”是后天的人为，孟子所寡的“欲”是后天的物欲。

荀子的思路则相反，他认为人的本性不是心理的，而是生理的。孔、孟所依凭的仁、善的心性，荀子恰恰认为是后天的人为，他称之为“伪”；孔、孟所要克制的“己”“欲”，荀子则认为是人先天固有的本性，称之为“性”。礼非但不是先天本性的表现，反而是“伪”对“性”进行改造的产物。礼的作用机制也不是心性的自觉与践履，或者说先天天人合一的复归，而是“明分使群”，通过物质利益的合理分配调节社会关系的相对平衡。荀子的礼义制度不是建立在先天心性这一虚幻的基础上，而是建立在现实的物质关系之上。在《荀子·礼论》中，他开宗明义就指出了这一点。他说：

> 礼起于何也？曰：人生而有欲，欲而不得则不能无求，求而无度量分界则不能不争。争则乱，乱则穷。先王恶其乱也，故制礼义以分之，以养人之欲，给人之求。使欲必不穷乎物，物必不屈于欲。两者相持而长，是礼之所起也。

这段话的含义非常丰富，至少包括以下几点与孔、孟不同的认识：①礼起源于人的物质欲求，而不是道德心性；②礼的作用是“养欲”“给求”，而不是“克己”“养心”；③礼的目标是使物和欲“相持而长”，而不是“寡欲”。亦即礼不仅要维护社会秩序的稳定，而且要推动社会的发展。礼的根本功能在于调节物与欲的矛盾，使二者相互促进、良性互动以推动社会物质总量的提高，避免二者相互制约、恶性争夺而破坏社会秩序，阻碍社会财富的增长。

这些观点表明，荀子和墨子一样充分认识到人的物质欲求的正当性与必要性，并把满足人们的物质欲求作为社会、国家的根本任务。荀子虽然站在统治者的立场上，强调礼对物质利益的分配是以社会等级差别为依据的，所谓

“礼者，养也。君子既得其养，又好其别”（《荀子·礼论》）。但这种“别”是建立在“得其养”的基础之上的。换句话说，荀子认为，礼有两重作用，首先是保障全社会基本生存欲求的满足，其次才是彰显社会等级差别。其中前者与墨子兴民利的观点是一致的。

荀子把社会物质利益分配的标准称为“义”，也与墨家义利统一观相一致。荀子所讲的“义以分”的标准可归结为三：①“养人之欲”，即满足全社会的基本生产生活需要；②明“度量分界”，即按等级标准确定不同的量以明贵贱之别；③使物与欲“相持而长”，即物质利益的分配要以能促进社会物质总量的增长和人的欲求的提高为准则。其中①③两条都是“利”。

再次，孔、孟、荀都注意理想人格的培养，但理想人格的标准则有所不同，荀子的理想人格观带有一定的墨学色彩。

孔子以仁智统一为“成人”的品质，但他的“智”主要是对“仁”的自觉和对礼的认知，这从他以“文、行、忠、信”四教为教育弟子的主要内容中可以看出。孟子的理想人格以“浩然之气”为根本品质，他所谓的“浩然之气”是以道德立场的坚定性为主要内涵的人格品质。荀子心目中的理想人格称为“大儒”，其特质有：

志安公，行安修，知通统类。

法先王，统礼义，一制度，以浅持博，以古持今，以一持万。苟仁义之类也，虽在鸟兽之中，若别白黑。倚物怪变，所未尝闻也，所未尝见也，卒然起一方，则举统类而应之，无所儗㤰；张法而度之，则晻然若合符节。（《荀子·儒效》）

“大儒”在孔、孟的道德品质之外突出了知能品质，即“知通统类”的知识和应事处变的多方面能力。这与墨家注重“察类明故”的知识论和科学知识及各种实用技术技能的科学精神是相通的。虽然荀子不像墨家那样看重生产经验和具体应用技能，但他对“通乎财万物、养百姓之经纪”（《荀子·儒效》）的知性才能的推重却隐含着对墨家科学技术知识和技能的包容与肯定。

最后，荀子在逻辑学和思维方法方面也受到墨家的影响。荀子和孔子一样，都主张“正名”，但孔子的“正名”是政治伦理学意义上的“正名分”，荀子则是在逻辑学和认识论意义上讨论名实关系，这一转变无疑受到名辩思潮的影响，特别是作为名辩思想集大成者的后期墨家的影响。如关于名辩的作用，后期墨家说：

夫辩者，将以明是非之分，审治乱之纪，明同异之处，察名实之理，处利害，决嫌疑。（《墨

子·小取》)

荀子也说：

制名以指实，上以明贵贱，下以辨同异。(《荀子·正名》)

在孔子“明贵贱”的作用之外吸取了墨家“辨同异”的逻辑学和认识论意义上的功能。关于认识真理性的检验，墨家和荀子是先秦提出和深入探讨这一问题的代表。墨子明确提出“三表法”，以经验和实践效果作为检验言论真理性的标准；同时，墨子和后期墨家特别注意言论的逻辑论证，无论是论证自己的观点还是驳斥对方的论点，都以“类”“故”“理”为根据。荀子同样既强调检验认识真理性的事实标准，又重视逻辑证明。他将事实标准称为“符验”，逻辑证明叫作“辨合”。他说：

凡论者，贵其有辨合、有符验。故坐而言之，起而可设，张而可施行。(《荀子·性恶》)

“符验”要求言论能付诸实施并转化为实践结果；“辨合”则要求言论符合“类”“故”“理”，即以客观事物的同异关系为根据对事物的属性进行分析和综合。墨子要求“察类明故”，后期墨家认为认识和辩论要“察名实之理”，“以名举实，以辞抒意，以说出故。以类取，以类予”。

荀子也说：

> 辨异而不过，推类而不悖；听则合文，辨则尽故；以正道而辨奸，犹引绳以持曲直；是故邪说不能乱，百家无所窜。（《荀子·正名》）

在认识和思维方法上，孔、孟注意综合，缺乏分析意识，墨家首先将分析与综合联系起来。荀子继承和发展了墨家分析与综合相结合的逻辑思维方法，并和后期墨家一样站在唯物主义的基本立场上，运用这些方法对诸子百家进行了批判性的总结。

关于形式逻辑的基本规律，荀子也有与墨家相似的表述。如关于同一律，《墨子·经说下》说：

> 彼，正名者彼此，彼此可：彼彼止于彼，此此止于此。彼此不可：彼且此也，彼此亦可，彼此止于彼此。

意即：“彼”之名必须专指彼之实，“此”之名必须专指此之实。如果“彼”名不同于“此”名，却以“彼”名为“此”名则不可。如果“彼”名与“此”名为同义词，以“彼”名为“此”名则可。荀子也说“同则同之，异则异之”（《荀子·正名》），即同实必须同名，异实必须异名，又说：“是是、非非谓之知……是谓是、非谓非曰

直。”（《荀子·修身》）

4. 墨学与道家

以老庄为代表的道家，作为儒家的另一个对立面，虽然其看问题的视角和立场也与墨家不同，却也不乏与墨学殊途同归、相互契合之处，尤其是晚于墨子的庄子和稷下道家，都在不同程度上受到墨学的影响。

其一，道与义的相通与相异。

庄子继承和发展了老子“道”的学说。老庄所讲的“道”是宇宙万物的本原和生成演变的根本规律，“道”无形、无名，“无为而无不为”，是宇宙万物的根源，但不是主宰者，不是人格神。老庄均讲“天道”，但“天道”没有宗教意味，“天”在道家思想中代表客观性、自然性，与儒家“天命”、墨子“天志”中的“天”不同，后者代表神圣性、权威性、至高无上性。老庄认为“道”贯穿于宇宙万物之中，具体体现为“德”。老庄用客观内在于事物本性中的“道德”反对流行的仁、义、礼、智等社会规范。看起来，老庄反对一切文明，包括物质的和精神的。实际上，老庄真正反对的是一切文明的虚文与流弊，因为他们看到的是种种有名无实，甚至是以其名去其实的现象，认识到名与实之间的巨大反差。他们认为只有除去虚文才能复归质实，因此力主返璞归真。

老庄的“天道”与墨子的“天志”虽有非宗教与宗教的区别，但其落实到社会领域中的实质内涵则颇相契合。

首先，尚质求实求真是他们共同的志趣。老子主张人应效法天道，“去甚，去奢，去泰”（《老子·二十九章》），“见素抱朴”（《老子·十九章》）；庄子劝人“使天下无失其朴”（《庄子·天运》）；墨子“背周道而用夏政”，就是去周道之繁文取夏政之质朴。老庄认为时人所谓仁义，有其名无其实，因而主张复归道德之实。墨子也认为当时的所谓“君子”“不知仁”，并说：“故我曰‘天下之君子不知仁者’，非以其名也，亦以其取也。”不是说“天下之君子”不知“仁”的概念，而是说他们不知道什么样的行为才是仁，即知其名不知其实。所以他们所说的“仁”只是虚文。老庄和墨子追求的都是质朴、真实、自然。

其次，老子的“天道”落实到社会中是“无为而治”的“君南面之术”，和孔、孟一样，是为统治者获取和巩固其统治权势服务的，没能否定社会等级秩序的合理性。墨子的“天志”落实到社会中成为人们社会行为的最高标准——义。墨子所讲的“义”，明确否定了传统的宗法等级秩序，但没有冲破“官贵民贱”的传统价值观，他的“义”或“天志”只是要争取平民提升为官的平等权利和机会，因此他主张“尚贤”“尚同”，无论人们的出身与贫富，“有能则举之，无能则下之”。庄子更进一步，他不仅否定了传统的宗法等级秩序，而且否定了“官贵民贱”的传统价值观，力主人格的独立、平等和自由。

人格乃至万物的平等，内在地蕴含于老子道德观念中，因为万物之德皆是道的体现，万物均有其内在固有的生化规律与过程，在这个意义上万物平等。老子没有明确揭示这一点，庄子则特别强调“道通为一”“万物玄同”的平等性，这中间即使不是直接受到墨子平等观的影响，也间接地受到当时影响极大的这一平民思潮的启发。对“道”的平等义的揭示，即对宇宙中客观存在的平等关系的认识，在老子与庄子之间，墨子尚贤的平等观是合乎逻辑的一环。但他们指出这种平等关系的用意不同：墨子的目的在于为平民争取提升的平等权利；庄子的用意则在于消除人们的争竞之心，安时处顺。因为无论境况如何，从道的立场看，并无价值等级之别。所谓“天均”“天倪”“两行”“齐万物”“齐是非”等，都无非是讲竞争既无益又无取胜的可能。在墨子思想中，平等是积极进取的起点，不是终点，终点的结果事实上是不平等的；在庄子看来，平等既是起点又是终点，不平等只是虚幻的过程，因为一切源于道，又归于道，争名逐利毫无意义。庄子把墨子的平等观运用到养生之道中，淡化了其社会政治意义，对政治采取消极回避的态度，与墨子本意相悖。墨子追求的是现实的社会政治上的平等，不是抽象人格和生命价值的平等。

其二,老庄的“无为”与墨子的有为,异名之中有同实。

老庄“无为”的基本含义是顺其自然，不要人为主观地干预事物生化发展的过程，具体到社会中，就是要求统治者“去私”“寡欲”，不要从自己的主观欲望出发，增加百姓的负担，破坏百姓正常的生产生活。因为任何事物的属性与规律都源于道德，是内在客观的，不以任何人的主观意志为转移，所以，只有遵循客观规律，使事物按其内在本性和规律生化发展，才能各得其所，从而“无为而无不为”。

墨子“尚力”有为，反对儒家“天命”，肯定了人的作为及其积极意义,与老庄反对人为、崇尚自然,看似相反,实乃相通。墨子“尚力”并非主张一切取决于强力，而是强调人必须劳动，积极从事社会实践活动。墨子崇尚的劳动不是主观任意的妄为，而是以“察类明故”的正确认识为指导的社会实践，正是要人们认识客观规律，按规律行事,“尚力”“非命”的着眼点是社会公利，只有积极进取,努力劳动，不消极听凭命运的安排，才能创造财富，改善生活。

老庄和墨子都认为大公无私是客观规律的内在要求。老子反复强调“以其无私”才能“成其私”，庄子认为任何私都是一偏，只有无私才能求全。墨子则指出，只有处处利人，人才会利己。公私相济，公与私的辩证统一是他们的共识，也是他们各自不同理论的共同逻辑根据。他们对公私关系的具体运用则有不同。老子要统治者运用公私相济的原理假公以济其私，成就帝王之业；墨子想用公私统一的道理引导人们努力兴公利、除公害。后期墨家用“兼”与“体”的辩证关系将公私作为一个系统来认识，揭示了私是公的有机组成部分，“体”是“兼”的要素，将墨家勇于自我牺牲、大公无私的精神升华为科学辩证的系统整体意识，“公”从老子统治术中的手段上升为将私蕴含于其中的目标价值。庄子从另一个方向阐发了老子和墨子的公私统一观，强调了“私”作为“公”中要素的个性意义，主张个性的自在与自由，通过各尽其性实现“道通为一”，突出了统一体的多样性一面。

从老子、墨子到后期墨家和庄子，对公私关系这一客观规律的揭示也是合乎逻辑地不断展开与深入的认识过程。

其三，庄子的相对主义是墨子“兼以易别”的观念的变体。

墨子认为“别”是天下之大害，“兼”则生天下之大利。“别”使人与人、家与家、国与国相互残杀侵夺，“兼”则使彼此相爱互利。所谓“别”即以自我为中心，着眼人我彼此之间的区别和对立；“兼”则着眼于人我彼此之间的同一性，平等对待。“兼以易别”就是要以“兼相爱”“交相利”取代“交相别”“交相恶”。墨子没有从理论上界定“兼”与“别”的范畴，他强调的是“兼以易别”的实际利益。后期墨家将“兼”与“体”相对而言，认为“体，分于兼也”（《墨子·经上》）。梁启超说：

> 兼，指总体；体，指部分。部分由总体分出，故曰：“体分于兼。”几何公理谓：“全量大于其分”，“全量等于各分之和”。即其义也。（《墨经校释》）

墨子所说的“别”即后期墨家所说的“体”，与“兼”是部分与整体的关系，亦即“私”与“公”的关系。张纯一、张之锐皆认为墨子讲“兼”，讲的是万物一本、一原之义，与老子道生万物之义同。其实，墨子并未对“兼”与“别”作本体论或本原论上的论证，在墨子学说中，人与人之间在起点上应该是平等的，这个观点似乎是不证自明的公理或原则。他只是由此向前论证遵循这一公理的好处，没有向后追寻这一公理成立的根据。因此，墨子“兼以易别”的基本观点可以归结为：不论人我彼此之间有无差别，着眼于差别的观念和行为对人类社会都是有害的，只有不计较彼此的差别，平等地对待彼此，才能相爱互利，“兴天下之利，除天下之害”。至于如何实现差别的统一，他却没有深究。综观《墨子》全书，可以看出，墨子并未否定事物之间差别的存在，“兼爱”无差等，也并非如孟子所说的“无父”，相反，他“兼以易别”正是要以父子慈孝、君臣惠忠、兄弟和睦取代父子不慈孝、君臣不惠忠、兄弟不和睦。“兼”强调的不是无差别，而是要表明差别的相对性，消除彼此截然对立的差等，揭示人与人、家与家、国与国等互相分别的事物彼此相属、相关，构成一个整体总量的统一关系。因彼此相属相关而互为因果、互为前提，利他才能利己，损人反而害己。

庄子的相对主义源于老子道生万物的一元本体论和墨子对差别相对性的认识。他将一原一体的平等起源与差别的相对性相结合，夸大差别的相对性，将平等等同于同一，认为一切差别都源于主观“成心”偏见，不符合事物道体的客观实际。另外，墨子“兼爱”只是对人而言的，庄子则不仅要“齐人”，进而要“齐物”，认为在“道”的立场上看，万物齐一玄同。

在墨子和后期墨家的思想中，差别相对性的认识基本上属于辩证法的范畴，到庄子思想体系中则走向了极端，滑向了形而上学的相对主义。不幸的是承继这一错误道路的后来者还不少，同时代的惠施、后来的佛学等都是同路人。墨学中“兼以易别”的平等观、统一观的本义、精义没有得到发扬光大，被庄子歪曲改造的变体——相对主义则影响深远。

其四,庄子吸取并进一步论证了墨子的“非乐”“节葬”

主张。墨子“非乐”“节葬”是以“节用”为原则，以“不中利”为根据的。

是故子墨子之所以非乐者，非以大钟、鸣鼓、琴瑟、竽笙之声，以为不乐也；非以刻镂华文章之色，以为不美也……然上考之，不中圣王之事；下度之，不中万民之利。是故子墨子曰：“为乐，非也！”（《墨子·非乐上》）

庄子则进一步认为：

静而圣，动而王，无为也而尊，朴素而天下莫能与之争美。夫明白于天地之德者，此之谓大本大宗，与天和者也；所以均调天下，与人和者也。与人和者，谓之人乐；与天和者，谓之天乐。（《庄子·天道》）

意即：人为的礼乐等不仅是一种人力物力的浪费，而且是对天德、天和的破坏，违背天道与人的本性。因此，他不仅主张“擢乱六律”“铄绝竽瑟”，而且要“塞师旷之耳”“胶离朱之目”（《庄子·胠箧》）。

墨学还被稷下黄老道家吸取。白奚先生在《稷下学研究——中国古代的思想自由与百家争鸣》一书中指出，《黄帝四经》对墨学的吸取和容纳表现在以下几个方面：

①功利主义。他认为，功利主义是墨学的一大特色。

《四经》中也浸透着功利主义的精神,《十大经·前道》主张“长利国家社稷，世利万夫百姓”，也把国家之利和人民之利看成是一致的。

②强本尚力。他指出，墨学强本，重视增加生产，满足人民需要。《经法·君正》亦曰 :“人之本在地，地之本在宜，宜之生在时，时之用在民，民之用在力，力之用在节。知地宜，须时而树 ; 节民力以使，则财生。”

③兼爱。《经法·君正》有“兼爱无私,而民亲上”之语。他认为“兼爱无私”一句取自墨学,《墨子·兼爱下》曰:“文王之兼爱天下之博大也，譬之日月兼照天下之无有私也。”

④尚同。《经法·四度》说 :“参于天地，阖于民心，文武并立，命之曰上同。”

⑤尚贤。《十大经·立命》主张“亲亲而兴贤”,《十大经·本伐》亦主张“起贤废不宵(肖)”。

⑥节用。《称》反对统治者纵欲,把“嗜欲无穷”视为“三死”之一;《经法·亡论》亦把“纵心欲”视为“三凶”之一。

⑦天志、明鬼。《四经》中有“天诛”“天毁”“天刑”的提法。《四经》也讲圣人举事要“祥于鬼神”。

⑧非命。《四经》说“必者，天之命也”，把天命解释为自然界的规律和必然性。

⑨非攻。《四经》区分了三种不同目的的战争 :“世兵道三 : 有为利者，有为义者，有行忿者。”肯定了“为义”

的战争，但又进行了限制："兵者，不得已而行。"

白奚先生说:"《四经》对墨家的所有主张,除对'非乐'未加评论,对'节葬'表示反对外,均有不同程度的采纳。"

5. 韩非思想中的墨学因子

先秦法家集大成者韩非和他的老师荀子一样，是在对诸子百家兼收并蓄的基础上建立他自己的思想体系的，他不仅批判地总结了前期法家的法、术、势思想，而且吸纳了道家、儒家、墨家等其他学派的许多思想观点。韩非的天人关系论、认识论和义利观中都吸取和包含着一定的墨学因子。

在天人关系问题上，孔子、孟子和老子、庄子都倾向于人道的消极无为。老、庄主张顺其自然，人为在自然天道面前既渺小又多余，如同爝火之于太阳，担水之于时雨；孔、孟虽也重人事、讲人为，但他们所讲的人为只是对人先天道德本性的自觉与践履，只是复归天道，不能增进天道。

墨子最先提出"尚力""非命"，认为人和社会的命运都不是先天命定的，而是人为努力的结果，一个人强力从事自己的工作，就可以改善自己的生活，提升自己的社会地位；一个国家上上下下都强力从事，就可以富强发达。农夫妇人"强必富,不强必贫;强必饱,不强必饥""强必暖,不强必寒”，卿大夫“强必贵，不强必贱；强必荣，不强必辱”，王公大人“强必治，不强必乱；强必宁，不强必危”。墨子举三代史例为证：

> 昔桀之所乱，汤治之；纣之所乱，武王治之。当此之时，世不渝而民不易，上变政而民改俗，存乎桀纣而天下乱，存乎汤武而天下治。天下之治也，汤武之力也；天下之乱也，桀纣之罪也。若以此观之，夫安危治乱，存乎上之为政也，则夫岂可谓有命哉！（《墨子·非命下》）

虽然人力有为的结果还需要借助天志、鬼神之威力来维护，但天志、鬼神对人的赏罚并不是像儒家“天命”那样神秘莫测、不可捉摸，不是天或鬼神随意决定的，而是取决于人自己的行为。

韩非一方面继承了荀子的自然天道观，用“道”“理”观改造了老子的道德观。他说：

> 道者，万物之所然也，万理之所稽也。理者，成物之文也；道者，万物之所以成也……万物各异理，而道尽稽万物之理。（《韩非子·解老》）

把道、理理解为事物一般规律和特殊规律，并坚信事物的发展有其不以人的意志为转移的必然性，他称之为“信数”：

天下有信数三：一曰智有所不能立，二曰力有所不能举，三曰强有所不能胜。(《韩非子·观行》)

所以他反对“先物行,先理动”的“前识”,认为只有“缘道理以从事”,遵循客观规律才能成功。这与墨家强调“察类明故”的认识论是一脉相承的。

另一方面,韩非积极弘扬墨子和荀子人道有为的思想,扬弃了老子的无为之道。他说：

明君之所以立功成名者四：一曰天时，二曰人心，三曰技能，四曰势位。(《韩非子·功名》)

明于治之数，则国虽小，富；赏罚敬信，民虽寡，强。赏罚无度，国虽大兵弱者，地非其地，民非其民也。无地无民，尧舜不能以王，三代不能以强。(《韩非子·饰邪》)

只有正确把握并恰当地运用这些条件才能成功，这正是墨家“强力从事”和荀子“制天命而用之”思想的进一步发挥。

在历史观上，韩非和墨子一样主张进化论，并认为历史的进化通过人的努力来实现。墨子反对孔子“述而不作”的历史态度，主张“述而且作”。他说：“吾以为古之善者则述之，今之善者则作之，欲善之益多也。”(《墨子·耕柱》)

历史正是由于一代代人的“述而且作”，才得以进步和发展的。韩非把历史进化的过程分为上古之世、中古之世、近古之世和当今之世。不同时期有不同的特点，人的作为也不同。他说：“古人亟于德，中世逐于智，当今争于力。”（《韩非子·八说》）他和老、庄对历史事实进程的认识相同，但评价不同。老、庄认为这是一个倒退的过程，在这一过程中，人为因素的增加、人力的增强只有负面的意义。韩非则认为这是一个进化的过程，充分肯定了人力竞争的必然性和必要性。

有学者以为墨子和儒家一样主张“法先王”，韩非则主张“法后王”；墨子兼爱，韩非主张竞争，二者的观点是相反的。这种看法是有道理的，但深入分析之后，我们不难发现其异中之同，他们都肯定了历史的进化和人道有为的积极意义。

在认识论上，韩非也承继了墨子和荀子的唯物主义反映论的立场。首先，他说：“聪明睿智，天也；动静思虑，人也。人也者，乘于天明以视，寄于天聪以听，托于天智以思虑。”（《韩非子·解老》）和墨子、荀子一样，他认为认识依赖于人的认识器官的作用。其次，韩非也强调认识内容的客观性，认为万物都有客观的道理，事物之理是可知的。认识事物之理，一要“空窍”，即排除主观“前识”；二要“思虑”。他说：

思虑熟，则得事理……得事理，则必成功。

知治人者，其思虑静；知事天者，其孔窍虚。（《韩非子·解老》）

反之，“耳目竭于声色，精神竭于外貌，故中无主。中无主，则祸福虽如丘山，无从识之”（《韩非子·喻老》）。不能排除先入之见，不认真思考辨析，被现象和表面特征蒙蔽，就不能把握客观规律，因而也没有预见祸福、趋利避害的能力。这就对老子认识论作了唯物的合理的扬弃。最后，韩非和墨子一样主张根据历史和事实“参验”是非，即将言论与事实相对照，他称之为“形名参同”。并强调言行的实际功效，他说：“夫言行者，以功用为之的彀者也。”（《韩非子·问辩》）他曾明确称赞墨子的这一特点，说：

今世之谈也，皆道辩说文辞之言，人主览其文而忘其用。墨子之说，传先王之道，论圣人之言，以宣告人。若辩其辞，则恐人怀其文，忘其直，以文害用也。此与楚人鬻珠，秦伯嫁女同类，故其言多不辩。（《韩非子·外储说左上》）

在逻辑学上，韩非也对墨学有所继承与发展。首先他说：

审名以定位，明分以辩类。

用一之道，以名为首，名正物定，名倚物徙……不知其名，复修其形，形名参同，用其所生。

虚静无为，道之情也。参伍比物，事之形也。参之以比物，伍之以合虚。……周合刑名，民乃守职，去此更求，是谓大惑。(《韩非子·扬权》)

汪奠基先生认为这些话融贯了儒、墨、道诸家关于名辩思想的理论。“名正物定，名倚物徙”的认识方法，是在《墨辩》和荀子正名论的基础上概括出来的；韩非循名责实的学说，正是这种方法的表现。

其次，韩非吸取了《墨辩》逻辑中矛盾排中律的思想，并运用于对社会现实矛盾的认识和分析。《墨辩》提出了矛盾双方“不可两不可”的逻辑规律。《经上》说：“彼，不可两不可也。”对矛盾判断不能同时肯定或同时否定。《经说上》说:“或谓之牛，或谓之非牛，是争彼也。是不俱当，不俱当，必或不当，不当若犬。”如有人说这是牛，有人说这不是牛，不可能都对，肯定有对有不对。韩非也说:“夫冰炭不同器而久，寒暑不兼时而至，杂反之学不两立而治。”(《韩非子·显学》)不相容的事物，不能同时成立。如儒家讲尧统治时期，舜以平民身份感化了那些不守规矩的农民和渔人，称舜的行为为“救败”，韩非认为需要舜救败，说明尧失之明察，尧之明察与舜之德化不能两存，就像无坚不摧的矛和无坚可摧的盾不能并存一样。

最后，在同异观上，韩非也吸取了《墨辩》和荀子的思想滋养。《墨辩》讲类同、类取、同异交得，荀子讲同实同名、异实异名，韩非也以同异的取舍论判断形式。韩非说："孔子、墨子俱道尧舜，而取舍不同。"（《韩非子·显学》）而取舍同异的标准应该是客观的参验审察，而不应该是主观的毁誉。只有经过参验审察，才能分别同义异俗与异义同俗。在《墨辩》里有"异类无比"，有"物尽异""物尽同"（《经说下》）的理论，韩非因而很注意同中分异与异中求同。

在人性论和义利观上，韩非和墨家之间也有相通之处。墨子没有系统地讨论人性问题，但从其书中可以看出墨家对人性的基本看法与孟子不同，却近于荀子。孟子以"恻隐之心""羞恶之心""辞让之心""是非之心"（《孟子·告子上》）为人先天具有的善端，并由此推出人性本善的结论，他是以"义"为人的本性；荀子则以"饥而欲饱，寒而欲暖，劳而欲休""骨体肤理好愉佚"（《荀子·性恶》）为人性的先天根据，并由此得出人性本恶的结论。虽然义、利是人之所两欲，但他认为，欲利是先天本性，欲义则是后天人为。墨子认为百姓最为关注，必须首先解决的问题是："饥而不得食，寒而不得衣，劳而不得息。"表明他对这种物质欲求的肯定。墨子是荀子"养人之欲，给人之求"

的提法之前最先以“利”为人的本性的思想家。墨子学说中有两个看似矛盾的观点：一是认为“仁人”当以“兴天下之利，除天下之害”为事，似乎强调公利，反对私利。二是肯定私有财产不容侵夺，受法律保护：“入人园圃窃其桃李，众闻则非之，上为政者则罚之。”（《墨子·非攻上》）实际上，他所谓“公利”，就是所有人基本私利的实现与保障。他是最先肯定民众财产私有权的神圣性的思想家。

韩非继承了墨子和荀子这一观点，并进一步将人们对物质经济权利的欲求归结为人的本性，认为功利是人们一切行为的准则和根本目标，并以此为根据论证法治的必要性和可行性。因为人们的行为取舍都出于利害的权衡，人人皆有自为之心，一切从自己的利害出发，因此只有用赏罚来引导或禁止人们的行为。严刑峻法看似残酷寡恩，却可以使国家获得长远的大利；实行儒家的道德仁政看似慈惠，实则贻害无穷。譬如火的样子很严酷，所以人们不敢轻易接近，很少有人被火烫伤；水的样子很柔弱，人们往往不防备，因而很多人被水溺死。

韩非与墨子的学说都有功利倾向，但具体内涵不尽相同。墨子追求的是“兼相爱，交相利”，将利他与利己相统一，并以利民为利国的前提和归宿。韩非则否定利他，只承认利己，而且他追求的不是民众之利，而是君国之利。墨子肯定人们对“利”的需求，需要统治者去满足；韩非肯定人人自为，是教导统治者利用民众趋利避害的心理满足君国的需要。然而，在先秦关于人性和义利关系问题的争论中，韩非显然是和墨子、荀子的思想相通，而与孔子、孟子重义轻利的思想相异的。

在礼法之争上，墨子最先对“法”作了较为系统的论述。首先，他的“尚同”观从法的起源上论证了法的必要性，只有上同于天子发布的“宪令”，才能统一天下之是非，治天下之乱。其次，他从功用上论证了法的必要性。他强调做任何事情都要遵循客观的“法度”，如同百工“为方以矩，为圆以规”（《墨子·法仪》）。无论是百工生产，公卿大夫、王公大人治国听政，还是士君子的言谈议论，都要顺法而行，“法所若而然”（《墨子·经上》）。总之，“天下从事者，不可以无法仪；无法仪其事而能成者，无有也”（《墨子·法仪》）。墨子重“法”的思想一方面为后期墨家发展成系统的逻辑规则，另一方面为法家法哲学理论和法制建设的实践所利用。

6. 墨学对名家和宋钘的影响

关于墨学与名家的关系，学者的看法不尽相同。胡适认为惠施、公孙龙都是“墨者”，将名家两大代表人物都视为墨家后学。认为惠施“泛爱万物”，是极端的兼爱主义，和《墨辩》一样，消减了墨子兼爱主义的宗教成分，找到了兼爱主义的科学——哲学的根据。而公孙龙到处劝人“偃兵”，也是信兼爱非攻的人。

侯外庐等著的《中国思想通史》(第一卷)则认为墨子、后期墨家与惠施、公孙龙分属于逻辑史上两条不同的战线。他说：

> 中国的古代社会，在逻辑史上也有唯物主义和唯心主义的斗争，因而产生了名辩思潮两条战线的分裂。一方面是向上的发展，发端于墨子，而完成于《墨经》作者及荀子、韩非。另方面是向下的\u{5f6b}落，滥觞于曾子，放大于思、孟，溃决于庄、惠，而枯竭于公孙龙、邹衍。前者之所以称为“发展”，是因其将名辩的方法净化而成了形式逻辑的科学。后者之所以称为“\u{5f6b}落”，则因其丧失了名辩思潮的积极内容，而蜕变成概念游戏的“诡辩”。

前者是唯物的，后者是唯心的，并认为惠施与公孙龙的学说分属相对主义和绝对主义，也是相反的。汪奠基先生也持同样的看法，认为《墨经》对惠施、公孙龙有关论题的批判，是唯物主义对唯心主义在逻辑学上的胜利。

惠施、公孙龙与墨学在兼爱非攻等政治学说上确有继承性，但在逻辑学说方面，惠施和公孙龙则是墨学的反动，他们各自走向一个极端，从而陷入唯心主义和形而上学的相对主义、绝对主义，与后期墨家的唯物主义、辩证法以及形式逻辑的发展相悖。所以，胡适把惠施、公孙龙视为“墨者”是不合适的，侯外庐、汪奠基的看法更接近史实。

墨家是中国思想史上最早重视逻辑方法的学派，虽然邓析被视为名家的创始人，但他主要偏重于名法关系，而且主要在具体事务上与政治法律领域的乱名现象作斗争。孔子的“正名”也是一种政治逻辑，偏重于政治实践。墨子最早从理论上运用逻辑方法，并将逻辑方法与唯物主义世界观和认识论相结合。因此许多学者将墨子视为中国逻辑发展史的源头。从这个意义上说，名家的逻辑思想也肯定受到了墨家的影响，只是他们不是正面的发展，而是片面的歪曲。惠施、公孙龙与后期墨家时代相近，他们一方面受墨子思想的影响，一方面又影响着后期墨家。

关于宋钘、尹文与墨家的关系也有多种看法。宋钘、尹文都是稷下学宫的学者。郭沫若认为尹文是宋钘的弟子，将他们合称为“宋尹学派”。汪奠基也持这种观点，胡适也把他们视为一个学派，但对其观点分别论述。白奚先生则对此提出了质疑，他认为宋钘的思想是“属于墨学的支裔流亚”（白奚《稷下学研究——中国古代的思想自由与百家争鸣》），尹文则不属于墨家后学。

宋钘的著作已佚，其学说散见于诸子书中，《庄子》和《荀子》有较为集中的评述。《庄子·天下》曰：

> 不累于俗，不饰于物，不苟于人，不忮于众，愿天下之安宁，以活民命，人我之养，毕足而止，以此白心，古之道术有在于是者，宋钘尹文闻其风而悦之，作为华山之冠以自表。接万物以别宥为始。……见侮不辱，救民之斗，禁攻寝兵，救世之战，以此周行天下，上说下教，虽天下不取，强聒而不舍者也。故曰：上下见厌而强见也。虽然其为人太多，其自为太少。曰：请欲固置五升之饭足矣。先生恐不得饱，弟子虽饥，不忘天下，日夜不休……

《荀子·非十二子》曰：

> 不知壹天下、建国家之权称，上功用、大俭约而僈差等，曾不足以容辨异、县君臣。然而其持之有故，其言之成理，足以欺惑愚众，是墨翟、宋钘也。

胡适主要根据《庄子·天下》的说法，将宋钘、尹文视为一派，并认为他们继承和发展了墨子兼爱、非攻等政治伦理学说，没有像"别墨"那样向科学、哲学及逻辑学方向发展。

白奚则认为上引《庄子·天下》中的那段话讲的实际上只是宋钘的学说。他肯定宋钘、尹文都受到墨学的影响，但宋钘是墨家学派的内部成员，尹文则是"吸收儒、墨等家之长”（白奚《稷下学研究——中国古代的思想自由与百家争鸣》）的稷下黄老道家人物。宋钘主要继承和发展了墨子“兼爱”“爱无差等”的平等思想，舍己为人的利他主义和奋不顾身、热心救世的精神，以及节用、非攻、无斗等。宋钘“情欲寡浅”和“见侮不辱”的理念是从心理学上为墨子“非攻”“无斗”的主张进一步提出的理论根据。宋钘讲人的本性欲寡而不欲多，争夺、争战等都是违反人的本性的，只要恢复人的自然本性，就没有贪欲，也就不必节欲，也不会有攻战争斗。宋钘认为只要心理上转变观念，就能做到严于律己，宽以待人，即“无斗”。他说：

> 明见侮之不辱，使人不斗。人皆以见侮为辱，故斗也；知见侮之不为辱，则不斗矣。（《荀子·正论》）

笔者认为，白奚先生的看法比较可信。首先，荀子在稷下学宫“三为祭酒”，庄子则不是稷下学宫的学者，荀子应该更了解宋钘、尹文的思想及其关系。他把宋钘与墨子合为一派，而不及尹文，说明宋钘和尹文之间存在不小的差别，宋钘和墨子则趋于一致。其次，胡适虽沿用庄子的说法，宋钘、尹文并称，但对其学说则是分别阐述的。胡适所指出的宋钘对墨子思想的继承与发展的具体内容和白奚所说的基本一致。因此，我们采纳白奚的观点，认为宋钘是墨子后学。同时赞成胡适与白奚的共同看法：宋钘主要继承了墨子的政治伦理思想和人格精神，并从心理学方面作了进一步的论证。

7. 综论

在先秦思想发展史中，孔子、墨子和老子是战国诸子思想资料的三个来源。其中孔子与老子均出身没落贵族，虽然观点不同，但大体都是为统治者立言，以统治者的根本利益为终极目的。只有墨子出身平民，即侯外庐先生所说的“国民阶级”，代表着当时社会上进步阶级和阶层的利益。所以从思想路线上看，墨家基本上是进步路线的源头，为诸子所继承和发展。

①哲学世界观上，墨子思想中的主导方面是唯物主义的，后期墨家则彻底抛弃了墨子的宗教观念，成为彻底的朴素辩证的唯物主义者，并在荀子、韩非的唯物主义天道观中得到进一步论证与发挥。

②认识论上，墨子也是唯物主义反映论的源头。“以名举实”的客观反映论，知行统一、重行为效用的知行观和以事实、实践效果为检验真理的标准，同时注重真理的逻辑证明等思想都为后期墨家、荀子、韩非所继承和发展。

③逻辑学上，墨子也被视为辩证逻辑与形式逻辑的滥觞。胡适说：

古代哲学的方法论，莫如墨家的完密。墨子的实用主义和三表法，已是极重要的方法论……后来的墨者论“辩”的各法，比墨子更为精密，更为完全。从此以后，无论哪一派的哲学，都受这种方法论的影响。荀子的《正名》篇虽攻击当时的辩者，其实全是墨学的影响。孟子虽诋骂墨家，但他书中论方法的各条……无一不显出墨学的影响。庄子的名学，也是墨家辩者的反动……（《中国哲学史大纲》）

④墨子对民众基本物质生活需要的肯定和后期墨家“义，利也”的界定，为告子、荀子和韩非的人性论所继承，并成为功利主义最早的理论根据。

⑤天人观上，墨子“尚力”“非命”，积极有为的人道观，也在荀子和韩非的思想中得到进一步发挥。

⑥墨子非攻的思想，为惠施、公孙龙、宋钘等所继承。墨子兼爱的民本平等思想，为庄子、惠施、宋钘所发挥，也为孟子所吸纳，并改造为民本主义，成为儒家宗旨之一。

⑦《墨子》论说文是先秦论说文的始祖，孟子、庄子、荀子、韩非等文风都受其影响，而与《论语》《老子》迥异。

⑧其科学精神、重知性智能的倾向为荀子所吸取。

⑨其舍己利人的人格精神为宋钘所继承。

一般看法，秦汉以后，墨学中绝，由显学变为绝学。

这只是表面的形式上的变化，只是作为一个独立的有影响的学派和团体不复存在。墨家学说的基本内容在战国时期就与诸子百家相互交融，融进几乎各个学派的体系之中，共同构建了中国古代多元互补的思想文化结构和多元互补的传统文化精神。只要中国思想文化史没有中断，中国的文化传统没有中绝，墨学就不可能真正消失。因为它已成为古代思想文化大系统不可分割的有机组成部分。墨学能为诸子所吸纳，并通过与诸子学说的融合汇入文化传统的长河中得以流传，其根本的原因是夏、商、周时期就已基本定型的政治、经济、文化各方面的统一性。具体而言，墨家和诸子的思想都植根于同一社会基础，在同样的历史背景下，思考着同样的时代课题，或基于同样的起点，或出于同样的目的，因此自然而然地在相互驳难中又相互吸取、相互利用、相互渗透、相互过渡，而最终为社会所接纳并发生实际影响的就不会是纯粹某家某派的学说，而是博采众长的诸家结合体。战国末期的后期墨家、荀子、韩非都具有这种融汇百川的特点。

五　正统儒学中墨学的隐性传承

所谓正统儒学，是秦、汉政治大一统重新确立以后，属于官方的意识形态，亦即统治阶级、阶层的思想意识。这一思想体系在战国末期就开始构建，到西汉基本定型，其中主要环节有《吕氏春秋》《公羊传》《礼记》等著作在理论上的系统化，董仲舒和汉武帝联手实现的理论与政治的联姻。魏、晋、南北朝到隋唐，儒学在理论上虽没有大的突破与发展，正统地位却基本没变，只有几次短时间地被冷落。宋、元、明、清经过改造和重构的“理学”，即“新儒学”，使儒学正统地位得到了进一步的加强。直到20世纪初取消科举制和经过新文化运动的批判，儒学正统地位才受到质疑。儒学正统地位确定之后，墨学就被视为与之相对立的“异端”，大有水火不容之势。实际上，儒学在正统理论体系形成过程中，大量吸取了墨学因素，虽然除了唐代的韩愈，几乎没有第二位正统儒学家承认受到墨家思想的影响，明确表示认同墨家观点，更是不可能的。但在正统儒学中，墨学的影响却实实在在地存在着。下面笔者将以《吕氏春秋》《公羊传》《礼记》等著作和董仲舒、张载、程颢、王安石、陆九渊、王阳明等人物的思想为例说明这一点。

1.《吕氏春秋》对墨学的继承、改造与驳难

汉武帝时，董仲舒提出“罢黜百家，独尊儒术”，从此儒学成为“正统”，诸子成为“异端”。但正统儒学并不是纯粹意义上的先秦儒学，而是在对诸子兼收并蓄的基础上，经过政治化的改造之后形成的，是适应政治社会大一统的需要，对先秦诸子学说的整合与重构的产物。这一整合与重构的过程在战国末期就开始了，后期墨家、荀子、韩非等都是这一学术运动的先行者。他们对孔子、墨子、老子等先哲均采取了兼收并蓄的态度，广泛吸取其他学派的思想养分，充实和修正自己学派的理论，但他们仍然有门户之见，有其坚定的学派立场。《吕氏春秋》率先打破门户之见，站在实现和巩固政治大一统的立场上，将诸子学说熔于一炉，建立了第一个较为系统的政治哲学体系。

《吕氏春秋》是秦相吕不韦组织宾客集体创作的。《史记·吕不韦列传》说：

（吕不韦为秦相时）魏有信陵君，楚有春申君，赵有平原君，齐有孟尝君，皆下士喜宾客以相倾。吕不韦以秦之强，羞不如，亦招致士，厚遇之，至食客三千人。是时诸侯多辩士，如荀卿之徒，著书布天下。吕不韦乃使其客人人著所闻，集论以为八览、六论、十二纪，二十余万言。以为备天地万物古今之事，号曰《吕氏春秋》。

效仿山东诸国养士著书的风气并与之争胜，追求时尚，还是比较表层的原因。《吕氏春秋》问世的深层原因乃是历史发展的需要。秦是列国中的后起之秀，国富兵强而文化落后，荀子叹其“不由政教”。吕不韦为相时，秦统一天下的野心和趋势均已明朗，迫切需要理论上为其行为进行论证和指导，吕不韦和他的宾客自觉不自觉地承担起这一历史使命。

《吕氏春秋》从现实政治的需要出发，对《墨子》中的各种学说分别予以继承、改造和驳难。《吕氏春秋》主要继承了墨子的义利观和尚同思想。墨子主张义利统一，以公利、民利为义的标准，崇尚功利，以利害权衡为言行取舍的依据。《吕氏春秋》也主张：

义之大者莫大于利人。（《孟夏纪》）

不去小利，则大利不得……圣人去小取大。（《慎大览》）

并认为利害是天地自然变化的必然结果，“天生阴阳寒暑燥湿，四时之化，万物之变，莫不为利，莫不为害”（《季春纪》）。圣人的作为就在于把握自然规律，利用自然为人类兴利避害。

圣人察阴阳之宜，辨万物之利以便生。（《季春纪》）

墨子认为人类社会必须尚同一义，统一是非标准，才能消除或避免混乱，由无序而有序。《吕氏春秋》也强调“执一”“不二”：

必同法令，所以一心也。智者不得巧，愚者不得拙，所以一众也。勇者不得先，惧者不得后，所以一力也。故一则治，异则乱；一则安，异则危。夫能齐万不同，愚智工拙皆尽力竭能，如出乎一穴者，其唯圣人矣乎。

王者执一，而为万物正；军必有将，所以一之也；国必有君，所以一之也；天下必有天子，所以一之也；天子必执一，所以专之也。一则治，两则乱。（《审分览》）

《吕氏春秋》和墨子一样认为统一是非标准、齐一法令是社会秩序化和社会秩序稳定的必要条件。所不同的是墨子尚同的最高标准是代表民心的“天志”，《吕氏春秋》中王者天子所执的“一”则是代表统治者利益和意志的“法令”。

《吕氏春秋》还将墨家的一些观点和其他学派的思想相结合，在吸取的同时进行了改造。如关于节用，《吕氏春秋》说：

> 昔先圣王之为苑囿园池也，足以观望劳形而已矣；其为宫室台榭也，足以辟燥湿而已矣；其为舆马衣裘也，足以逸身暖骸而已矣；其为饮食酏醴也，足以适味充虚而已矣；其为声色音乐也，足以安性自娱而已矣。(《孟春纪》)

与墨子所说的圣人所制节用之法大同小异，以实用为限度。和墨子一样，其现实的社会目的都是劝诫当时的统治者改变奢侈浪费的习气，养成节俭的习惯，制定节用的制度。但和墨子以“民利”为标准和根据提倡节用不同，《吕氏春秋》将节用的标准和根据诉之于统治者自身的养性全生，即用道家全性葆真、轻物重生的理论为根据，以统治者自身的利害为俭约的标准。阶级立场不同，效果也不同，《吕氏春秋》的理论更能打动统治者的心，用的是因势利导的方法。墨子的理论却显得迂阔，不易为统治者所接受。因此《吕氏春秋》的改造，其出发点背离了墨家的基本立场，却使墨子的节用观得以在一定程度上发挥约束统治者行为的作用，客观上有益于“民利”。

关于公利和私利及其关系，《吕氏春秋》用法家、儒家和道家的观点吸取和改造了墨家思想，提出“贵公”“去私”。

> 昔先圣王之治天下也，必先公。公则天下平矣，平得于公。尝试观于上志，有得天下者众矣，其得之(必)以公，其失之必以偏。凡主之立也生于公。故《鸿范》曰：无偏无党，王道荡荡；无偏无颇，遵王之义；无或作好，遵王之道；无或作恶，遵王之路。天下非一人之天下也，天下之天下也。阴阳之和，不长一类；甘露时雨，不私一物；万民之主，不阿一人。伯禽将行，请所以治鲁，周公曰：利而勿利也。(《孟春纪》)

古代圣王治理天下，必然首先“贵公”，“公”才能使天下太平。从古代史志中可以看到，得天下的人都是因为“公”，失天下则都是因为偏。君主地位的确立都根源于“公”。天下并不是某一个人的天下，而是天下人的天下。自然界中，阴阳之和，不偏长一种事物；甘露时雨，不偏爱一类或一个事物；社会中作为万民的君主，也不能偏爱一人。周公教给伯禽治鲁的秘诀就是，为天下万民谋公利，但不要谋一己之私利。

“贵公”“去私”，作为一般的原则是儒、道、墨、法的共识，但“公”“私”的具体内涵和“贵公”“去私”的目的则有所不同。名义上，儒、墨、法之“公”均指“天下”，在当时的观念中相当于全社会甚至全人类；道家之“公”则指整个宇宙万物。“私”均泛指一般个人的利益和欲求。实质上，儒、道、法三家所讲的“公”是所谓的“江山社稷”，即君国的“家天下”；墨家心目中的“公”则指以民众为主体的社会全体。儒、道、法所讲的“私”有双重指向，一指统治者的私利、私欲，“去私”是劝他们节制自己；二指民众的各种需求，要求他们安分守己，顺命、顺自然，不要抗争。墨家所要去掉的“私”则主要是指那些“有财”“有力”与“有道”的社会阶级、阶层，“贵公”“去私”是奉劝他们有财以相分，有力以相营，有道以相教。儒、道、法三家所贵之“公”，名为公，实为统治者之大私；名为义，实为统治者之“大利”。他们所去之“私”，实乃假公以济其私，目的在于“成其私”；他们理论上则将公、私对立，号召人们兴公义、去私利。墨家所贵之“公”是真正意义上的“公”，虽然在阶级社会里，不完全等于全体，但由于民众占社会大多数，是一切社会生存和发展的基础和支柱，他们的利益和意志与社会生产力的发展方向相一致，所以代表着真正意义上的人类之大公、公义、公利。墨家并不一概反对私利，而是充分肯定私有财产权，只是在墨家看来，私有财产权应该是人人平等享有的，以民众的基本生存权得到满足为前提，反对少数人剥夺多数人的财产权，占有全社会的财富。和孔子“均、和、寡”的社会标准不同，墨子认为私有财产应该来自自己的劳动，任何人的劳动所得及人们之间因劳动而形成的所得的差别均应受到保护，不主张平均主义，也反对非劳动所得的私有财产和其他原因造成的社会差别。所以，墨家主张“兼相爱，交相利”，公利建立在私利的基础上，全体合理私利之和构成公利。思路和儒家成人以成己相似，但儒家是道德上的相成，墨家是经济上的互利。

《吕氏春秋》和儒、道、法一样站在君国“家天下”的立场上主张“贵公”“去私”，却以墨家巨子腹䵍杀子而行墨子之法为例。说：

> 子，人之所私也，忍所私以行大义，巨子可谓公矣。(《孟春纪》)

呼吁统治者以墨者舍私为公、舍生取义的精神去“贵公”“去私”，以成君国之大私，将儒、道、墨、法四家的公利观融为一体。

关于“尚贤”，《吕氏春秋》也将儒、墨结合起来。《仲春纪·当染》的文字几乎是《墨子·所染》的节录，既是交友之道，又是用人之道：染于贤能，则“王天下”“霸诸侯”；染于奸佞小人，则“国残身死”。故尚贤任能，是为君之要，也是儒、墨的共识。《吕氏春秋》继承下来，认为立功名以得贤为本：

> 求之其本，经旬必得；求之其末，劳而无功。功名之立，由事之本也，得贤之化也，非贤，其孰知乎事化？故曰：其本在得贤。（《孝行览》）

墨家“尚贤”，儒家“尊贤”，其区别在于：墨家主张选择天下之贤可者为天子、公卿、诸侯、正长等各级管理者，天子国君都是“选择”而立的，虽未指出由谁选择，但选择的标准都是“贤可”。儒家则主张天子国君世袭，不在尊贤之列，亲亲、尊尊优先于贤贤。墨家要求打破宗法等级秩序，以贤能为唯一的用人原则；儒家则以亲亲为前提，尊贤只是维护等级秩序的手段。

《吕氏春秋》以齐、鲁两国为例，说明“尊贤上功”与“亲亲上恩”的不同效果：周武王分封诸侯时，吕太公望封于齐，周公旦封于鲁。

> 二君者甚相善也，相谓曰：何以治国？太公望曰：尊贤上功。周公旦曰：亲亲上恩。太公望曰：鲁自此削矣。周公旦曰：鲁虽削，有齐者亦必非吕氏也。其后齐日以大，至于霸，二十四世而田成子有齐国。鲁公以削，至于仅存，二十四世而亡。（《仲冬纪》）

吕太公治国之道与墨家尚贤相同，周公治国之道则属儒家。以公天下而论，齐显然优于鲁国，因为齐国国君无论姓吕姓田，齐国都得到了发展。换句话说：“尊贤上功”

虽不能长久保有家天下，却能推动社会发展。以私天下而论，“亲亲上恩”似乎可以保障“家天下”不被别姓侵夺，但长久来看，则既不能自保无虞，又不能发展。《吕氏春秋》举此例的直接目的是说明吕、周二公有远见，对其治国之道未予评论，但从效果的比较中不难看出优劣悬殊。

对墨家非乐、节葬的主张，《吕氏春秋》也有所吸取与改造，主张节乐、节葬。

《吕氏春秋》认为：

> 乐所由来者尚也，必不可废，有节有侈，有正有淫矣。(《仲夏纪》)

正乐是“天地之和，阴阳之调”的表现，其特点是“和适”，心和、行适为节乐的尺度，“凡古圣王之所为贵乐者，为其乐也”，而乱世之乐“侈则侈矣，自有道者观之，则失乐之情。失乐之情，其乐不乐”，如同“世之人主，多以珠玉戈剑为宝，愈多而民愈怨，国人愈危，身愈危累。则失宝之情矣”(《仲夏纪》)。不同意墨家“非乐”的主张，但反对淫乐、侈乐，主张适度为乐。适度的准则一是道家的“天地之和，阴阳之调”，二是儒家的达情冶性。

《吕氏春秋》反对厚葬，认为：

> 以此观世则美矣侈矣，以此为死则不可也。苟便于死，则虽贫国劳民，若慈亲孝子者之所不辞为也。

是故先王以俭节葬死也，非爱其费也，非恶其劳也，以为死者虑也。先王之所恶惟死者之辱也。发则必辱，俭则不发。(《孟冬纪》)

厚葬招盗，盗掘墓暴尸，为死者之辱。《吕氏春秋》和墨家一样主张节葬，但墨家节葬是为了生者，反对劳民伤财；《吕氏春秋》节葬则是为了死者，为了死者的理论依据一是儒家孝的观念，二是死而有知的观念。

《吕氏春秋》明确否定了墨子的“非攻”论，提出“义兵”说。首先认为“偃兵”“无斗”是不可能的。认为：

古圣王有义兵，而无有偃兵。兵之所自来者上矣，与始有民俱。凡兵也者，威也；威也者，力也；民之有威力，性也；性者，所受于天也，非人之所能为也。……天子之立也出于君，君之立也出于长，长之立也出于争。争斗之所自来者久矣，不可禁，不可止。(《孟冬纪》)

兵战、争斗与人类历史一样悠久，有其存在的客观必然性，非人力所能禁止。其次反对“非攻”。认为：

非攻伐而取救守，取救守则乡之所谓长有道而息无道、赏有义而罚不义之术不行矣。

夫攻伐之事，未有不攻无道而罚不义也。攻无道而伐不义，则福莫大焉，黔首利莫厚焉。禁之者，是息有道而伐有义也，是穷汤、武之事而遂桀、纣之过也。

夫救守之心未有不守无道而救不义也。守无道而救不义则祸莫大焉，为天下之民害莫深焉。(《孟秋纪》)

又说：

先王之法曰：为善者赏，为不善者罚。古之道也，不可易。今不别其义与不义，而疾取救守，不义莫大焉，害天下之民者莫甚焉。……兵苟义，攻伐亦可，救守亦可；兵不义，攻伐不可，救守不可。(《孟冬纪》)

《吕氏春秋》的这段议论是自相矛盾的，一面断言攻伐皆是“攻无道而罚不义”，救守都是“守无道而救不义”；一面又说应当分别兵之义与不义，不应当在攻伐与救守之间取舍。“非攻伐而取救守”确实是墨家的主张，但不像《吕氏春秋》所说的那么绝对，墨子明确地将攻伐分为“攻”与“诛”两种，并指出汤武之事是正义之“诛”，不在“非攻”之列。可见《吕氏春秋》对非攻的驳难要么是无的放矢，要么不是针对墨子，而是针对当时其他学派的类似观点，或者是针对墨者“非攻”教条化之后所产生的流弊。在另一篇中记述了一段墨者与“是攻”者的辩论：

司马喜难墨者师于中山王前以非攻。曰：先生之所术非攻夫？墨者师曰：然。曰：今王兴兵而攻燕，先生将非王乎？墨者师对曰：然则相国是攻之乎？司马喜曰：然。墨者师曰：今赵兴兵而攻中山，相国将是之乎？司马喜无以应。(《审应览》)

这段文字实际上是肯定了墨家“非攻”，“是攻”者反而理屈词穷。实际上，墨子“非攻”理论是辩证的，《吕氏春秋》的“义兵”说其实是绝对主攻说，是为秦国进攻六国，以武力统一天下进行的辩护。

《吕氏春秋》是公认的杂家著作，虽不是正统儒学的经典，却是“将欲为一代兴王之典礼也”(《吕氏春秋附考》)而作，其中许多内容为正统儒学所吸取。如：

此书之十二纪为月令，河间献王与其客，取其大乐适音为乐记，司马迁多取其说为世家律历书，孝武藏书，以预九家之学，刘向集书，以系七略之数。(《吕氏春秋附考》)

方孝孺也说：

然其书诚有足取者，其《节丧》《安死》篇讥厚葬之弊，其《勿躬》篇言人君之要在任人，《用民》篇言刑罚不如德礼，《达爵》《分职》篇皆尽君人之道，切中始皇之病，其后秦卒以是数者偾败亡国，非知几之士，

岂足以为之哉！（《吕氏春秋附考》）

可见，《吕氏春秋》虽在秦相吕不韦的组织下著成，却并非全为秦法立论，其中不乏对秦法的批判和指正，以及切合大一统需要的真知灼见。正统儒学的经典之一《礼记》中的许多内容源于《吕氏春秋》。墨家的许多思想观点也借此书的中介为正统儒学所吸取和利用，演变为儒学的一部分。

2. 董仲舒对墨学的吸取与改造

正统儒学体系是由董仲舒建构的。董仲舒主要通过对《公羊传》的阐释提出了一套适应大一统需要的政治哲学。

《中庸》认为：

虽有其位，苟无其德，不敢作礼乐焉；虽有其德，苟无其位，亦不敢作礼乐焉。

根据冯友兰先生的解释，“礼乐”即“一种社会的上层建筑”，“位”是制礼作乐的客观条件，“德”是制礼作乐的主观条件。《中庸》这段话的前一句讲的是秦始皇，后一句讲的是孔子。秦王朝虽统一了天下，却没有来得及建立适应大一统需要的思想体系。汉初在思想领域中占统治地位的是清静无为、休养生息的黄老之学。因为连年战争，社会生产力遭到严重破坏，百废待兴、百业待举，社会物质基础薄弱，还不具备制礼作乐的社会基础，虽有叔孙通、贾谊等人的倡导和努力，却只有细枝末节的、局部的具体措施，没有形成系统的理论体系和完整的政治架构。汉武帝承平日久，继承了“文景之治”积累的深厚根基，具备了制礼作乐的物质条件，他本身又具有雄才大略，想有一番根本性的创建，故一登基就招贤良、问对策。至此制礼作乐的主、客观条件均已具备，董仲舒的大一统思想便应运而生。

《春秋》据说是孔子在原鲁国史书的基础上“笔、削”而成，“笔”即增加一两个字，“削”即减去一两个字。《公羊传》是《春秋》三传之一，顾颉刚认为这是战国时就有的最早的《春秋传》，汉时则属今文经。《公羊传》认为孔子对《春秋》的“笔、削”隐含着“微言大义”，即治国大道，称为“春秋之道”。“春秋之道”是孔子为汉所立的“法”。《中庸》认为孔子无位，不能立法。《公羊传》则认为孔子虽没做皇帝，但有“受命之符”，即上天赋予了他“为汉立法”的使命。他的“受命之符”就是《春秋》中“西狩获麟”的故事。《公羊传》说：

君子曷为《春秋》？拨乱世，反诸正，莫近诸《春秋》。

何休解释为：

孔子仰推天命，俯察时变，却观未来，豫解无穷，知汉当继大乱之后，故作拨乱之法以授之。

“春秋之道”的基本原则有二：“奉天”与“法古”。其中“奉天”理论中包含着不少墨学的因子。

董仲舒所讲的“天”是个多面体，冯友兰将其分解为“物质的天”“有意志的天”“道德的天”三个侧面。“物质的天”即自然界中各种事物和现象，“物质的天”不是按其内在客观规律自然而然地生成变化的，而是按照“天”的意志和道德的体现者、执行者的意愿生成变化的。董仲舒的“天”与墨子的“天志”有许多相似之处。可归结为如下几点：

①天有意志。董仲舒说：“事父者承意，事君者仪志，事天亦然。”（《春秋繁露·楚庄王》，孙诒让曾以此解释墨子的“天志”，认为“此天志之义也”（《墨子间诂》）。

②天志“兼爱”“兼利”。墨子说：

天之意，不欲大国之攻小国也，大家之乱小家也，强之暴寡，诈之谋愚，贵之傲贱……欲人之有力相营，有道相教，有财相分也。（《墨子·天志中》）

董仲舒也说：

仁之美者在于天。天，仁也。天覆育万物，既化而生之，又养而成之，事功无已，终而复始……天常以爱利为意，以养长为事，春、秋、冬、夏皆其用也。(《春秋繁露・王道通三》)

又说：

天虽不言，其欲赡足之意可见也。古之圣人见天意之厚于人也，故南面而君天下，必以兼利之。(《春秋繁露・诸侯》)

③天志赏善罚恶。墨子说：

顺天意者，兼相爱，交相利，必得赏。反天意者，别相恶，交相贼，必得罚。(《墨子・天志上》)

董仲舒认为天人同类，同类相感，所以“天人相与”，人君的一举一动都会引起自然现象的变化，自然现象的变化乃是天意的体现。人君言行善，则天出祥瑞以奖赏；人君言行恶，则天出灾异以谴告。

世治而民和，志平而气正，则天地之化精，而万物之美起。世乱而民乖，志僻而气逆，则天地之化伤，气生灾害起。(《春秋繁露・天地阴阳》)

其德足以安乐民者，天予之；其恶足以贼害民者，天夺之。(《春秋繁露・尧舜不擅移、汤武不专杀》)

④人尚同于天子，天子尚同于天。墨子说：

天下之百姓皆上同于天子。(《墨子·尚同上》)

天子又总天下之义以尚同于天。(《墨子·尚同下》)

董仲舒也说：

天子受命于天，诸侯受命于天子，子受命于父，臣妾受命于君，妻受命于夫。诸所受命者，其尊皆天也……(《春秋繁露·顺命》)

春秋之法，以人随君，以君随天。(《春秋繁露·楚庄王》)

然而，同中有异。董仲舒是站在维护新的社会等级秩序的立场上立论的，所以他在吸取墨子"天志""兼爱""尚同"等思想的同时，抛弃了其中民本、平等的原则，把墨子的思想纳入儒家维护宗法等级秩序的政治哲学体系之中，使之蜕变为专制统治的理论依据。当然，董仲舒所吸取的墨子"天志""兼爱""尚同"等思想，虽沦为了专制统治的工具，却发挥着较为积极的作用，使专制趋向开明。以在上的天意、天命、天志代表在下的民意、民利，规范和约束统治者的行为，使统治者因慑于天威不得不利民，不得不"兼爱""兼利"。董仲舒实际上是将儒家的"德治""仁政"与墨家的"天志""兼爱""尚同"结合起来，整合为多元一体的新体系。"天"对董仲舒来说和对于墨子一样，只具有“工具价值”，不具有“目标价值”。

儒、墨结合之外，董仲舒还将墨家思想与阴阳五行说相结合。以阴阳五行的运动变化代替鬼神作为天志的具体体现者与执行者。在墨家思想中，天志赏善罚恶的作用是通过鬼神实施于人的。墨子说：

鬼神之所赏，无小必赏之；鬼神之所罚，无大必罚之。(《墨子·明鬼下》)

董仲舒也承认鬼神的存在，他说：

知天命鬼神，然后明祭之意。明祭之意，乃知重祭事。

祭者察也，以善逮鬼，神之谓也。善乃逮不可闻见者故谓之察。(《春秋繁露·祭义》)

他也认为可以通过鬼神了解天意，但更多的是通过阴阳五行及其运动变化来知天意。他说：

天意难见也，其道难理。是故明阳阴、入出、实虚之处，所以观天之志。辩五行之本末、顺逆、小大、广狭，所以观天道也。(《春秋繁露·天地阴阳》)

天道之大者在阴阳。阳为德，阴为刑。刑主杀而德主生。是故阳常居大夏而以生育养长为事。阴常居大冬而积于空虚不用之处。(《汉书·董仲舒传》)

他一面以阳尊阴卑论证“三纲五常”等宗法等级伦理的神圣性，一面以阳德阴刑推行开明专制政治。墨子有时也以自然现象来表现天意。如他说：

夫既尚同乎天子，而未上同乎天者，则天灾将犹未止也。故当若天降寒热不节，雪霜雨露不时，五谷不熟，六畜不遂，疾灾戾疫，飘风苦雨。荐臻而至者，此天之降罚也。(《墨子·尚同中》)

但墨子尚未形成系统的阴阳五行观。

在经权论上，董仲舒所推崇的《公羊传》吸取了墨家的思想。最早提出经权观念的是孔子，他说：

可与共学，未可与适道；可与适道，未可与立；可与立，未可与权。(《论语·子罕》)

孟子也说过：

男女授受不亲，礼也；嫂溺援之以手者，权也。(《孟子·离娄上》)

孔子、孟子都只笼统地讲到经是一般的原则，权是原则的灵活运用。在儒学史上，首先对经权关系作出系统阐述的是《公羊传》。《公羊传》说：

权者何？权者，反于经然后有善者也。权之所设，

> 舍死亡无所设。行权有道。自贬损以行权，不害人以行权。杀人以自生，亡人以自存，君子不为也。

这段话对行权的条件和范围作了明确的规定。但其中“自贬损以行权，不害人以行权”的“行权”之道，与儒家的一贯逻辑相冲突。儒家在个人与群体的关系上，主张利群；在个人与个人的关系上则主张利己。与墨子同时的儒者巫马子说得很明白，他说：

> 我与子异，我不能兼爱。我爱邹人于越人，爱鲁人于邹人，爱我乡人于鲁人，爱我家人于乡人，爱我亲于我家人，爱我身于吾亲，以为近我也。击我则疾，击彼则不疾于我，我何故疾者之不拂，而不疾者之拂？故有我杀彼以利我，无杀我以利彼。（《墨子·耕柱》）

他认为爱是随着与自己关系的密切程度的改变而改变的：关系越密切，爱越深厚；关系越疏远，爱越淡薄。打我，我痛；打别人，我并不痛。我为什么不反对打我，而反对打别人呢？所以，只有杀人利己，没有杀己利人。这实际上是“爱有差等”说的极端化，虽不是儒家“爱有差等”说的本质表现，却是其中隐含的内在逻辑。

《公羊传》中的行权之道显然不合儒家固有的逻辑和原则，与墨家经权论则如出一辙。墨家不仅主张利群，而且把利群与利他相统一。因此在行权问题上，严格区分了两种不同的取舍：基于他人利害得失的行为取舍，谓之“权”;基于自我个人利害得失的取舍,谓之“求”。而“权，正也”,“求为之非也”。(《墨子·大取》)权以合乎经为前提,所以是对的;求以利己为依据,所以是错误的。墨家还认定：

> 杀一人以存天下，非杀一人以利天下也。杀己以存天下，是杀己以利天下。(《墨子·大取》)

在墨家看来权只是损己利人或损己利天下，不包括损他人利天下。人们没有权利牺牲他人的利益或生命，即使为了利天下也不可以。这有点绝对，他们也许是想杜绝一些人打着利天下的旗号损人利己，可惜这类事情至今仍屡见不鲜。

董仲舒虽没有明确宣布行权只可损己利人，不可损人利己。但他说过：“仁之法在爱人，不在爱我。”(《春秋繁露·仁义法》)墨子虽说“爱人不外己，己在所爱之中”，但这是一般地对人而论,墨者自己则时时处处损己以利人,正如庄子所说:“以此自行,固不爱己。”(《庄子·天下》)《吕氏春秋》说：“君子责人则以人，自责则以义。”(《吕氏春秋·离俗览》)这种严于律己、宽以待人的原则是董仲舒和墨子的共识。由此可见,董仲舒实际上继承了《公羊传》和墨子不可损人利己，只可损己利人的行权之道。巫马子那样典型的利己逻辑被克服，用墨家爱人利人的行权之道对传统儒家经权论进行了修正，增强了正统儒学经权论约束统治者私欲膨胀，引导统治者爱民利民的作用。

董仲舒还吸取了《墨子》中尚贤的思想。他和墨子一样主张用贤不应问贫富贵贱，反对以门荫富赀和资历来选拔官吏，批评当时“长吏多出于郎中、中郎，吏二千石子弟选郎吏，又以富赀，未必贤也”(《汉书・董仲舒传》)。以出身和资财作为选拔官吏的条件，选出的官吏不一定都是贤能。他认为“欲为尊者在于仁贤”，“贤者备股肱则君尊严而国安”。(《春秋繁露・立元神》)要想维系君王的尊贵就必须有仁贤辅佐，有贤者为股肱才能君尊国安。虽未明确否认亲亲、贵贵的原则，但在用人问题上，显然吸取了墨子的尚贤思想。

另外，董仲舒也继承了墨家的逻辑论证方法。如运用“类”“故”“理”进行逻辑推理，特别是类比方法和类同观。“同类相应”是“天人感应”的逻辑基础，所谓：

> 美事召美类，恶事召恶类，类之相应而起也。如马鸣则马应之，牛鸣则牛应之。帝王之将兴也，其美祥亦先见；其将亡也，妖孽亦先见。物故以类相召也……(《春秋繁露・同类相助》)

但董仲舒对“类”的理解是不科学的，他所说的同类，有些其实是异类，如天人感应中的天和人就不是同类，因此违反了墨家“异类不比”的逻辑原则。董仲舒关于“名”的分类也承继了墨家和荀子的分类方法。他说：

> 名众于号，号其大全。名也者，名其别离分散也。（《春秋繁露·深察名号》）

董仲舒所说的“号”相当于墨家所说的“类名”和荀子所说的“共名”，“名”则相当于墨家的“私名”和荀子的“别名”。

董仲舒建构的作为官方意识形态的正统儒学实际上是先秦诸子学说的综合体，其中隐含着儒、墨合流的倾向。墨家部分学说由此转化为正统儒学的一部分，使墨家学说得以在正统儒学体系中隐性传承。

3.《礼记》中的墨家思想

董仲舒之后受到正统儒学推崇的另一部经典——《礼记》中也蕴含着墨家思想。据说此书是汉人戴圣编辑而成，与《周礼》《仪礼》合称“三礼”。汉代《仪礼》为五经之一，《礼记》到唐代才开始列入“九经”。但东汉郑玄为《礼记》作注之后，《礼记》的地位就逐渐提高了。

《礼记》中有三篇文章在正统儒学中享有极高的声誉，即《礼运》《大学》《中庸》。《大学》《中庸》，宋以后被程朱理学抽出来，和《论语》《孟子》合称“四书”，与“五经”并列。《礼运》中的“大同”“小康”思想成为正统儒家社会理想和社会历史观的理论源泉。这些经典文章中的思想内容却不是纯粹出于传统儒家。如《礼运》中的“大同”思想，许多学者都认定源于墨家。

《礼记·礼运》假托孔子之言曰：

> 大道之行也，与三代之英，丘未之逮也，而有志焉。大道之行也，天下为公。选贤与能，讲信修睦，故人不独亲其亲，不独子其子。使老有所终，壮有所用，幼有所长，鳏寡孤独废疾者，皆有所养。男有分，女有归。货，恶其弃于地也，不必藏于己。力，恶其不出于身也，不必为己。是故谋闭而不兴，盗窃乱贼而不作。故外户而不闭，是谓大同。今大道既隐，天下为家，各亲其亲，各子其子，货力为己。大人世及以为礼，城郭沟池以为固，礼义以为纪，以正君臣，以笃父子，以睦兄弟，以和夫妇，以设制度，以立田里，以贤勇知，以功为己。故谋用是作，而兵由此起。禹、汤、文、武、成王、周公，由此其选也。……是为小康。

“大同”乃是理想化的原始共产主义公有社会，体现着墨家“尚贤”“尚同”“兼爱”“交利”等社会法则。“小康”则是私有制出现以后的宗法等级制社会，实行的是儒家之礼义和爱有差等的社会法则。从上文中可知，《礼运》

作者认为，孔子虽终身以“复礼”为职志，以周公为榜样，但夏、商、周只是“小康”社会，并不是孔子的真正理想，孔子的理想是“大道之行”“天下为公”的“大同”世界。《中庸》描述这一理想社会为“致中和，天地位焉，万物育焉”，《大学》则称之为“平天下”。“小康”社会并不合乎“大道”，而是“大道既隐”的结果。“中庸”是“大道”在人身上的体现，《中庸》说：

> 喜、怒、哀、乐之未发，谓之中；发而皆中节，谓之和。中也者，天下之大本也；和也者，天下之达道也。

虽然人人先天具有“中庸之性”，却很久没人能依之而行了。“中庸其至矣乎！民鲜能久矣。”“知者过之，愚者不及也。”“贤者过之，不肖者不及也。”“道其不行矣夫！”“天下国家可均也，爵禄可辞也，白刃可蹈也，中庸不可能也。”（《中庸》）这些表明《礼运》《中庸》的作者均认识到在私有制的社会中，中庸之大道不可能施行。先秦儒家礼义仁政的目标是“小康”，墨家“尚贤”“尚同”“兼爱”“交利”的目标才是“大同”。汉以后的正统儒家以“大同”为社会理想，努力“致中和”“平天下”，显然是用墨家思想对儒家进行改造和修正的结果。“大同”在《礼运》中虽然被认作“小康”之前的社会，在墨家观念中则是社会正义的体现，是人们应该建设的理想社会的标准。正统儒家以“大同”为未来社会的理想，很可能受到墨子社会观的影响。

正因为《公羊传》和《礼记·礼运》中吸取了墨家思想，才一面成为儒学的经典，一面又成为后来一些改革家的理论依据。正统儒学形成于社会大变革之后，新的社会制度和秩序刚刚形成或正在形成之际，因此能够包容体现社会中下层利益和意志、积极进取的墨家思想，同时也反映了儒家开明专制政治求“和”的宗旨。他们希望全面关照社会各阶层的利益，减少社会矛盾冲突，特别是避免下层民众的造反。新的统治者、新的社会制度正处在上升发展的时期，能够自觉地吸纳一切有用的东西化为自己生命的养分。因此，在正统儒学体系中墨家思想是被扭曲了的隐性的存在，“尚同”“尚贤”“兼爱”等只是作为求“和”、亲亲、贵贵的工具补充或延伸，可以说是“以墨补儒”。随着社会的进一步发展，新兴统治者日益保守，新的社会制度也流弊日重，日益腐朽，其思想领域中所包含的积极进取的因素也就日益淡化。墨家和墨学在西汉时期仍有一定的影响，汉代典籍中仍儒、墨并称，而且多肯定与赞誉。如《盐铁论·散不足》赞赏“墨子遑遑，闵世也”的救世精神，贾谊并称“仲尼、墨翟之贤”，公孙弘说“致利除害、兼爱无私谓之仁”，以“兼爱”解释仁。魏、晋以后，孔、墨并称就很少见了，即使有也不是并称，而是对称，被作为正统与异端的代名词。

每到社会变革时期，改革家们又往往利用正统儒学经典中所包含的墨家思想为理论依据，以便施行“合理合法”的同室操戈。这种时期，通常也是政治恐怖时期，一方面迫于政治高压，一方面由于长期正统教育的禁锢，统治阶级内部开明的思想家、改革家往往不能，也不想跳出正统儒学体系的范围。此时，这一体系中所蕴藏着的隐性的否定因素就会躁动，成为引导他们自上而下地进行改革的名正言顺的理论依据，从而发挥推动社会进一步发展的作用。董仲舒的思想体系、《公羊传》和《礼记》中所隐含的墨家思想就是蕴藏在正统儒学体系中的自我否定因素。如范仲淹“先天下之忧而忧，后天下之乐而乐”的人格精神和在此精神指导下“庆历新政”的设想，王安石的“熙宁新法”，黄宗羲《明夷待访录》中“公天下”思想和颠倒君臣、君与天下、君与法之间的关系，学校议政等改革主张，龚自珍“我劝天公重抖擞，不拘一格降人才”的尚贤观以及康有为的《大同书》，谭嗣同的自我牺牲精神等改革者的思想、人格和改革措施，都在一定程度上再现或实践着墨者精神和墨家学说。

4. 宋明理学中的墨家思想

从魏、晋至隋、唐，正统儒学虽始终处于至尊的地位，作为上层建筑的核心而存在着，但它的理论本身不仅未得到长足的发展，反而受到来自各方面的批评与挑战，加上佛、道二教的不断发展，其在思想政治上的统治地位已岌岌可危。唐代中期敏锐的思想家韩愈率先打出“振兴儒学”的旗帜，企图挽救正统儒学和前期封建社会衰亡的命运。但这需要重构儒学理论体系，才能回应佛、道的挑战。韩愈意识到这一点，并为此创建了一个儒学“道统”理论。在他的“道统”说中，至少有两点渊源于墨家：①“道统”中的圣王系列：尧、舜、禹、汤、文、武、周公、孔子、孟子。其中武王之前的圣王是墨子首先提出的。②韩愈认为儒家“道统”内容是仁、义、道、德。他把这四个字解释为：

> 博爱之谓仁，行而宜之之谓义，由是而之焉之谓道，足乎己无待于外之谓德。(《原道》)

“博爱”究竟是孔、孟的“亲亲而仁民”的差等之爱，还是墨子的“兼爱”，不得而知，但隐含着把儒家仁爱的范围扩大、延伸，淡化等级秩序，导向“兼爱”的潜在可能。而这种可能在宋明理学中得到了进一步的发挥，主要表现在张载、程颢和陆九渊、王阳明等人的思想中。

张载有一篇文章叫《西铭》，其中说：

> 乾称父，坤称母，予兹藐焉，乃混然中处。故天地之塞，吾其体；天地之帅，吾其性。民，吾同胞；物，

吾与也。

大君者，吾父母宗子。其大臣，宗子之家相也。尊高年，所以长其长；慈孤弱，所以幼其幼。圣，其合德；贤，其秀也。凡天下疲癃残疾、茕独鳏寡，皆吾兄弟之颠连而无告者也。

这段文字看似阐述儒家宗法观念，实乃儒、墨、道三家思想的综合体，其中的宗法关系不再是只以血缘关系为纽带的亲情关系，而是宗法化的人类关系乃至宇宙关系。把整个人类社会、整个宇宙看作一个大家庭，在一定意义上，是亲亲其名、兼爱其实。

《西铭》又名《订顽》，张载说：

《订顽》之作，只为学者而言，是所以订顽。天地更分甚父母？只欲学者心于天道，若语道则不须如是言。(《张载集·张子语录》)

“心于天道”的“心”即“为天地立心”之心，亦即把握“天道”,以“天道”为自己的心胸,达到“天地境界”。如庄子所说“以道观之”，站在“道”的立场上看待天地万物和人我。张载把达到这种境界的方法叫作“大其心”。他说：

大其心则能体天下之物，物有未体，则心为有外。世人之心，止于闻见之狭。圣人尽性，不以见闻梏其

心，其视天下无一物非我，孟子谓尽心则知性知天以此。天大无外，故有外之心不足以合天心。(《张载集·正蒙·大心》)

“体天下之物”即程颢“仁者浑然与物同体”之意。天下万物与自己的关系就像自己一身中各部分的关系一样，感同身受，休戚相关，所谓“反身而诚”，对其他事物的感受与对自己身体的感受相符合。程颢说：

医书言手足痿痹为不仁，此言最善名状。仁者，以天地万物为一体，莫非己也。认得为己，何所不至？若不有诸己，自不与己相干。如手足不仁，气已不贯，皆不属己。(《二程遗书·二先生语二上》)

能够“心于天道”“大其心”，就能把天下万物都视为自己的一部分。“莫非己也”，视为自己的一部分，就会痛痒关心，感同身受。如果不把天下万物视为自己的一部分，就有人我内外之别，心胸就显得狭隘。

无论程颢的“识仁”，还是张载的“大其心”，都是要消除人我内外的区别，站在天道即宇宙大系统的立场上，将万物都视为与自己休戚相关的组成部分。程颢在给张载的一封信中说得更明白：

夫天地之常，以其心普万物而无心；圣人之常，

> 以其情顺万物而无情。故君子之学，莫若廓然而大公，物来而顺应。……人之情各有所蔽，故不能适道，大率患在于自私而用智。自私则不能以有为为应迹，用智则不能以明觉为自然。……圣人之喜，以物之当喜；圣人之怒，以物之当怒；是圣人之喜怒，不系于心而系于物也。(《答横渠先生定性书》)

所谓"无心"之心乃是自私自利之心，即区别自己与万物的心。"无情"之情是计较自身利害的私情。圣人像天地一样"无心""无情""廓然而大公，物来而顺应"，而常人则"自私而用智"。圣凡之间的区别就在于圣人不计较一己之利害，没有自私自利自为之心；凡人则常从一己之利害出发。这封信中的用语多来自道家，其目的是告诫人们安分守己，尽伦尽职，扮好自己的伦理角色；其原理则是墨家的"兼爱"无私。

我们将上面所列的张载和程颢的文字与《墨子》中墨子和儒者的说法三相对照，不难看出其间的异同。

> 子墨子言："视人之国若视其国，视人之家若视其家，视人之身若视其身。"是故诸侯相爱则不野战，家主相爱则不相篡，人与人相爱则不相贼，君臣相爱则惠忠，父子相爱则慈孝，兄弟相爱则和调。天下之人皆相爱，强不执弱，众不劫寡，富不侮贫，贵不傲贱，

诈不欺愚。凡天下祸篡怨恨可使毋起者，以相爱生也，是以仁者誉之。(《墨子·兼爱中》)

儒者巫马子则说：

我与子异，我不能兼爱。我爱邹人于越人，爱鲁人于邹人，爱我乡人于鲁人，爱我家人于乡人，爱我亲于我家人，爱我身于吾亲，以为近我也。击我则疾，击彼则不疾于我，我何故疾者之不拂，而不疾者之拂？故有我杀彼以利我，无杀我以利彼。

传统儒家亲亲仁爱隐含的逻辑是以自我为圆心，以亲疏关系为半径的大小不等的圆，即“亲亲而仁民”，墨家的逻辑则是人我无论亲疏，一律平等，一视同仁。张载“天下无一物非我”“民胞物与”，程颢“浑然与物同体”“以天地万物为一体，莫非己也”等等，显然是将天地万物与己等视，吸取了墨子“视人如己”的“兼爱”思想，扬弃了儒家有差等的“伦列之爱”。

陆九渊、王阳明继承了张载、程颢的上述思想，并进一步从修养论、方法论上升为本体论。陆九渊简要地说：

宇宙内事乃己分内事，己分内事乃宇宙内事。(《陆九渊集·年谱》)

他认为人的本心就是宇宙，若能“发明本心”，就能把握并贯通宇宙之道。他说“宇宙不曾限隔人，人自限隔宇宙”(《陆九渊集·年谱》)。宇宙并没有把自己与人相隔离，是人自己把自己与宇宙隔离开来，学者的首要任务就是要消除人与宇宙万物之间的人为“限隔”，而“限隔”的根源就是“自私”。

王阳明将陆九渊所说的“本心”界定为“良知”，因为“心”有多方面的表现，如知、情、意、性等。王阳明认为“良知”是心的本体，人人都有，只是“大人”能“致良知”，即充分发挥良知的作用，“小人”则不能。他说：

> 大人者，以天地万物为一体者也，其视天下犹一家，中国犹一人焉。若夫间形骸而分尔我者，小人矣。大人之能以天地万物为一体也，非意之也，其心之仁本若是，其与天地万物而为一也。岂惟大人，虽小人之心亦莫不然，彼顾自小之耳。……是其一体之仁也，虽小人之心亦必有之。是乃根于天命之性，而自然灵昭不昧者也，是故谓之“明德”。……是故苟无私欲之蔽，则虽小人之心，而其一体之仁犹大人也；一有私欲之蔽，则虽大人之心，而其分隔隘陋犹小人矣。故夫为大人之学者，亦惟去其私欲之蔽，以自明其明德，复其天地万物一体之本然而已耳，非能于本体之外而有所增益之也。(《王文成公全书·大学问》)

“大人”和“小人”的区别在于，“大人”没有人我内外的分别；“小人”则以肉体自我为中心，区别人我内外。“大人”能视天地万物为一体，并不是故意的，而是其良知本性的自然表现。人心中仁的本性本来就与天地万物没有分别。不仅“大人”，“小人”的本心本性也是如此，是“小人”自己使自己与天地万物分别开来而成为狭隘自私的小人。这种本性就是《大学》所讲的“明德”，人人都先天具备，只是因为“私欲”的蒙蔽，才使一些人不能发挥心性中的“一体之仁”，从而沦为“小人”。因此，使人成为“大人”的学问不外除去私欲的蒙蔽，使内在本性的“明德”彰明显现出来。恢复“一体之仁”的良知本性，并不能在心性本体之外，增加什么。“明德”即“良知”，“明其明德”即“致良知”，陆、王均以“一体之仁”是人人具有的先天本性这一先验论观点作为理论根据，论证“以天地万物为一体”的可能性和必要性。当时就有学者认识到从张载、程颢到陆、王所讲的“一体之仁”，与传统儒家“爱有差等”的观点有区别，与墨子“兼爱”的思想则存在着联系。

有学者问王阳明：“大人与物同体，如何《大学》又说个厚薄？”言下之意，“与物同体”，就该“兼爱”，不应有“厚薄”之分，表明王阳明的说法与《大学》有出入。王阳明辩解说：

> 惟是道理自有厚薄。比如身是一体，把手足捍头目，岂是偏要薄手足，其道理合如此。禽兽与草木同是爱的，把草木去养禽兽，心又忍得？人与禽兽同是爱的，宰禽兽以养亲，与供祭祀、燕宾客，心又忍得？至亲与路人同是爱的，如箪食豆羹，得则生，不得则死，不能两全，宁救至亲，不救路人，心又忍得？这是道理合该如此。乃至吾身与至亲，更不得分别彼此厚薄。(《王文成公全书·传习录下》)

这个“合该如此”的道理，可理解为“义”，按王阳明的说法，是告子仁内义外的道理。“一体之仁”在内，兼爱之心无“厚薄”;“厚薄”是外在施行的“义”，因时因地因人因事而“宜”。王阳明辩护自己没有背离传统儒学的基本立场，却又清楚地表明了对传统儒学的修正。他的良知说其实也是儒墨结合的产物。

又如学者问王阳明：“程子云‘仁者以天地万物为一体’，何墨氏‘兼爱’反不得谓之仁？”这两个观点显然是矛盾的。王阳明说：

> 此亦甚难言，须是诸君自体认出来始得。仁是造化生生不息之理，虽弥漫周遍，无处不是，然其流行发生，亦只有个渐，所以生生不息。……譬之木，其始抽芽，便是木之生意发端处……父子兄弟之爱，便

是人心生意发端处，如木之抽芽。自此而仁民，而爱物，便是发干、生枝生叶。墨氏‘兼爱’无差等，将自家父子兄弟与途人一般看，便自没了发端处。不抽芽，便知得他无根，便不是生生不息，安得谓之仁？（《王文成公全书·传习录上》）

这种辩解并不是很有力的。首先，墨子兼爱并非“将自家父子兄弟与途人一般看”，而是相反，“视人之身若视其身”，即将途人与自家父子兄弟一般看，墨子“兼爱”也有先后之施。其次，王阳明偷换了概念，“无差等”不等于“无先后”。木之根、干、枝、叶有发生之先后，但无价值之“差等”。从前文所引周公旦与吕太公望论齐、鲁两国命运的对话中可以看出：亲亲之道与兼爱之道，何者才能“生生不息”。鲁国亲亲，结果日益衰亡；齐国兼爱尚贤，虽为田氏所取代，却能世代称霸。最后，王阳明的辩解其实是出于儒学正统权威的压力和经典教条化之后不容置疑的流弊。这也是汉以后正统体系内的思想家对《墨子》思想总是明斥而暗取的原因。明斥是出于外在的压力和习惯成自然的思维定式，暗取则是出于内在的心仪和思想发展的必然。孟子上升为“亚圣”之后，他所拒斥的墨学，异端地位已不言而喻，谁敢不与之划清界线？然而社会历史和思想史发展的必然性，墨学阶级基础的存在和平民阶级上升的必然趋势，又有谁能够一举而灭之？

六　墨学对非正统文化的影响

儒学取得正统独尊的学术地位之后，不断受到来自各方面的批判和挑战。有来自统治阶级内部改革派的批评，也有来自被压迫阶级的批判；有来自被拒斥的异端思潮的挑战，也有来自外来文化的冲击。我们姑且把这些称为“非正统文化”，因为总体上看他们都是正统儒学的对立面。它们有一种共同的特点，那就是它们都在一定程度上倾向于平民意识，因此和平民思想的源头——墨家有千丝万缕的联系，是继承、弘扬和保存墨家思想的主阵营。

谭嗣同在《仁学》自叙中说：

> 墨有两派：一曰“任侠”，吾所谓仁也，在汉有党锢，在宋有永嘉，略得其一体；一曰“格致”，吾所谓学也，在秦有《吕览》，在汉有《淮南》，各识其偏端。仁而学，学而仁，今之士其勿为高远哉！

文中的“仁”指墨家舍己利人、兼爱无私的侠义精神和人格特质，“学”指墨家的学术思想。正统儒学吸取的主要是墨家之“学”中的部分内容。非正统文化则不仅继承了墨家的学术宗旨，而且弘扬了墨者的侠义精神和人格特质。非正统文化与墨学的密切关系可从《淮南子》、东汉末社会批判思潮、道教、农民起义、明末泰州学派、明清启蒙思潮中得到印证。

1.《淮南子》对墨学的兼容

《淮南子》是汉初淮南王刘安组织宾客集体创作的，主要宗旨属道家，同时兼采百家，墨家是其中的主要对象之一。当时，墨家影响较大，与儒学并驾齐驱，难分轩轾。董仲舒和刘安是同时代的人，分别代表中央和地方两种势力集团的利益。董仲舒站在加强中央集权的立场上，维护所谓“君国”的利益；刘安站在地方分权的立场上，代表统治阶级中地方当权者的利益。在政治、思想上两者均相对立。董仲舒主张“罢黜百家，独尊儒术”，以刘安为代表的黄老之学则“采儒墨之善，撮名法之要”，反对一家独尊。董仲舒要求治国者“奉天而法古”，刘安则坚持自然机械感应论。董仲舒以阳尊阴卑论证社会贵贱等级；刘安则否认阳尊阴卑，主张等贵贱。刘安及其宾客是统治阶级内部的反对派，因为他们在与上层争权的过程中，需要依赖地方上中下层地主和平民的支持，因而能更多地涵容、吸取平民意识，反映社会中下层人民的利益。

《淮南子》和《吕氏春秋》一样，是集体创作的论文集，历史上也都被归入杂家类。但冯友兰先生认为将《淮南子》归入杂家是一个错误，因为它有自己的中心思想，不是各种思想的拼盘。它的中心是黄老之学，即司马谈所说的立足于老庄，同时兼"采儒墨之善，撮名法之要"的道德。《淮南子》所采的墨家之善，主要是节用、勤俭、尚力自强、积极有为、利人利天下、等贵贱、任贤能等观念。

（1）节用利民

《主术训》中说：

> 与其誉尧而毁桀也，不如掩聪明而反修其道也。清静无为，则天与之时；廉俭守节，则地生之财。

尧、桀之分别，不在其主观的小智小慧，而在其行是否合道。因此，与其赞美尧、诋毁桀，不如撇开论人愚贤的聪明，去寻求治国的大道。墨家所崇尚的"廉俭守节"，在这里被上升为宇宙的根本规律——道的内在要求。《淮南子》中列出了一些符合"廉俭守节"原则的范例：

> 人主租敛于民也，必先计岁收，量民积聚，知饶馑有余不足之数，然后取车舆衣食供养其欲。高台层

榭，接屋连阁，非不丽也，然民有掘穴狭庐所以托身者，明主弗乐。肥醲甘脆，非不美也，然民有糟糠菽粟不接于口者，则明主弗甘也。匡床蒻席，非不宁，然民有处边城、犯危难、泽死暴骸者，明主弗安也。故古之君人者，其惨怛于民也，国有饥者食不重味，民有寒者而冬不被裘。（《主术训》）

这和墨家以不损民利作为节用的标准一样。《淮南子》虽不反对享乐，但主张先利民，先解决民众的饥寒劳苦问题，然后才考虑自己的个人欲望和享受。《淮南子》虽不同意墨家主张丧葬节俭的具体主张，但和墨家一样反对儒家的厚葬久丧，认为厚葬久丧是劳民伤财害生。墨子主张："诸加费不加于民利者，圣王弗为。"（《墨子·节用中》）《淮南子》也说："故无益于治，而有益于烦者，圣人不为；无益于用，而有益于费者，智者弗行也。"（《泰族训》）没有实用价值，却徒增民众的烦劳和费用的事情，智者和圣王是不干的。

《淮南子》和《墨子》一样将节用与尚力相结合，要求统治者一方面廉俭节流，不损民利；一方面发展生产，开源增收。《淮南子》认为仁君明主不仅要"取下有节，自养有度"，而且要"上因天时，下尽地财，中用人力"，使"群生遂长，五谷蕃殖"，还要教民养六畜，植树木，

修田畴，种桑植麻，春种秋收，获取资财使“生无乏用，死无转尸”。(《主术训》)

墨子的节用是针对统治者的奢侈享乐而言的，对社会全体来说，节用的目的在于增加社会效益，即利民利天下。《淮南子》也继承这一思路，它在《泰族训》中说：“为治之本，务在宁民；宁民之本，在于足用；足用之本，在于勿夺时；勿夺时之本，在于省事；省事之本，在于节用；节用之本，在于反性。”进而根据道家的观点，认为节用不仅利民利天下，而且是统治者自身本性的内在要求，有益于养生葆真。

墨子以尧、舜、禹为节用利民的典范，对照批评当时的君王。《淮南子》同样以尧、舜、禹为例，反对汉武帝的奢靡与多事，文中将“时人”与尧相对照，写道：

> 人之所以乐为人主者，以其穷耳目之欲，而适躬体之便也。今高台层榭，人之所丽也；而尧朴桷不斫，素题不枅。珍怪奇异，人之所美也；而尧粝粢之饭，藜藿之羹。文绣狐白，人之所好也；而尧布衣掩形，鹿裘御寒。养性之具不加厚，而增之以任重之忧。(《精神训》)

区别在于“尧不厚己而忧民”，关心的是为天下兴利除害的责任，不是一己之私欲与享乐，而当时的君王恰恰反其道而行之。

> 尧之有天下也，非贪万民之富而安人主之位也，以为百姓力征，强凌弱，众暴寡。于是尧乃身服节俭之行，而明相爱之仁，以和辑之。是故茅茨不翦……巡狩行教，勤劳天下，周流五岳，岂其奉养不足乐哉？举天下而以为社稷，非有利焉。(《主术训》)

尧拥有天下却节俭勤劳不辍，并非不会享受，而是和墨者一样，“欲事起天下之利，而除万民之害”(《修务训》)。

（2）道家“无为”与墨家“尚力自强”的结合

《淮南子》在对道家无为而治思想的改造中也体现了墨家尚力自强的有为观。《原道训》中说：

> 所谓无为者，不先物为也；所谓无不为者，因物之所为。所谓无治者，不易自然也；所谓无不治者，因物之相然也。

把“无为”解释为遵循客观规律，反对主观妄为，表现了唯物主义的倾向，这与墨家是一致的。同时《淮南子》强调无为不是消极的无所作为，反对那种“寂然无声，漠然不动，引之不来，推之不往”(《修务训》)的无为。《修务训》中的一段话是最好的说明：

夫地势水东流，人必事焉，然后水潦得谷行；禾稼春生，人必加功焉，故五谷得遂长。听其自流，待其自生，则鲧、禹之功不立，而后稷之智不用。若吾所谓无为者，私志不得入公道，嗜欲不得枉正术；循理而举事，因资而立功；推自然之势，而曲故不得容者；故事而身弗伐，功立而名弗有。非谓其感而不应，攻而不动者。若夫以火熯井，以淮灌山，此用己而背自然，故谓之有为。若夫水之用舟，沙之用鸠，泥之用輴，山之用蔂；夏渎而冬陂；因高为田，因下为池，此非吾所谓为之。

这段话非常明确地说明了它所反对的只是违反自然、违背客观规律的主观妄为，而不是人的一切作为。它把“有为”限定为“用己而背自然”，把按事物的客观规律办事与“有为”相区别，并充分肯定了在规律面前“人必事”“必加功”的积极性和能动性。正如孙叔平先生所说，《淮南子》的“无为”正是顺应事理而有为。这与墨子的“尚力”“强力从事”的主张是一致的。冯友兰先生认为：

《淮南子》这里所讨论的问题，是人和自然的关系问题的一个方面，也是主观和客观的关系问题的一个方面。对这个问题，先秦的唯物主义哲学家荀况和韩非，已开始作了正面的回答。但是，用更丰富的事例以论述这一唯物主义的思想，这要归功于《淮南子》。从它所提出的论证看，它对生产活动、科学知识都十分重视。(《中国哲学史新编》第三册)

其实，墨子是最早关注这一问题的思想家，他的三表法首先提出认识真理性的标准问题，他的“择务而从事”体现着从实际出发与改变现状两方面的统一。墨家也和荀子、韩非一样对这个问题作了正面的回答，而且《淮南子》对生产活动和科学知识的重视，更接近墨家而不是荀子、韩非。如《齐俗训》说：

夫雕琢刻镂，伤农事者也；锦绣纂组，害女工者也。农事废，女工伤，则饥之本而寒之原也。

此类农工之事，只有墨者常系于心，荀子、韩非则较少论及。《修务训》说：

且夫圣人者，不耻身之贱，而愧道之不行；不忧命之短，而忧百姓之穷。是故禹之为水，以身解于阳盱之河；汤旱，以身祷于桑山之林。圣人忧民，如此其明也，而称以“无为”，岂不悖哉？

这正是墨家舍己利天下的人格精神的体现者、实行者，不是荀子所说的在庙堂之上“制礼作乐”的圣人，也不是韩非所说的在深宫之中抱法处事的君王。

（3）“等贵贱”凸现了墨子“尚贤”蕴含的平等观

《淮南子》还继承了墨家平等、尚贤的思想，主张等贵贱。它认为物各有不同的功用：

> 各用之于其所适，施之于其所宜，即万物一齐，而无由相过……物无贵贱，因其所贵而贵之，物无不贵也；因其所贱而贱之，物无不贱也。(《齐俗训》)

人亦如此，人与人之间没有贵贱之分，只有贤愚的差别，尧治天下，使“地宜其事，事宜其械，械宜其用，用宜其人……各从其所安，夫有何上下焉”(《齐俗训》)。

《淮南子》不仅用庄子“齐万物”的理论论证了等贵贱和唯贤能是任的墨家观点，而且从自然观上否定了董仲舒论证社会贵贱等级的自然依据：阳尊阴卑。《诠言训》中说：

> 阳气起于东北，尽于西南。阴气起于西南，尽于东北。阴阳之始，皆调适相似，日长其类，以侵相远，或热焦沙，或寒凝水。

《本经训》说：

> 阴阳者承天地之和，形万殊之体，含气化物，以成埒（形）类。

阴阳二气共同构成万物，在构成万物的过程中，起着同等重要的作用，并没有贵贱尊卑主从之分。正是阴阳二气各自不同的属性的相互作用才构成了丰富多彩、千差万别的自然界。《天文训》还说：

夏日至则阴乘阳，是以万物就而死；冬日至则阳乘阴，是以万物仰而生。昼者阳之分，夜者阴之分。是以阳气胜，则日修而夜短；阴气胜，则日短而夜修。

这些基本上是利用当时的自然科学知识描述和阐释自然现象，既没有董仲舒那种目的论的比附，也否定了阳尊阴卑、阳主阴从的说法。阴阳二气也只有性能和属性的不同，没有价值上的等级差别。这样一来，《淮南子》不仅继承了墨家的平等观，而且以当时的自然科学知识为墨家打破等级界限和唯贤能是用的用人观提供了理论依据。

2. 王充对墨学的继承和发展

王充是东汉著名的富于批判精神的唯物主义思想家，《论衡》是其主要著作，自称：

诗三百，一言以蔽之，曰："思无邪。"《论衡》篇以十数，亦一言也，曰："疾虚妄。"（《论衡·佚文》）

他著书立说的目的在于"考论虚实"，以揭露当时社会上流行的各种虚妄之言，主要针对思想领域中董仲舒的神学目的论和谶纬神学。他运用当时的自然科学知识论证了自然界阴阳气化、自己运动的过程和规律，否定了天人感应的神学目的论；以偶然性的理论解释人生和社会历史，否认了谶纬神学和各种迷信观念。他的立论虽不完全正确，却表现出敢冒天下之大不韪的批判精神，并继承和发展了唯物主义的认识路线，作为官方正统思想的对立面，代表着统治阶级在野派求实进取的一面。

王充反对立儒学为一尊、以儒家五经为是非标准，认为“儒者说五经，多失其实”，“经之传不可从，五经皆多失实之说”。（《论衡・正说》）他不仅认为说经者失实，经本身也有不少不实之处，同时他肯定了子书的价值。他指出：

> 知屋漏者在宇下，知政失者在草野，知经误者在诸子。（《论衡・书解》）

诸子不仅不该视为异端，与儒经相对立，而且应以诸子为镜，纠正儒经的错误，从而明确否定了儒学独尊的地位和儒经不证自明的真理性。

基于这一基本认识，王充批判地吸取了先秦诸子思想中的积极因素。从墨家那里，王充主要批判地吸取了唯物主义认识论和薄葬的主张。

在认识论上，王充首先强调认识的客观性。《论衡》中有《知实》和《实知》两篇，所谓“知实”，就是以客观实在为认识对象；所谓“实知”，是指符合客观实在的认识。《论衡》的宗旨就是以客观事实为依据考察各种学说和观点的真实性或虚妄性，即“考论实虚”。这也正是墨家“以名举实”的反映论观点，《墨子》一书所用的基本方法也是用事实来证实自己的观点或证伪对方的言论，如《经说》上、下多是用客观实例解说《经》上、下的论点。

其次，王充将认识分为“用耳目论”和“以心意议”两个环节。他说：“实者，圣贤不能性知，须任耳目以定情实。”（《论衡·实知》）否认生而知之的先验论，肯定认识来源于感觉。他在《论衡·薄葬》中写道：

> 夫论不留精澄意，苟以外效立事是非，信闻见于外，不诠订于内，是用耳目论，不以心意议也。夫以耳目论，则以虚象为言；虚象效，则以实事为非。是故是非者，不徒耳目，必开心意。墨议不以心而原物，苟信闻见，则虽效验章明，犹为失实。

指出了光凭感觉难辨虚实的局限性，要明辨是非，还必须上升到理性认识，通过思维“诠订”虚实。墨子三表法中以“百姓耳目之实”“古者圣王之事”为判定虚实的标准，并以此证明鬼神的存在。王充认为墨子得出有鬼论这种错误结论的原因，是他的认识停留在感性经验阶段，并没有上升到理性思维，而是被虚假的闻见之实蒙蔽。王充明确否定了鬼神的存在，并揭示了墨子有鬼论的错误根源,这是对墨学的继承与发展。后期墨家已抛弃了墨子“天志”“明鬼”的宗教观念,并克服了墨子狭隘经验论的倾向,把感性经验与理性思维、逻辑论证有机结合起来。王充继承了后期墨家对墨子的这些修正，但后期墨家没能揭示墨子有鬼论的认识根源，这个任务是王充完成的。

再次，王充继承了墨家类推的逻辑方法。他认为圣贤不能生而知之，但可以有“先知”，“先知”不是“生而知之”“不学而知”，而是以类推的方法得到的预见性知识。他说：

> 先知之见，方来之事，无达视洞听之聪明，皆案兆察迹，推原事类。……明福处祸，远图未然，无神怪之知，皆由兆类。
>
> 凡圣人见祸福也，亦揆端推类，原始见终，从闾巷论朝堂，由昭昭察冥冥。(《论衡·实知》)

所谓“迹”“兆”“端”“始”“闾巷”“昭昭”等，都指感性经验所感知的现象。根据这些经验，用类比的方法加以推理，就可以预测到将来的事情，预见祸福吉凶。这是墨家“以类取，以类予”的逻辑原则的运用。

最后，王充也继承了墨家以实践效果检验认识真理性的观点，主张“引效验”来判断一种论点的是非。

他说：

事莫明于有效，论莫定于有证。(《论衡·薄葬》)

又说：

入山见木，长短无所不知；入野见草，大小无所不识。然而不能伐木以作室屋，采草以和方药，此知草木所不能用也。……凡贵通者,贵其能用之也。(《论衡·超奇》)

冯友兰先生认为王充把实际的应用情况作为掌握知识的标准，这种观点跟以实际效果检验真理的标准是相通的。与墨子一样，王充也强调知识的有用性。

另外，王充还继承和发展了墨子的薄葬观。他和墨子一样以节用和有利于生人为理由反对厚葬久丧。王充认为厚葬有“贼生之费”(《论衡·薄葬》),“约葬更为节俭”(《论衡·对作》)。墨子既主张薄葬，又认为人死可以为鬼。王充指出并克服了墨子思想中的这一矛盾，把薄葬建立在无鬼论的基础上，使薄葬说更科学，也更有说服力。

3. 社会批判思潮和改革派的墨学特质

(1) 封建社会中的平民处境

前文讲到墨家学说代表着平民阶层的自觉和上升的要

求。先秦墨家所代表的平民阶层主要是小自耕农和小手工业者，他们提升自己社会地位的道路有两条。一条道路是像墨者那样通过学习文化知识上升为士，再由士而仕，参与社会政治生活，提高政治地位。可称为“政治途径”。汉以后，在名义上这条路对平民一直是敞开的，如所谓的选举制、推荐制、科举制都没有将平民排斥在外的规定，而实际上平民比有钱有权有势的人要受到多得多的限制：首先，平民子弟没有足够的金钱和闲暇满足读书做学问的需要；其次，在选举或考试过程中，受官僚、豪族的操纵，平民子弟面对的是一场极不公平的竞争。总之，平民要想通过这一途径出人头地，自是关隘重重。另一条道路是通过生产的积累，农民开荒扩大生产，小手工业者广招学徒扩大生产，逐步成为中小地主或店主，进而跻身大地主、大商人的行列，再用金钱通关节，或让子弟读书进学，由士而仕，成为官僚，或干脆买个官职以荣身。可称为“经济途径”。墨家对后一途径毁誉各半：墨家主张靠勤劳和节俭发展生产，增加财富，改善经济状况，但反对以剥削为手段的积累，更反对买官鬻爵。汉以后，经济积累的途径受到政府的严格限制，由于政府和地方豪强的重重盘剥，大多数小自耕农不仅不可能凭劳动积累上升为中小地主，反而时时有沦为奴隶的危险。个体小手工业者的命运也与小自耕农相似，秦汉之际只有那些豪强大族成为大地主、大商人、大奴隶主三位一体的势力，通过剥削实现经济积累，但也常常受到国家的打击和限制。汉以后国家、地方豪强（包括大奴隶主、大地主、大商人、大官僚或几位一体的势力）和平民三个层次之间一直存在着利益冲突。这种三角关系使平民受到双重压迫，向哪方面的提升都很困难，因为上面两个层次的利益都建立在剥削平民的基础上，因此两个势力集团都要确保平民社会的稳定作为他们的经济源泉。

中国历史上有过两次由于地方势力的经济积累发展小商品经济的机会，一次是两汉时期，一次是北宋时期。

汉初休养生息、无为而治的政策，使社会经济有了一定的发展，出现了一些大的奴隶主、大商人和大地主三位一体的家庭，使小商品经济具备了一定的规模。汉武帝时期实行盐铁专卖，使私营商品经济变为官营，同时也使一批大商人如桑弘羊等成为大官僚，形成了官商一体的新格局。

宋初实行“不抑兼并”的政策，使大量土地集中到大地主、大商人、大官僚的手中，这三者合一的格局使土地、财富、权势相结合，互为条件，互为因果。官僚凭借权势兼并土地、垄断市场，商人凭借金钱买田置地、勾结官僚。

这两次小商品经济的发展都是建立在剥削平民和侵夺国家利益的基础上，因此受到来自上下两方面的反对而停滞。

在商品经济问题上，平民的立场是矛盾的。一方面，平民除了自己的劳动力和勤劳节俭的精神，没有任何优越条件。商品经济本身平等竞争、等价交换的原则，对平民来说是最有利的，也最公平。墨家所揭示的向往平等竞争的平民意识只有在商品经济条件下才有可能实现。另一方面，封建制度下的小商品经济并不是按其客观的等价交换原则运作的，对平民来说不仅不是公平竞争，反而是在原有剥削之上又加一层盘剥。因此这种封建的商品经济，对平民是不利的；对这种商品经济的限制，在一定意义上更符合平民利益。

所以，在反对小商品经济的社会批判思潮和改革派的思想中都或多或少地体现了墨家的平民意识，将平民利益与国家利益结合起来。虽然从社会历史总体进程来看，抑制商品经济的发展是违反历史发展趋势和经济发展规律的，商品经济是农业经济和小商品经济发展的方向和更高级的阶段，但在当时这些思想确实体现了平民的利益和要求。这些统治阶级内部的批评和改革往往成为农民革命的先声，就说明了这一点。

（2）汉末社会批判思潮中的平民关怀

东汉党锢之祸前后，出现了一股在野的有识之士评议朝政、清议是非的社会批判思潮，王符和仲长统是其中的代表人物。他们的思想中就有比较浓重的平民意识，在一定程度上反映了他们对民利的关心。

王符《潜夫论》中蕴含着墨学特质，揭露了当时商人对农民的剥削。他说：

> 王者以四海为一家，以兆民为通计。一夫不耕，天下必受其饥者；一妇不织，天下必受其寒者。今举世舍农桑，趋商贾。牛马车舆，填塞道路；游手为巧，充盈都邑。治本者少，浮食者众。商邑翼翼，四方是极。今察洛阳，浮末者什于农夫，虚伪游手者什于浮末。是则一夫耕，百人食之；一妇桑，百人衣之。以一奉百，孰能供之？天下百郡千县，市邑万数，类皆如此。本末何足相供？则民安得不饥寒？饥寒并至，则安能不为非？为非则奸宄，奸宄繁多，则吏安能无严酷？严酷数加，则下安能无愁怨？愁怨者多，则咎征并臻，下民无聊，而上天降灾，则国危矣！（《潜夫论•浮侈》）

汉末和战国时期情况不大同，但王符和墨子一样深刻认识到社会根本问题是民众的衣食问题。从商者多，务农者少，民众衣食不足是种种社会问题的根源。他不像正统儒学家那样只讲空洞的道德教化，而是强调农业生产，关注民众的实利。因此他要求统治者“省役而为民爱日”，并说：

> 国之所以为国者，以有民也；民之所以为民者，以有谷也；谷之所以丰殖者，以有人功也；功之所以能建者，以日力也。（《潜夫论·爱日》）

“日力”的概念内涵很深刻，类似于今人所说的生产力，意指劳动者与劳动对象、劳动资料的结合。王符认为：

> 治国之日舒以长，故其民闲暇而力有余；乱国之日促以短，故其民困务而力不足。（《潜夫论·爱日》）

并非自然时日长短有别，而是社会治乱使自然时日所发挥的社会效用有所不同。治时，民众能安心生产，不受干扰，故生产力能得到发展；乱时，“百官乱而奸宄兴，法令鬻而役赋繁，则希民困于吏政，仕者穷于典礼，冤民就狱乃得直，烈士交私乃见保，奸臣肆心于上，乱化流行于下，君子载质而车驰，细民怀财而趋走”（《潜夫论·爱日》），生产遭破坏，生产力得不到发展。“礼义生于富足，盗窃起于贫穷，富足生于宽暇，贫穷起于无日。圣人深知力者乃民之本也，而国之基，故务省役而为民爱日。”（《潜夫论·爱日》）“省役而爱日”与墨家的节用观点一样，目的在于兴民利、纾民困，保障平民最基本的生活生产权利。

关于平民提高社会地位的要求，王符反对经商致富的途径，而主张国家为其提供士而仕的政治途径。因此他反对当时“以族举德，以位命贤”的社会风气，认为人贤能与否与其出身贫富贵贱无关，“人之善恶，不必世族；性之贤鄙，不必世俗”(《潜夫论·论荣》)，“贤愚在心，不在贵贱；信欺在性，不在亲疏”《潜夫论·本政》。和墨家的主张一样，都要求打破身份地位的界限，用人但论贤能与否，不问贵贱贫富。“苟得其人，不患贫贱；苟得其材，不嫌名迹。”(《潜夫论·思贤》) 而当时实行的贡举制度与此相反：“富者乘其财力，贵者阻其势要。以钱多为贤，以刚强为上。”(《潜夫论·考绩》) 王符认为这不仅使社会政治混乱，而且违反客观规律，是不可能长久的。他在《潜夫论·本政》中说：

> 世主欲无功之人而强富之，则是与天斗也；使无德况之人，与皇天斗，而欲久立，自古以来，未之尝有也。

这里的“天”无论是指客观规律还是指天意，其内涵都与墨家的“尚贤”是一致的，即给平民以平等的入仕参政的机会，保障他们提升社会地位的权利，这不仅利民而且利国。为了改变这种名不副实的贡举制度，王符主张实行考绩制度，使“有号者必称于典，名理者必效于实，则官无废职，位无非人”(《潜夫论·考绩》)。这也体现了墨家不重空谈、重实际效用的倾向。

王符还继承了墨家言行一致的主张。墨家主张“言必行，行必果”，王符也批评了各种言行不一的社会现象。他说：

> 凡今之人，言方行圆，口正行邪。行与言谬，口与心违。论古则知称夷、齐、原、颜；言今则必官爵职位。虚谈则知以德义为贤，贡荐则必阀阅为前。（《潜夫论·交际》）

仲长统主要用天道观和历史观对正统儒学进行了批判，这两方面都包含着墨学特质。

在天道观上，仲长统否认了与人事相感应的神秘的宗教之天，但肯定了影响农业生产的物质之天及其作用。他说：

> 所贵乎用天之道者，则指星辰以授民事，顺四时而兴功业，其大略吉凶之祥，又何取焉！（《群书治要》卷四十五引）

这是对墨子的宗教天志观的修正和对后期墨家、荀子科学天道观的继承。

在历史观上，仲长统和墨家、法家一样主张历史进化论，并用墨家“非命”“尚力”的逻辑揭示了历史进化的历程。他认为每个朝代的开创者，都不是什么真命天子受命于天，而是“伪假天威”“矫据方国”“角才智，程勇力”夺取政权的。其后继者也是凭借国家机器的强制力维持其“贵有常家，尊在一人”的统治。每个朝代的末期，旧的王朝之所以衰败、覆灭，也正是因为受压迫者的反抗和新兴统治势力武力、才智的全面围攻。

关于社会制度的沿革，仲长统也继承了墨家的“述而且作”，以实际效用为衡量“述”或“作”的尺度的主张。他说：

> 作有利于时，制有便于物者，可为也。事有乖于数，法有玩于时者，可改也。故行于古有其迹，用于今无其功者，不可不变。变而不如前，易而多所败者，亦不可不复也。(《后汉书·仲长统传》)

他进一步提出的具体改革主张有废除分封制、加强中央集权和恢复井田制,“齐民财之丰寡,正风俗之奢俭”(《后汉书·仲长统传》）等。具体主张虽似儒家，基本思路则与墨子“尚同”、分财、节俭等相通。

《后汉书》作者范晔将王充、王符、仲长统三人合传，并称：

> 数子之言当世失得皆究矣，然多谬通方之训，好申一隅之说。……稽之笃论，将为敝矣。

由此可见三人思想的非正统性。

（3）宋明改革家的墨学特质

北宋时期范仲淹的“庆历新政”和王安石的“熙宁变法”都是站在国家和平民的立场上打击大官僚、大地主和大商人，实行富民政策。其理论与措施中不乏墨学色彩。

宋仁宗庆历年间，范仲淹向仁宗上书指出当时存在着严重的危机：

> 纲纪制度日削月侵，官壅于下，民困于外，夷狄骄盛，寇盗横炽，不可不更张以救之。（《范文正公集·政府奏议》卷上《答手诏条陈十事》）

他的上书中涉及制度、官僚作风、民众生计、军事外交、社会治安等许多方面，认为当时的朝政可谓陷入了内忧外困之中。对此，他提出了十条改革措施：

> 一曰明黜陟；二曰抑侥幸；三曰精贡举；四曰择官长；五曰均公田；六曰厚农桑；七曰修武备；八曰减徭役；九曰覃恩信；十曰重命令。（《范文正公集·政府奏议》卷上《答手诏条陈十事》）

其中第五、六、八三条都直接关系到平民的利益，包括减轻农民的徭役负担和为农业生产创造条件，如垦荒、兴修水利等。第一至第四条都是官僚体制的改革，其中贯穿这两方面的改革思路都和墨家、东汉社会批判思潮基本相通。

李觏为范仲淹的改革提供了理论根据。他曾上书范仲淹，提出改革的目标和方法，并在《周礼致太平论》中作了系统的论证。他认为改革的目标应是富国强兵，而富国强兵的途径不外增加生产和节用。他说：

> 《洪范》“八政”，首以食货，天下之事未有若斯之急者也。既至穷空，岂无忧患？而不闻节用以取足，但见广求以供用。(《直讲李先生文集·寄上范参政书》)

以“食货”为改革之急务，解决这一问题首先要发展生产，而发展生产则依赖于天时、地利与人力三个方面的充分利用和有机结合。

> 天不常生，其生有时；地不遍产，其产有宜；人不皆作，其作有能……(《直讲李先生文集·国用第一》)

关键是人尽其能。他说：

> 天之生民未有无能者也，能其事而后可以食，无事而食，是众之殃，政之害也。是故圣人制天下之民，各从其能，以服于事，取有利于国家，然后可也。(《直讲李先生文集·国用第三》)

这与墨家“赖其力者生，不赖其力者不生”，从王公大人到农与工肆之人都要强力从事的观念是一致的。

其次要节用：

国不尽得，其得有数。（《直讲李先生文集·国用第一》）

所谓富国者，非曰巧筹算，析毫末，厚取于民以媒怨也，在乎强本节用，下无不足而上则有余也。（《直讲李先生文集·富国策第一》）

既不同于法家弱民富国的思路，也区别于汉武帝官营专卖以富国的政策，而是循着墨家节用利民的思路寻求富国的路数。

庆历新政未能施行，王安石继承了范仲淹未竟的事业，在宋神宗的支持下，实施了新法。新法主要有均输法、农田水利法、青苗法、免役法、市易法、方田均税法、保甲法、将兵法等，其中农田水利法、青苗法、方田均税法都是发展农业生产，减轻农民负担，打击豪强地主对农民的剥削等方面的措施，和李觏的富民以富国的思路一致。均输法和市易法则是打击大商人，国家与商人争利的措施，其余都是强兵措施。王安石变法的总体思路是保护两头、打击中间，为国家与平民谋利，打击豪强地主和巨商富室。

范仲淹、李觏和王安石都认为自己的改革思想与措施和正统儒学不相矛盾，却受到当时和后来正统儒家和政治实权派的强烈反对，不仅以司马光为首的一大批大官僚、大地主、大商人坚决反对新法，不遗余力地打击改革派人士，而且像张载、二程之类比较温和的人士也反对新法。原因何在？程颢一语道破天机，他说：

> 设令由此侥幸，事有小成，而兴利之臣日进，尚德之风浸衰，尤非朝廷之福。（《河南程氏文集》卷一《再上疏》）

与汉朝盐铁会议上贤良文学派反对盐铁专卖的理由如出一辙，他们的理论依据就是孔、孟和董仲舒的义利对立观。王安石等变法的首要目的就是兴利、争利，但他所兴之利与汉武帝盐铁专卖所兴之利不同：后者专为君国之利，不仅不利民，而且加重对平民的剥削；王安石则把君国之利与平民之利相结合，利民以利国。汉武帝所兴之利正是墨家所反对的不义之利，王安石等所兴之利则是墨家所追求的义之利。正统儒家的反对恰恰表明了地主阶级改革派所继承的墨家功利意识，与正统的官方意识形态相矛盾。

王安石被斥为“兴利之臣”，却又受到号称功利主义者的陈亮、叶适的反对。陈亮认为宋太祖不抑兼并的政策“于文法之内，未尝折困天下之富商巨室；于格律之外，有以容奖天下之英伟奇杰；皆所以助立国之势而为不虞之备也”（《龙川文集》卷一《上孝宗皇帝第一书》）。这种政策有利于商业资本的积累。而王安石的“青苗之政，惟恐富民之不困也；均输之法，惟恐商贾之不折也”，“加惠百姓，

而富人无五年之积；不重征税，而大商无巨万之藏；国势日以困竭”。(《龙川文集》卷一《上孝宗皇帝第一书》)

叶适也批评王安石等“俗吏”“欲抑夺兼并之家，以宽细民”。认为：

> 富人者，州县之本，上下之所赖也。富人为天子养小民，又供上用，虽厚取赢以自封殖，计其勤劳，亦略相当矣。(《水心别集》卷二《民事下》)

陈亮、叶适也是正统儒学的反对派，反对义利对立，主张义利统一，看起来和墨家、王安石等的观点一致，其实同中有异。如果套用西方经济学术语来讲，陈亮、叶适属重商主义者，墨家、王安石等属重农主义者。重商主义者所讲的功利是工商业利润，即在加工和交换过程中的增值，通过增值而积累财富。重农主义所讲的功利只是满足生产生活和国家公务等基本需要的财富。前者可扩大再生产，后者只是保障简单再生产。王安石的变法和墨家学说一样遭冷遇的原因，也许正是他们的观念虽适应农业社会的基本国情，却不符合经济发展的必然趋势，因而只能维持低水平的均衡，不能向高水平提升。墨家保障平民基本生产生活权利的愿望虽被历代改革家继承，却始终得不到实现的原因也在于此。

另外，范仲淹和王安石的个人品格也颇具墨者风范。

范仲淹“先天下之忧而忧，后天下之乐而乐”的名言，体现了典型的救世济民、自苦利天下的墨家精神。关于王安石的人品，司马光的弟子刘安世归结为八个字：“虚名，实行，强辩，坚志。”他说：

> 当时天下之论，以金陵（王安石）不作执政为屈，此虚名也。平生行止无一点涴，论者虽欲诬之，人主信乎？此实行也。论议人主之前，贯穿经史今古，不可穷诘，故曰强辩。前世大臣欲任意行一事，或可以生死祸福恐之得回，此老实不可以此动，故曰坚志。（《元城语录》）

这一评语出自反对者之口，当无溢美之词。所谓“虚名”，实为实绩，说明王安石做地方官时，确有建树，深孚民望，赢得了舆论的支持；所谓“实行”，即言行一致，表里如一，没有污点秽行成为对手攻击的把柄；所谓“强辩”，乃是学问渊博，通今博古，满腹经纶;所谓“坚志”，即无私，不计较个人利害得失。这些品质与墨者的人格特质十分相似。

类似于王安石的改革家，历史上还有明代的张居正。他也勇于任事，锐意改革，慨然以天下为己任，被李贽誉为“宰相之杰”。他的改革主要针对边防、经济和吏治等方面。改革的动机中，利民占有很重的分量。他的经济措施与王安石有所不同：王安石是打击富商，为国家和农民兴利；张居正则提出“资商利农论”，认为商业和农业在国民经济中互相依存，处于同等重要的地位。他说：

古之为国者，使商通有无，农力本穑。商不得通有无，无以利农，则农病；农不得力本穑以资商，则商病。(《张文忠公全集》卷八)

这是明代商业发展所引起的观念上的改变，张居正通识时务，重现实，不泥古，所以能变古易常，抛弃传统的重农抑商政策。具体观点虽有所不同，但这种从客观实际出发“审机度势，更化宜民”“随时制宜，因民立政”的改革思路与王安石“新故相除”的思想相一致。这种进化观虽是法家和墨家的共识，但张居正将时代需要与民众需要相结合，作为变革的尺度和客观依据，更接近墨家“述而且作”的标准，与法家弱民富国的观念不同。张居正说：

法无古今，惟其时之所宜，与民之所安耳。时宜之，民安之，虽庸众之所建立，不可废也；戾于时，拂于民，虽圣哲之所创造，可无从也。(《张文忠公全集·文集三》)

张居正的人生哲学也体现着墨家无私奉献、积极有为的精神。他曾表示：

苟利社稷，死生以之。(《张文忠公全集·书牍十一》)

愿以其身为蓐荐，使人寝处其上，溲溺之，垢秽之，吾无间焉。(《张文忠公全集·书牍五》)

忘家徇国，遑恤其他。(《张文忠公全集·书牍十》)

与墨家损已利天下，杀已利天下的宏愿悲怀相类。范仲淹、王安石、张居正为代表的地主阶级改革派的思想、精神和社会批判思潮，实际上都是儒、墨、法等诸家思想精神的结合，有博采众长的特点。其中墨家的重民利、进化观、积极奉献的人格精神等，都作为优秀文化传统的一部分融于他们的思想行为之中。

4. 明清启蒙思潮对墨学的弘扬

宋以后，封建社会已由盛而衰，虽有宋明理学强化封建意识的努力，仍不能扼制蠢蠢欲动的否定因素的不断增长。王安石改革的施行和失败，就是社会矛盾斗争的体现，陈亮、叶适的观点虽有些强词夺理，却反映了社会发展的潜在趋势。正如黑格尔所说，恶劣的情欲正是历史发展的杠杆，地方豪强与富商巨室积累财富的手段虽不合理、不公平，上不利于君国，下有损于平民，但这是社会发展在一定历史时期必须付出的代价。南宋以后，特别是明清之际，随着东南沿海一带小商品经济的发展和市民阶层的形成与自觉，社会启蒙思潮应运而生。明清社会启蒙思潮反映了重商倾向、平民自觉、公天下和实利主义等非正统意识。

（1）重商倾向中体现的墨学特质

南宋陈亮、叶适公开提出重商主义，明确否定农业为本、工商为末的观念以后，虽然没有改变政府重本抑末的政策，却引起了人们观念和行业意识的深刻变化。元代理学家许衡就提出了著名的“治生”论。他反对专事空谈不务实事，把“道”解释为“日用常行”。他说：

> 大而君臣父子，小而盐米细事，总谓之文，以其合宜，又谓之义；以其可以日用常行，又谓之道。文也义也道也，只是一般。（《许衡集·语录上》）

与程朱“存天理，灭人欲”的观点相反，许衡重视人的“生理”，即穿衣吃饭问题。他说：

> 为学者，治生最为先务。苟生理不足，则于为学之道有所妨。彼旁求妄进，及做官嗜利者，殆亦窘于生理之所致也。……治生者，农工商贾，士君子当以务农为生。商贾虽为逐末，亦有可为者，果处之不失义理，或以姑济一时亦无不可。（《许鲁斋先生年谱》）

做学问，首先要解决生计问题。如果生计不足，没有基本的生活条件，会妨碍做学问。有些人走上歪门邪道，大概也是因为生计所迫。农工商贾都可作为治生手段，当以务农为先，商贾虽为末业，只要取之所义，虽然只能解一时之困，也未尝不可。这一观点的提出意味着士与农工商的严格界限开始淡化，明代王阳明的“良知说”，特别是王门后学的泰州学派，从良知人人皆有的学说中推导出人人平等的结论，并把这一观念传向民间，大大提高了农工商的自信心。许多商人从此不再自认低人一等，许多学者也不再反对子弟经商。黄宗羲明确提出工商皆本，并提出一系列改革措施，为工商业的发展提供便利。

这种重商意识和此时工商业的发展，与上文所说的那两次不同。前两次商品经济的发展都是凭借自上而下的权势促成的，是以剥削和侵吞平民利益、国家利益为特征的，是变相的、扭曲的、带着封建或奴隶制特征的小商品经济。南宋以降东南沿海小商品经济的发展则大多是自下而上循着原始的资本积累的自然途径形成的。如一些农民利用农闲经营一些土特产，逐渐地到外地城市开店设铺，先是派出子弟雇佣少量的伙计，渐渐地举家迁居城市，成为市民。同时自动组织起行会，制定出行规，共同遵守，在一定程度上贯穿着平等竞争、公平买卖的原则，很多商人因此被称为“儒商”。儒商这一雅称意味着通情达理、文明经商、讲信用、守道义。这些人在一定意义上艰难地初步实现了墨家平民靠勤劳节俭改善生活状况的愿望，他们的行为也体现着墨家义利统一的原则：合理追求功利，但绝不损人利己，自觉接受自己心中文化理念和价值观的束缚。由于官府的盘剥、压制和外敌的入侵，这一重商思潮和小商品经济的发展未能真正改变平民的命运。

（2）平民的自觉

伴随着重商思潮出现的是平民的再度自觉。春秋战国时期生产力的发展和较为自由的社会流动性促成了平民的第一次自觉，从而出现了代表平民意识的墨家学派。秦汉以后，平民的地位被固定在社会的底层，平民只是作为谋取君国利益的手段和条件被重视，其平等的人格、社会主体身份和其自身利益的目的性均被否定或漠视，官本位意识压制了平民意识。商人无论多么富有，如果不进入官僚系统，其社会地位就得不到认可和提升。正统儒家“素富贵行乎富贵，素贫贱行乎贫贱”的等级观念的强化使平民只知也只能做一个安分守己的顺民，不敢也不可能有凭自己的能力改变和提升社会地位的欲求。南宋以后，小商品经济的发展和重商思潮的出现，唤醒了平民的自我意识，也看到了“非命”“尚力”的可能性，虽然依旧阴霾重重，但毕竟在东方地平线上露出了一线曙光。

在平民再度自觉的过程中，王阳明的“良知”说及其后学中的左派起着推波助澜的作用。“良知”说在诉诸道德情感的正统儒学中加上了理智的因素。王阳明本人和其后学中的右派寄希望于人的理性自觉来维护正统儒学名教的权威，用王阳明的话说即通过“破心中贼”来“破山中贼”。但是他把良知的理智判断能力凸现出来以后，必然导致的结果则是对正统权威的怀疑，对是非真假的重新审视与反思，因为他把衡量的标准交到了每个人的手里，哪怕是不曾读过经书圣典的愚夫愚妇，心中也同样有这样一杆秤，可以不依靠任何外在的权威，就可以靠自己的良知明辨是非、判断善恶。正如韩国学者黄秉泰所说：

> 王阳明的著名的“四天理”播下了败坏名教正宗传统的危险种子，这个提法微妙地反映了他在理智动力的平等冲动与道德执着的名教事业之间谨慎地维持的矛盾心理。（《儒学与现代化——中韩日儒学比较研究》）

这个矛盾在他的后学中被展开。“四天理”即王阳明所说的：

> 无善无恶心之体，有善有恶意之动，知善知恶是良知，为善去恶是格物。（《明儒学案·东林学案一》）

以钱德洪为首的右派坚守这“四句教”为“四有”，

即坚持道德教化与修养的功夫和良知本体的结合。以王畿为首的左派将“四句教”引申为“四无”：

> 心是无善无恶之心，意即是无善无恶之意，知即是无善无恶之知，物即是无善无恶之物。(《玉龙溪先生全集》卷一《天泉证道纪》)

当两个弟子把这一分歧提交王阳明评判时，王阳明说，这是他对天赋不同的两种人的不同教法，含混的回答表明了他内心的矛盾。

钱德洪继承了王阳明执着名教的一面，王畿则引申发展了其师“理智动力的平等冲动”。王畿的“四无”说使人的良知本性超越了天理和人欲的善恶对立，这种对立一直是正统儒学区分君子、小人的尺度，这一对立的超越就为打破君子、小人的等级界限提供了理论依据。王畿还否定了正统儒学那种只有有闲阶级才可以做到的道德修养方法：读书穷理和静坐沉思。他认为用那种愚夫愚妇都能做到的方法——直觉体验和积极活动，就可以“致良知”而成为圣贤，从而证明了平民平等的道德主体性。

王阳明的另一弟子王艮和王畿一同创立了泰州学派。王艮进一步把王畿的理论落实为一场平民运动，使泰州学派成为墨家之后又一个平民学派。王艮自己是一个盐商的儿子，他的追随者中也大多是来自民间的平民百姓，从事着民间教师、商贩、工匠等基层的职业。他讲学的对象也是各行各业的平民，他身着粗棉布长袍，走村串巷，用最浅显的语言唤醒民众的主体意识。如：

> 明哲者，良知也。明哲保身者，良知良能也，所谓不虑而知，不学而能者也。人皆有之，圣人与我同也。知保身者，则必爱身如宝。能爱身，则不敢不爱人；能爱人，则人必爱我……此仁也……吾身不能保，又何以保天下国家哉！（《王心斋先生遗集》卷一《明哲保身论》）

这里已消除了正统儒家亲亲的差等原则，代之以我与人平等交换的墨家逻辑。

在王艮的教义中，内在的自我和外部世界由一条单一的、互爱互敬的人道线索联系起来，平民的个人利益处于互爱和互敬、互助的关系之中。这既包含着对个人积极努力谋取个人利益的肯定，又激励人们积极合作、互相帮助。他用的虽是儒家的术语，揭示的却是墨家“兼相爱，交相利”的思想和逻辑。这种平等互助的关系和利益准则就是良知的体现，而对这种良知的认识是通过日常生产生活的体验而获得的。这一点也是和墨家重生产实践和经验的倾向相一致的，并与正统儒家鄙视生产实践和重先验理性的倾向相反。

泰州学派的另一个代表人物李贽，是一个反正统的平民斗士。李贽的家乡泉州是当时一个对外贸易的重要港口，他的父亲是信伊斯兰教的商人。这种家庭和社会环境使李贽从小受到非正统文化的熏陶。他不仅著书立说批判正统思想，而且不遵循正统的生活习俗，常有惊世骇俗之举，比如公开招收女弟子、主张男女平等等，以致七十多岁高龄还被以名教罪人的罪名，囚死于狱中。

李贽用“童心”说修正了王阳明的“良知”。他认为“童心”是人人先天具有的本心，其特点是“绝假纯真”，言下之意，王阳明的良知带有一定的道德虚伪性，“童心”则没有受到道学的污染。他讲童心的目的就是要揭开道学的虚伪面纱，还人以本来的真面目。他毫不留情地抨击了道学的虚伪和无用，不仅认为道学教育出来的人都是“假人”，他们满口都是“假言”，而且指出：

> 世之好名者必讲道学，以道学之能起名也。无用者必讲道学，以道学之足以济用也。欺天罔人者必讲道学，以道学之足以售其欺罔之谋也。(《初潭集》卷二十《道学》)

道学成了欺世盗名者的法宝，他说道学家们：

> 平居无事，只解打恭作揖，终日匡坐，同于泥塑，以为杂念不起，便是真实大圣大贤人矣。其稍学奸诈

> 者，又搀入良知讲席，以阴博高官，一旦有警，则面面相觑，绝无人色，甚至互相推委，以为能明哲。（《焚书》卷四《因记往事》）

对于当时一个有名的海盗，他则称他有二十分的才、二十分的胆、二十分的识。

李贽对道学的这些批判同样体现着平等意识和理智倾向，用人人自控的“童心”重新称量正统观念，同时还表现出对智能胆识的重视。这些都是墨家学说所特有、正统儒学中所缺乏的因素和特质在新时代的体现。泰州学派一面把陆王心学的主观唯心主义发展到顶点，一面又走向了正统儒学的反面，就像惠能的禅宗南宗一面把中国化的佛学发展到极端，一面又否定了佛教的一切外在权威一样。这正是学术发展相反相成的辩证逻辑。正统儒学将墨学贬斥为异端之后又在自己体系之中播下了复兴墨学的种子。泰州学派虽没有打出复兴墨学的旗号，却将平等互利、理智反思和重生产、重智能等墨家学说无声地纳入自己的思想体系，既促进了平民意识的再度自觉，又再次证明了墨学虽绝犹存。

（3）“公天下”

在重商思潮和平民意识再度自觉的基础上，“公天下”的观念也在启蒙学者的思想中觉醒。先秦诸子中，儒、法、兵诸家都是为“家天下”立言，道家则立足于自然的回归，只有墨家真正是站在“公天下”的立场上。这是由墨者的阶级属性所决定的，平民在“家天下”中是注定被奴役的对象，只有在“公天下”的社会中才有可能得到平等的权利和公正的待遇。这种观念在《礼记·礼运》中被想象成一种理想的类似于原始共产主义的社会图景。在汉以后一千多年几乎无人敢摸皇帝额下这片逆鳞，除了朝代更替之际，军阀混战之时，为夺取政权而暂时利用“公天下”的旗号收买人心。一旦政权在握，就会彻底抛弃，且不容再提，以免予他人争夺天下的口实。明、清启蒙思想家黄宗羲在《明夷待访录》一书中，才明确重提这一尘封已久的古老观念。

和墨家一样，黄宗羲首先认为，国家的起源、君主和百官的设立，其本意不是为一家一姓之私利，而是为天下兴公利、除公害。“古者以天下为主，君为客。”（《明夷待访录·原君》）百官出仕是“为天下，非为君也；为万民，非为一姓也”（《明夷待访录·原臣》）。君臣都是民众的公仆，是合作者，不是主仆。国家制定法律制度也是维护公义，是为天下人兴利除害的“天下之公法”（《明夷待访录·原法》）。而在家天下的制度下，君王将天下视为其私家产业，即“君为主，天下为客”（《明夷待访录·原君》）。打天下时，“屠毒天下之肝脑，离散天下之子女，以博我一人之产业”；得天下后，“敲剥天下之骨髓，离散天下之子女，以奉我一人之淫乐，视为当然”。(《明夷待访录·原君》) 黄宗羲认为,这样的君王是天下之大害,并明确表示:“向使无君，人各得自私也，人各得自利也。”(《明夷待访录·原君》) 肯定了民众追求个人私利的权利。在家天下的制度下，大臣百官也被当作君主的私属奴仆，法律制度也成为君主的一家之私法，君主的意志凌驾于法律之上。黄宗羲呼吁将这种颠倒了的君与天下、君与臣、君与法之间的关系重新颠倒过来,转变观念。他认为:“天下之治乱，不在一姓之兴亡，而在万民之忧乐。”(《明夷待访录·原臣》) 为此他提出了包括工商皆本、以学校为议政机关等一系列改革措施。

然而，黄宗羲也和墨子一样，只是抽象地谈论平等、公义、公利等平民的权利，却没有任何可保障其落实的具体法律程序。和西方启蒙思想比起来，只有相似的民主、平等、博爱的观念，却没有实践方案。而且黄宗羲和墨子思想中那一点民本意识是以官本位为前提的，依赖于明君贤相自上而下地体察民情，没有提出一套自下而上地上达民意和保障民权民利的制度和程序，没有想过要有一套常规化的畅通的运行机制。墨子虽以布衣身份，不辞劳苦，救世济民，但这种个人或团体行为毕竟是有限的，既不是每个人都能做到的，也无任何强制性措施保障达到效果。黄宗羲的学校代议制比起墨子有所进步，但仍很抽象，而且没有超出开明专制的樊篱，不是现代意义上的民主。

尽管黄宗羲“公天下”的启蒙思想只在一定意义上再现了墨家的社会理想，没有解决墨家遗留的问题，毕竟社会已进到了一个新的时期，“公天下”的实现可能性已比墨子时期大得多。如果说在墨子之时只是抽象的可能，那么在黄宗羲的时代已接近现实的可能了。明清之际，“公天下”的文化理念和社会理想体现着社会变革的潜在趋势和方向，是那个时代许多敏锐激进的有识之士的共识。如顾炎武明确反对君主独裁，认为君主不应该“肆于民上以自尊”“厚取于民以自奉”（《日知录》卷一），主张“群治”，他说：“人君之于天下，不能以独治也。独治之而刑繁矣，群治之而刑措矣。”（《日知录》卷三）王夫之也反对君主以天下为私，聚敛财富，侵夺百姓的土地；主张耕者的土地所有权不得侵犯。他们和黄宗羲一样反映了“公天下”的平民意识，否定了“家天下”存在的根据，提出了类似西方代议制和君主立宪制的改革主张。可惜这些本可启动民主改革进程的先进思想，被清兵入关和列强入侵摧毁，中华民族为此又付出了数百年的时间和惨痛的代价，到近代资产阶级的改良和民主革命时期才引起广泛的重视，成为许多思想家、革命者追求的目标和前仆后继、慷慨赴义的精神动力，如康有为、谭嗣同、孙中山等都自觉接受了这一蕴含着墨家思想精神的启蒙思潮的影响。

（4）功利与力行

墨家功利主义在明清启蒙思潮中也得到了弘扬。早在南宋时期，陈亮、叶适就打出了功利主义的旗号，与正统儒学的所谓“道义”相对抗。陈亮和叶适除了重商，肯定商人积累财富的合理性，还提出了义利统一观、感性与理性相统一的认识论等与墨家相一致的思想学说。如陈亮反对朱熹“义利双行”的说法，认为这种说法将义利割裂开来。叶适也批评董仲舒“正其谊不谋其利,明其道不计其功”的说法,认为:

> 此语初看极好，细看全疏阔。古人以利与人而不自居其功，故道义光明。后世儒者行仲舒之论，既无功利，则道义者乃无用之虚语尔。(《习学记言序目》卷二十三《汉书三·列传》)

和墨家“义，利也”的观点一样，以功利、公利、利他为道义的标准，没有功利的道义只是一句无用的空话。

功利主义伦理观往往与认识论上的知行统一观相联系。在墨学中是这样，在陈亮、叶适的思想体系中也如此。叶适在认识论上首先强调认识的客观性,即“以物用而不以己用”,“以物用”即遵循客观尺度,“以己用”则是主观妄为，他认为:“自用则伤物，伤物则己病矣。”(《叶适集·进卷·大学》)主观妄为不仅有损于物，而且会伤害自己，因为违反客观规律就不能正确发挥物的作用，也就不能满足人的需要。所以“圣贤之所为过乎人者，不恃其力之足以致物，而忧其心之未能通物”（《叶适集·傅说》）。其次主张感性与理性相结合，即“内外交相成”。他说：

> 按《洪范》，耳目之官不思而为聪明，自外入以成其内也；思曰睿，自内出以成其外也。（《习学记言序目》卷十四《孟子·告子》）

用现代话说，“自外入以成其内”意即感性认识是理性认识的基础；“自内出以成其外”的意思是理性认识是感性认识的升华和完成，二者各有侧重，而又相辅相成、相互渗透。与后期墨家朴素辩证唯物的认识论相一致。最后，主张力行，反对消极的“乘机”“待时”。他说：

> 事之未立，则曰“乘其机也”。不知动者之有机，而不动者之无机矣。纵其有机也，与无奚异？功之未成，则曰“待其时也”。不知为者之有时，而不为者之无时矣。纵其有时也，与无奚别？（《水心文集》卷一《上光宗皇帝札子》）

包含着与墨家“非命”、“尚力”、强力从事相通的力行精神。陈亮也强调实用力行，反对安坐待时。他说：

> 人才以用而见其能否，安坐而能者不足恃也；兵食以用而见其盈虚，安坐而盈者不足恃也。（《龙川文

集·上孝宗皇帝第一书》)

又说：

风不动则不入，蛇不动则不行，龙不动则不能变化。今之君子欲以安坐感动者，是真腐儒之谈也！(《龙川文集·又癸卯秋书》)

功利主义和力行观在清初实学特别是颜元的思想中得到了进一步的阐发。

在义利观上，颜元继承了墨家、陈亮、叶适等的义利统一观。他认为“以义为利，圣贤平正道理也”，并将董仲舒“正其谊不谋其利，明其道不计其功”改为“正其谊以谋其利，明其道而计其功”。(《四书正误》卷一《大学》)他说：

世有耕种而不谋收获者乎？世有荷网持钩而不计得鱼者乎？(《颜习斋先生言行录·教及门》)

颜元在这里不仅和墨家观点一致，而且和墨家一样从基本生产活动中寻找例证，说明他也熟悉并重视日常生产活动。颜元还揭露了正统儒家的伪善性，指出他们“名为道学，而实餍时文，以射名利”(《颜习斋先生言行录·学人》)。“高声价、系重望”正是为了被“奉为大儒”“仰为君子”。

在知行观上，颜元特别强调务实和习行。首先，他反对空谈天道、性命、鬼神等，主张学习“正身、利用、厚生”的具体知识，包括礼、乐、射、御、书、数、兵、农、钱、谷、水、火、工、矿等传统文化和科学技术知识，大大扩大了学习知识的范围，强调了实用知识技能的学习。正统儒学受孔子“君子不器”的观念影响，认为“射御之类，有司事，不足学，须当如三公坐论”，颜元指出“人皆三公，孰为有司？学，正是学作有司耳！”，主张“宁为一端一节之实，无为全体大用之虚”。(《四存编·学辨一》）颜元所倡导的学风颇具当年墨家风采：重实用、重技能。一改长期以来正统儒学把认识等同于道德修养，贬低甚至排斥智能学习的倾向。

其次，颜元反对读书穷理、静坐默想，强调积极的行动、练习、实践。他认为“习行”是真知的源泉。他说：

> 人目虽明，非视黑视白，明无由用也。人心虽灵，非玩东玩西，灵无由施也。(《四书正误》卷一《大学》)

他把“格物”之“格”解释为“手格猛兽”之“格”，“乃犯手捶打搓弄之义”(《习斋记余》卷六)。“手格其物，而后知至。”(《四书正误》卷一《大学》）如种蔬菜：

> 虽上智、老圃，不知为可食之物也。虽从形色料为可食之物，亦不知味之如何辛也，必箸取而纳之口，

乃知如此味辛。(《四书正误》卷一《大学》)

只有“习行”才能检验知识是否真理，知识也只有付诸“习行”才是有用的知识。他说：

人之为学，心中思想，口内谈论，尽有千百义理，不如身上行一理之为实也。(《颜习斋先生言行录·习过》)

但凡从静坐读书中讨来识见议论，便如望梅画饼，靠之饥食渴饮不得。(《存学编》卷二《性理评》)

不仅如此，颜元还认为“习行”是从个人到家、国、天下自强不息的根本途径。他说：

养身莫善于习动，夙兴夜寐，振起精神，寻事去作，行之有常，并不困疲，日益精壮。但说静息将养，便日就惰弱。故曰:“君子庄敬日强，安肆日偷。”(《颜习斋先生言行录·学人》)

又说：

一身动则一身强，一家动则一家强，一国动则一国强，天下动则天下强。(《颜习斋先生言行录·学须》)

颜元的知行观带有明显的墨学色彩，如勤劳力行，重实行实效，侧重经验、技能等。

从南宋功利主义学派，到明清启蒙思潮，其间虽无人明确打出墨学的旗号，却在有意无意之间倾向于墨家精神，有实无名地在新的社会背景下弘扬了墨家精神，论说着墨者的理想。

5. 墨家精神的传承

墨家精神表现在许多方面，尤其突出的是自苦利人、杀己利天下的人格精神和求真求是、重智能、重实效的科学精神。这两种精神在古代虽说不是主流，却在一定范围内传承，并对正统文化起着补偏救弊的作用。

侯外庐先生认为墨子死后，他的弟子主要分为墨辩和墨侠两派。墨辩和墨侠，这两个术语的含义并不限于两个墨家分支学派，更重要的是反映了墨家的学说和人格精神两个侧面，墨辩是先秦墨家学说发展的结晶，墨侠则是墨者人格精神的继续实践者。前者注重理论上的继承与发展，后者则偏向于墨家学说的实行和精神的践履。汉以后墨侠精神在农民运动和官僚系统中的清官身上均有体现。

（1）墨侠精神的传承

墨侠精神主要表现为舍己利人与舍己为公的侠义品格。清官身上的墨侠精神大致有三种表现：一是为了民众的利益而向皇帝冒死进谏，与贪官奸臣以死相抗争，不计较个人得失，将身家性命置之度外。海瑞抬棺进谏就是典型。二是为了民众的利益不辞辛劳，在民间兴水利、设条教、创学校等，或为了民众的利益与地方豪强大族作斗争、不畏强暴、锄强扶弱、严格执法、不徇私情、主持正义、为民作主。如汉代循吏和宋代包拯等都是清官的代表。三是对他人道义相助，不计较个人得失。如东汉党锢之祸中，陈蕃冒死为李膺等人辩护；范滂为不连累他人，自动赴狱受死。顾炎武称：

> 党锢之流，独行之辈，依仁蹈义，舍命不渝，风雨如晦，鸡鸣不已。(《日知录》卷十三)

这些人物的人格特质表面上是正统儒家人格价值取向的一部分，渊源于孔、孟“杀身成仁”“舍生取义”的人生价值观，实质上深受墨家人生价值观的影响。细看不难发现许多清官信念中的“义”是墨家义利统一的义，是以民利、公利为标准的义，而不是正统儒家那种与功利相对立的抽象的道德仁义。

正如正统儒学思想体系中也不可避免地包含着墨学因素一样，正统儒家理想人格的价值取向也受到墨家人格精神的影响，成为其中积极的包含着否定倾向的肯定因素。名垂青史的清官大多出现在政治混乱不堪，“朝政昏浊，国事日非”(《日知录》卷十三)之际，只有在这种时候，沉淀在文化传统中，隐性存在着的墨家舍己利人、杀己利天下的人格精神才会在形势逼迫下显现出来，成为清官仗义力行的精神动力。

墨家人格精神的根本特质——赖力仗义，在汉以后则主要体现在民间侠士身上。他们的表现也有两种：第一种是无组织的个体行为，如路见不平、拔刀相助，为朋友两肋插刀、在所不辞等个人英雄。这些人都像墨者一样，有真才实学，有智谋，有勇力，有技能，具备“赖力仗义”的主观条件。同时，他们也比一般平民自觉程度高，有强烈的平等意识和对社会不公的不满。第二种是有组织的群体行为。群体行为又有两种：一种是宗教运动，一种是农民运动。但这两者往往融为一体，如汉末的道教运动和黄巾起义，清末的基督教运动和太平天国等。在这种群众运动中墨家学说往往被改造成宗教形式，和其他宗教迷信相结合，成为农民运动的指导思想和组织原则。个体侠士通常都是运动的发起人、组织者和领导者，正是他们的宣传和身体力行的示范，将墨侠的人格精神转化为群体的价值取向和行为准则，如杀富济贫、均贫富、等贵贱、替天行道、均田免粮、平买平卖等农民起义的口号，充分显示了其价值取向的墨学特质和其理论的墨学渊源。道教在历史上有两大派系：一是以为平民祛灾去病为主要宗旨的民间道教，二是以寻求长生不老、得道成仙为主要目的的贵族道教。与墨学及农民起义相联系的是民间道教。历史上最有名的是汉末“太平道”和“五斗米道”。“太平道”的创始人是张角，“五斗米道”的创始人是张修和张鲁。民间道教的教义中糅合了先秦道家、墨家、阴阳五行家和民间方士等的思想。他们主要继承了墨家崇义任侠、慷慨助人以及自食其力等思想观念。如《太平经》卷三十五《分别贫富法》说:“夫人各自衣食其力。”卷六十七《六罪十治诀》说:“夫力本以自动举,当随而衣食。”“天生人,幸使其人人自有筋力,可以自衣食者。”继承了墨家“尚力”和“赖其力者生”的思想。

墨家主张有财相分、有力相助、有道相教。《太平经》也规定:

> 人积道无极,不肯教人开蒙求生,罪不除也。……人积德无极,不肯力教人守德养性为谨,其罪不除也。……积财亿万,不肯救穷周急,使人饥寒而死,罪不除也……(《太平经》卷六十七《六罪十治诀》)

并和墨子一样认为这是符合天意的。《太平经》说:“诸神相爱,有知相教,有奇文异策相与见,空缺相荐相保,有小有异言相谏正,有珍奇相遗。”(《太平经》卷一百一十六《大功盖年书出岁月戒》)

墨家反对以强凌弱,主张“兼相爱,交相利”。《太平经》也认为:

> 或多智反欺不足者,或力强反欺弱者,或后生反欺老者,皆为逆。(《太平经钞》辛部)

张鲁在汉中设“义舍，以米置其中，以止行人”（裴松之《三国志·魏志》注），就是墨家“有财以相分”的原始共产主义理想的实现。“太平”二字也体现着墨家所追求的社会理想。《太平经》解释说：

> 太者，大也，言其积大如天，无有大于天者。平者，言治太平均，凡事悉治，无复不平，比若地居下执平。比若人种刈，种善得善，种恶得恶。耕用力，分别报之厚。天气悦下，地气悦上，二气相通，而为中和之气，相受共养万物，无复有害，故曰太平。（《太平经合校·三合相通诀》）

可见，“太平”就是大平均，但并不是绝对平均，而是依各人的努力不同而有分别。致太平，一靠各人的积极努力，二靠众人的齐心协力、合作相助。这些正是墨家“尚力”“非命”“兼爱”“交利”思想的体现。这种“太平”观为历代农民起义军所继承。

同时，农民起义军还继承了墨家“天志”“明鬼”的宗教观，借助天的权威助长起义者的志气和信心，从天意中寻求他们造反的依据。起义军的行为也大多遵循墨家舍己利人的行为准则，对平民仗义相助、不扰民、不劫贫，专杀贪官污吏和不义而富贵的豪族巨室，一旦被官府捕获，则慷慨就义，从容赴死。起义军的首领和士兵大多能平等相处、同甘共苦，能在一定程度上打破等级观念。官兵一律生活简朴、勤劳节用，组织内部有严明的纪律，和墨者团体有很多相似之处。

历代农民起义和宗教运动都没能取得最后胜利，没能变革社会制度，没有西方宗教改革那样影响显著，只是在改朝换代之际起着推动作用，促进了每一个新朝代的改良。这种结果的原因很多，其中与墨家有关的原因有二：一是在农民起义和宗教运动中，墨家影响只是其中的一部分，而且是以隐性的形式存在的，往往不能起主导作用，或不能贯彻到底。如太平理想和赖力仗义，通常会被内部领导层小有成功之后，随即萌生的帝王意识破坏。正统意识形态对他们思想的控制是根深蒂固的，起义大多以求太平开始，以帝王梦的幻灭结束。二是以小生产者为主的平民阶级无论在奴隶社会还是封建社会，都不是先进生产力的代表，也不可能在生产关系中占主导地位，因而他们只能使自己的命运在一定时空内有所改善，不能真正实现成为社会中平等主体的墨家理想。而且他们赖力仗义的价值取向中，所依赖的力只是个体的或有限群体的，与国家机器的强制力相比很渺小，他们所认同的“义”也不可避免地受到官方意识形态的制约。因此，他们以暴止暴的目的注定不能达到。

但是，我们不能因此否定墨侠的社会影响和积极意义。

无论是个体的侠士，还是群体的农民运动，都在一定程度上起到了为社会、为平民兴利除害、伸张正义的积极作用，给水深火热之中的穷苦百姓以希望，激发他们的信心和斗志。虽没能变革社会制度，建立太平盛世，却是推动人类社会走向太平的重要环节，在历史进程中起着积极的促进作用。同时，又在一定程度上弘扬了墨家学说和墨侠精神这一积淀在文化传统中的优秀成分，使这一优秀文化传统得以在正统的重压下传承下来。

总之，上层的清官和下层的侠士，都以不同的方式实践着墨家学说和墨侠精神，正是通过他们发挥着墨学激浊扬清的社会潜能。

墨侠精神不仅体现在现实的清官和侠士身上，还通过文学作品中的人物得到弘扬。古代根据民间传说改编的小说，如《三侠五义》《水浒传》等，其中那些英雄豪杰的观念和行为都带有明显的墨者气质。这说明墨侠精神已深入中华民族的深层文化心理之中，成为一种理想人格的典范，特别是政府腐败、政治黑暗的社会历史时期，社会大众往往把希望寄托于这些具有墨侠精神的英雄豪杰身上，唯他们的马首是瞻。这种文化心态和理念在当代武侠小说中也有鲜明的体现，如金庸小说中的英雄郭靖、张无忌等。无论是“三侠五义”、水浒英雄，还是当代武侠小说中的人物，通常都有一个共同的特点——名污而行清，名恶而行善，与所谓的正统人物形成鲜明的对比。这种现象反映了作者对官方正统价值观虚伪性的揭露和对真正的正义和真理的追求。小说中的英雄大多是正义和真理的捍卫者、实行者，他们无声地实践着墨家仗义力行的学说，义无反顾、舍生忘死地自觉承担起为天下兴公利、除公害的社会责任。

自汉至清，墨家作为一个学派中绝了，墨学被斥为异端，悠悠千年，门可罗雀，少人问津，论及者非醇儒，注释者为名教罪人。然而，作为渊源于深厚传统文化，又根植于现实社会实践、显赫数百年、已融入多元一体的文化传统之中的一种思想，是不可能真正消失的。只要民族历史在延续，平民阶级在成长，文化传统的长河在流淌，墨学就有其生存的土壤和传承的必然性。无论是正统的官方意识形态，还是非正统的社会批判思潮、启蒙思潮；也无论是清官，还是侠士，都在自觉不自觉地吸取和传承着墨家学说和墨家精神。虽然是潜踪隐迹的“异端”，墨学的影响却始终存在着、发挥着，而且积极的作用远胜过消极的流弊，特别是在社会变革时期和变革运动中，总是适时地起着推波助澜的促进作用。

（2）科学精神的传承

墨家的科学精神主要为历代科学家所继承。

南北朝时期著名科学家祖冲之，既坚持严谨的科学态度，强调观察和实践，并在实践的基础上深入思考。他说：

专功耽思，威可得而言也。加以亲量圭尺，躬察仪漏，目尽毫厘，心穷筹策，考课推移，又曲备其详矣。(《上大明历表》)

又强调用实际效果检验已有的认识。他说：

若夫测以定形，据以实效。悬象著明，尺表之验可推；动气幽微，寸管之候不忒。(《上大明历表》)

正是基于这种科学精神，他反对图谶迷信，坚持实事求是，在天文历法、数学等方面取得了许多光辉的成就，还改造了指南针，制造了水推磨、千里船和计时用的漏壶。

唐代著名医药学家孙思邈，提出了尊重实践，根据具体情况具体分析病情，对症施治、“临事制宜”的医学哲学方法论。他说：

病有内同而外异，亦有内异而外同。故五脏六腑之盈虚，血脉荣卫之通塞，固非耳目之所察，必先诊候以审之。而寸口关尺，有浮沉弦紧之乱；俞穴流注，有高下浅深之差；肌肤筋骨，有厚薄刚柔之异。(《千金要方》卷一)

即使是正确有效的古方，也要根据不同的病症、体质、年龄、季节和地区等具体情况灵活运用，反对泥古不化。采药制药也如此，要因时因地而制宜。他说：

夫药采取不知时节，不以阴干曝干，虽有药名，终无药实。故不依时采取，与朽木不殊，虚费人功，卒无裨益。(《千金翼方》卷一)

坚持了客观辩证的科学态度和科学方法。在医学伦理观中，孙思邈还特别强调治病救人的医务宗旨，他立志“普救生灵之苦”，对病人一视同仁，皆如至亲。要求医生：

若有病厄来求救者，不得问其贵贱贫富，长幼妍媸，怨亲善友，华夷愚智，普同一等，皆如至亲之想。……不得恃己所长，专心经略财物。(《千金要方》卷一)

这种崇高的医德与墨家人格精神也是相通的。

北宋著名科学家沈括不仅认为知识是从实际观察和经验中获得的，反对“前知”和万事“莫不前定”的先验论，而且认为发明创造源于普通劳动者的生产实践。他说：

至于技巧器械、大小、尺寸、黑黄、苍赤，岂能尽出于圣人！百工、群有司，市井、田野之人，莫不预焉。(《长兴集》卷十九)

明代医药学家李时珍也十分重视实地调查和劳动群众的实践经验，注重实际事物的研究，与宋明理学家鄙视“名物度数，草木鸟兽之类”实际事物的空疏学风相反，并在此基础上得出了近似近现代进化论的自然进化观，以自然进化的顺序组织药物分类系统，完成了《本草纲目》这部东方医学巨典。

明代科学家宋应星在总结历代劳动者生产实践的基础上撰写了《天工开物》一书，分门别类地叙述了饮食、衣服、染色、制陶、采矿、冶炼、兵器、舟车、纸墨、酿造、珠玉等十八个部门的原料开采和生产操作过程，几乎全面涉及当时农业和工业各个重要方面的生产技术，其中许多属于当时世界先进水平，如造纸技术、采煤炼铁、自动爆炸水雷、有关制曲的微生物技术以及声学理论等。是《墨子》之后中国科技史上一部系统的科技百科全书。

清代哲学家方以智明确提出“质测”之学与“通几”之学，前者相当于具体科学，后者相当于哲学，并认为“质测”是“通几”的基础，正如他在《物理小识》自序中所说：“质测即藏通几者也。”

以上述科学家、哲学家为代表，在中国古代文化史上形成了一种迥异于正统儒学皓首穷经或空谈心性的科学学风，墨家科学精神就是这种学风的源头。正是这种科学精神和科学学风推动着中国古代科学技术的发展，使我国的科技在 17 世纪以前一直处于世界领先水平。

墨家人格精神和科学精神的传承虽大多有实无名，在历史上却起着一种补偏救弊的作用，在一定程度上弥补了正统儒学所造成的巨大缺陷。

七　近现代《墨子》研究

从孙诒让的《墨子间诂》开始，《墨子》研究进入了新的历史时期，在20世纪，先后出现了两次《墨子》研究的高潮：第一次是在20世纪初，与西学东渐相联系；第二次是在20世纪后期，与改革开放相联系。

1. 近代《墨子》研究

（1）近代《墨子》研究勃兴的基础和前奏

墨学研究的复兴始于清中叶乾嘉诸子学的考据训诂。诸子研究开始是为经学服务的，后逐渐取得独立地位，至清末，一些学者已将诸子与儒经平等视之，开始打破近两千年正统与异端的森严壁垒。其中最受推崇的正是在近两千年中被拒斥的墨子与荀子。区志坚把清乾嘉至光绪年间诸子学研究的主流概称为“训诂型的先秦诸子学”，墨子研究也具同样特点。光绪以后，章太炎、刘师培等学者研究先秦诸子的义理与西方民主思想，借先秦诸子的义理攻击儒学的独尊地位，形成了“义理型的先秦诸子学”。墨子学研究从“训诂型”向“义理型”转变是以孙诒让的《墨子间诂》为标志的。《墨子间诂》在其间起着承前启后的作用，既是“训诂型”《墨子》研究的总结和最高成就，又是“义理型”《墨子》研究勃兴的基础和起点。

20世纪初，“义理型”《墨子》研究的勃兴除“训诂型”《墨子》研究为其提供了基础外，还有一曲墨学为西学之源的前奏。

早在明中叶，中西方就有了较频繁的商业往来与文化交流。清康乾时期，有许多西方传教士来到中国，带来西方的科学技术和宗教等西方近代文化。此时的康熙就曾主观武断地认定西学源自中国。这一观点盛行于鸦片战争到甲午战争期间。此间首倡“西学中源”说的当属广东南海（今佛山市南海区）人邹伯奇（1819—1869）。此人既熟稔中国古代科技思想，也颇熟悉西方近代科技，正是在《墨子》与西方科技的比较中，他提出了“西学中源”说。他认为西方的天文、历法、算学，都内涵于《墨子》范围之内。后继者对此观点不断阐发、延伸，由科学到宗教、政治等各个领域，几乎使《墨子》成为包罗万象的西学百科全书。如王闿运认为《墨子》是西方宗教之源，释迦、耶稣无官位俸禄，却被尊奉为圣师，正是受惠于墨学。薛福成通过自己的考证，得出西方耶稣之教源于墨子的结论。郭嵩焘也说耶稣视人如己的教义即墨家兼爱之旨。黄遵宪则从五个方面说明西学源自墨学：西学人人有自主权利，源于墨学之“尚同”;西学独尊上帝，源自墨学之“尊天”“明鬼”;西学尚博爱，源于墨学之“兼爱”;西学通物理，源于《墨经》上、下篇；西学长于器械之学，源于墨学之备攻、飞鸢之术。他将西学与墨学逐一比较，并推而广之，得出了“至于今日，而地球万国行墨之道者，十居其七”（黄遵宪《日本国志》卷三十二《学术志一》）的结论。

西学源于墨学的观点，明显缺乏证据，或许是因当时的有识之士，有鉴于墨学与西学存在许多相通相似之处，又因墨子其人其书在时间上早于西学，因此断言之；或许出于自卫因应的原因，以回击西学东渐的挑战；或许出于权宜之策，为说服保守派、顽固派虚怀接纳西学，借墨学之中国魂，变相引进传播西学。总之，这一观点的提出和阐发均是直观的、猜测性的，没有去认真探究墨学何时通过什么途径传入西方的问题。

这一观点的提出和阐发的主观动机无论是什么，其根本动力都显然是在西学的刺激下，学者们对社会变革趋势的自觉和对变革之道的探索。因此，虽然这一观点本身显得幼稚，却不无积极影响。20世纪初对墨学的进一步研究正是受到这一观点的启发；这一观点的盛行也扩大了墨学和西学的影响，对墨学精义由隐而显和西学的广泛传播起了推动作用。

（2）高扬墨家精神，救国救民

20 世纪初，《墨子》研究的勃兴可分为两个阶段：一是戊戌和辛亥时期，一是五四前后。

甲午战争使洋务派几十年的努力化为乌有，惨痛的教训使人们意识到救亡图存任重道远，单靠“师夷长技以制夷”的器物改良远远不够，必须进行深层次的根本性变革，因此相继引发了戊戌变法和辛亥革命。其间的领袖人物均认识到单靠武器的改造是不够的，必须与人格的重塑、国民的觉悟相结合，建设一种伟大的国民精神。正是基于这种唤醒国民人格精神和救国先救民的需要，他们找到了墨子这一光辉的人格典范，作为重塑国民人格的榜样，因为墨子舍己为公、赴汤蹈火、勇于牺牲的人格精神正是救亡图存的社会变革时期所急需的。

梁启超认为要想救亡图存，只有学墨。他把墨家人格精神归结为“轻生死”和“忍痛苦”两项，认为这两种精神正是当时拯救中国所必需的。唐才常也认为只有墨学才能救治当时人人自私自利的弊端。在改良派中，梁启超是宣传墨家精神最有力者，谭嗣同则是这种精神的实践者，他不仅“深念高望，私怀墨子摩顶放踵之志矣”（《仁学》自叙），而且舍生赴死，慷慨就义。

资产阶级革命派也同样高扬墨家精神。《民报》创刊号卷首列古今中外四大伟人肖像，墨子与黄帝、卢梭、华盛顿并列，被尊为“世界第一平等、博爱主义大家”。章太炎也认定“墨子之学，诚有不逮孔、老者，其道德则非孔、老所敢窥视也”（《诸子学略说》）。

爱国志士易白沙也深入地揭示了墨家学说及其人格精神与当时社会需要的契合。他说：

> 周秦诸子之学，差可益于国人而无余毒者，殆莫如子墨子矣。其学勇于救国，赴汤蹈火，死不旋踵，精于制器，善于治守，以寡少之众，保弱小之邦，虽大国莫能破焉。今者四郊多垒，大夫不以为辱，士不以为忧，战既不能，守复无备，土地人民，惟人之宰割是听。……以《备城门》《备梯》《备高》诸篇之义，固吾土宇，此非攻之说不可缓也。……国人日用饮食衣服之需，仰给邻国，称贷外债，以土地主权为质，富与贵更据私财，深缄滕扃镉之藏，一食万钱，一裘千镒，而人民啼饥号寒，遍于四竟之内矣，此节用之说不可缓也。人类之立，舍爱莫由也，今者父子、夫妇、兄弟各不相爱，社会中皆不慈、不友、不孝、不

弟之人耳。……弊之所积，不爱社会，不爱国家，不爱祖宗，不爱子孙，不爱廉耻，不爱名誉，且不自爱其身。此兼爱之说不可缓也。(《述墨》，载《青年杂志》1915年第1卷第2号)

许啸天也认为墨家同情心深厚，义务观念强，富于牺牲精神，值得崇敬，值得研究和整理，尤其是对于当时的人心时局，墨子思想无疑是一服良药。

从以上各家墨学研究的观点中，我们不难把握这一时期《墨子》研究的特点：一是戊戌到辛亥时期，《墨子》研究的动力是墨家精神与救亡图存的时代需要相契合；二是这一时期《墨子》研究的重心是墨家舍己为公、勇于牺牲的人格精神。

这一时期《墨子》研究的另一表现是对于“西学出于墨学”的扬弃。人们开始用一种新的文化心态，一面反思墨学，一面用墨学涵化西学，寻求二者之间的相通性。

以梁启超为例，他这一时期《墨子》研究的主要成果是《子墨子学说》，连载于1904年的《新民丛报》第3卷第1、2、3、4、5、9、10期上。梁启超的《子墨子学说》，首先不同于前人的考据之学，重点阐发了墨子思想学说的“义理”。其次，他主要不是为吸收西学而阐发墨学，而是直接注重阐扬墨家精神以济世救民。再次，此文不仅初步全面地阐述了墨家思想学说，而且第一次把墨学纳入西方社会科学体系之中，采用西方社会科学的理论和研究方法治墨学，在当时给人耳目一新之感。最后，梁启超把墨学与中外学术进行了广泛的比较，不仅在与儒、道的比较中加以阐述，而且与西方各相关学说进行对照互释。

在《子墨子学说》中，他主要将墨学与西学在四个方面的相通性进行了比较。

其一，墨家精神与基督教精神相通。他说：

> 平等无差别之爱普及于一切人类。泰东之墨子，泰西之耶稣，其所宣示之爱说，皆属此类。
>
> 窃意墨子之政治，宗教主权之政治也。墨学之组织，与景教殆无一不密合，景教有教皇，而墨学有巨子。两者之精神形式全同。

其二，墨学精神与西方民主精神相通。他认为：

> 墨子之政术，民约论派之政术也。泰西民约主义，起于霍布士，盛于陆克，而大成于卢梭。墨子之说，则视霍布士为优，而精密不逮陆、卢二氏。

墨子“择天下贤良圣知辨慧之人，立以为天子”的国家起源说，“与霍氏、陆氏、卢氏及康德氏之说，皆绝相类者也”。

其三，墨家理想与社会主义相通。他发现墨学与先秦诸子之学不同。先秦诸子在本质上皆大同小异，墨学则例外。

> 墨子之政术，非国家主义，而世界主义、社会主义也。其言曰："天下无大小国，皆天之邑也。人无长幼贵贱，皆天之臣也。"（《法仪》篇）又曰："视人国若视其国，视人家若视其家。"（《兼爱》篇）举国界、家界尽破之，而一归于大同，是墨子根本之理想也。

其四，全面比较了中西逻辑学。他首先将西方逻辑学的基本概念与墨辩逻辑学的基本范畴进行了互释，其次比较了中西逻辑学的"法式"。在此基础上，肯定《墨子》归纳逻辑达到较高水平，但嫌《墨子》演绎逻辑不够完整。

罗检秋在《近代墨学与西学》一文中，将梁启超视为"墨学西学等同论者"，似乎不太确切。梁启超的确认为墨学、西学存在诸多相通之处，但同时也分析了二者之间的区别。如他说：

> 今墨子民约之精神，果与霍氏一辙乎？是又不可不深察也。墨子所以欲举万民以法天子者，以为天子固天下之仁人也。

他显然认识到了墨子贤人政治与霍布士法治之间的区别。"相通"可以是英雄所见略同，不必定是渊源关系。

（3）扬墨抑儒，融通西学

五四时期，新文化运动的主题是“打倒孔家店”和崇尚民主科学。在一片反传统的呼声中，墨学以其传统中的“异端”和与西学相通的双重特征，为致力于构建新文化的仁人志士所独许，《墨子》研究因此得到进一步发展。陈独秀奉墨学为国粹，认为墨家“兼爱”、庄子“在宥”和许行“并耕”，是人类最高理想，是我国的国粹。吴虞撰写《墨子的劳农主义》，热情讴歌墨家思想，并以之为武器批判封建礼教。鲁迅在小说《非攻》《铸剑》中塑造了两个具有墨家思想精神的人物，把他们视为中华民族的脊梁。

在众多的墨学研究中，胡适最为突出。五四前后，胡适在《先秦名学史》和《中国哲学史大纲》两部著作中都用大量篇幅介绍墨学。他研究墨家是基于以下两点认识：其一，近代中国哲学与科学的发展曾极大地受害于没有适当的逻辑方法；其二，近代中国哲学中缺乏的方法论，不能仅靠引进西方的哲学和科学方法来填补，中国人会在这种外来的强加给他的新文化中感到不自在。因此，构建新文化必须把现代文化的精华与中国自己的文化精华联结起来。他认为当时面临的问题是：我们在哪里能找到可以有机地联系现代欧美思想体系的合适基础，使我们能在新旧文化内在调和的新的基础上建立我们自己的科学和哲学?他在《墨子》中基本上找到了解决这一问题的答案。尤其是《墨子》中的哲学方法和《墨辩》中的逻辑思想，既是正统儒学所缺乏的,又是与西学相通的。因此,他的《墨子》研究主要集中在这两个方面。

胡适认为哲学是受它的方法制约的，哲学的发展决定于逻辑方法的发展,因此他首先关注的是墨子的哲学方法。他把墨子的哲学方法称为“应用主义的方法”，认为这种方法是墨子学说的根本观念，也是儒、墨两派学说的根本区别所在。胡适认为墨子“应用主义的方法”也可称为“实利主义”。其实质是关注实际效果，坚持实际效果和动机的统一。

胡适把三表法看作墨子“应用主义”哲学的具体运用，即推理和论证的方法。他认为墨翟的三表法可以概括为检验任何已知思想的真实性的要求：一是跟已经确立的思想中最好的一种相一致，二是跟众人的经验事实相一致，三是付诸实际运用时导致良好的目的。其中最重要的是关于实际效果的第三表。他依次分析了“三表”的意义和不足。第三表的问题在于对“实际有用”作了过于狭隘的理解，只解释为直接有用，若干场合已经忽视了效果间质的区别，这突出表现在“非乐”理论中。它的优点则是“无可争辩”地包含在“应用主义”方法论中。第二表直接观察的方法，忽视了谬误、幻觉和其他感官观察的局限性，因而导致了“明鬼”的错误结论。但作为对儒家“纯粹理性主义”和“经典派”的抗议，墨子的经验论是有历史意义的，标志着中国经验主义的开端。至于第一表，胡适认为墨子关注的不是“古者圣王”抽象的名或原理，而是他们已经带来有益效果的经验。这与第二、三表是一致的。

同时，胡适还强调：墨子的哲学方法用实际效果批评儒家的抽象理论和普遍原理，并不意味着墨子没有认识到普遍原理的意义；相反，他本人也在想法建立一个普遍原理的体系，一个用应用主义方法来检验、权威地建立起来的真理体系，以指导个人行为以及管理社会和国家。如政治上统一的最高权力和普遍的法制——尚同，宗教上最普遍的标准——天志。区别在于墨子的普遍性原理产生于实际效果并以实际效果为检验标准，是遵循着从特殊到一般，再从一般到特殊的过程与规律的。儒家的普遍性原理则是以先验为起点，将特殊视为一般的复制。

其次，胡适着重研究了《墨辩》中的逻辑思想。他在《先秦名学史》和《中国哲学史大纲》中都系统地阐释了《墨辩》在论“知”和论“辩”这两方面的思想，并给予了很高的评价。如他认为知识论产生于老子、孔子，但到“别墨”才有精密的知识论，“别墨”是区别“知”字多种用法的第一个学派。

胡适对《墨辩》的逻辑也十分看重，认为它在中国古代哲学史和世界逻辑学（即名学）史上均占有重要地位。他列举了墨家名学在中国哲学史上的四种贡献之后说：

> 总而言之，古代哲学的方法论，莫如墨家的完密。墨子的实用主义和三表法，已是极重要的方法论……后来的墨者论“辩”的各法，比墨子更为精密，更为完全。从此以后，无论哪一派的哲学，都受这种方法论的影响。（《中国哲学史大纲》）

胡适还将墨家名学与亚里士多德的逻辑学、印度因明学相比较，认为墨家名学在世界名学史上应该占有一个重要的位置。他首先承认墨家名学在“法式”上远不如印度的因明学和欧洲的逻辑学。其次他强调这种“法式上的缺陷”不仅是情有可原的，而且是它的长处。他接着指出：墨家名学与印度希腊逻辑相比，印度希腊逻辑法式日繁，精神本义随之渐失渐远，偏重演绎；墨家名学“有学理的基本，却没有法式的累赘”，并同样重视演绎归纳，同时兼备两大长处。

除此之外，胡适的《墨子》研究还有一大贡献。他把《墨子》五十三篇论文分成五组，分别考证了其作者真伪及写作时间，虽不完全符合史实，却提出了一种极有价值的观点：《墨子》是从战国初年到秦亡前两百多年间，由前、后期墨家相继创作和发展而成的，其中的内容本身就包含着一个发展演变的过程。他把前期墨学称为“宗教的墨学”，后期墨学称为“科学的墨学”，后期墨家对墨子的思想方法既有继承发展，又有修正完善。这一点已为后来者基本认同。

五四前后，胡适研究《墨子》的著作除《先秦名学史》和《中国哲学史大纲》中的有关篇章外，还有《墨子与别墨》《墨辩新诂》等专著。这一时期研究《墨子》的大家还有梁启超、易白沙、章太炎、章士钊等，他们也都撰写了大量有关《墨子》的著作和论文。如梁启超的《墨子学案》《墨经校释》，易白沙的《述墨》，章太炎的《释名》，章士钊的《墨辩今注》《章氏墨学》，等等，都是当时的代表作。

梁启超这个时期欧游归来，对中西文化有了新的认识，西方社会的危机使他发现了中华优秀传统文化的现代价值。他此时研究《墨子》的着眼点，与胡适有所不同，与他自己早期的研究也有区别。他早期的研究主要是弘扬墨家精神，适应思想启蒙救国救民的需要，突出墨学的现实社会价值；而此时的研究则主要弘扬《墨子》中的学术文化思想，侧重其文化价值。此时的梁启超对墨辩逻辑学的研究也很突出，他在《墨子学案》和《读〈墨经〉余记》中，都对中西逻辑学进行了比较，并得出了“其实墨家之有功于名学，不在其格式而在其原理”（《墨经校释》）这一与胡适相同的结论。总之，近代参与《墨子》研究的专家学者很多,有守旧派,有改良派,也有革命派。他们互相切磋,相互促进，把《墨子》研究推向了一个全新的高度。其中以梁启超和胡适最为突出，正如任继愈先生在《中国哲学发展史》(先秦)中所说：

> 胡、梁……懂得一些近代科学和哲学，他们的墨学著作能够摆脱考据学家的烦琐和经学家的偏见，使用现代逻辑分析方法，叙事条理连贯，给人以清新明白之感。

这一时期的《墨子》研究与上一时期的继承性和区别均很明显。继承方面表现在：都把《墨子》与儒学和西学相比较，且大多以西学为标准评判其优劣。区别在于研究的侧重点不同，前期注重的是墨家的人格精神及其社会价值，后期注重的则是其逻辑学、方法论和科学思想。当然,这种区别也是由两个阶段时代需要的不同决定的。

（4）近代墨学复兴的原因

任何事物的产生、发展和灭亡都有它的原因，思想学说的兴衰也一样，近代墨学研究盛极一时，自有它的原因。对此，许多学者进行了探究。

解启扬在《近代墨学复兴初探》一文中指出：

> 甲午战后，危机四伏，中国面临着亡国灭种的危险，救亡图存成了时代的主旋律。洋务运动的失败告诉人们，救亡不仅仅在于掌握和使用近代先进武器，而且还在于国民人格精神的觉醒。必须重新塑造国民的人格精神，以担当起时代的使命。在这种形势下，墨家的人格精神便显示出其特殊的魅力。

正是时代召唤着墨家精神的再现，对墨家人格精神的弘扬又促进了墨学研究和墨学复兴的进程。他认为五四时期新文化人出于反封建的需要，力图构造一个崭新的、开放的文化系统。这个新的文化系统首先是反对儒学的主导地位，同时吸纳西方近代文化，使之适应近代社会发展的需要。新文化运动的兴起就伴随着对封建正统文化的严厉批判和对传统下层文化的大力提倡，而墨学正是传统下层文化的代表，因而备受推崇。这一时期西方逻辑学的输入，20 世纪初保存国粹思潮、整理国故运动，也在一定程度上促进了墨学的繁荣。

解启扬的分析可以归结为三点：一是墨学与时代需要的契合，二是西学东渐和墨学与西学的相通性，三是整理国故。而主要原因是前面两条。

罗检秋在《近代墨学与西学》一文中也认为西学推动了近代墨学的振兴。马克锋和刘刚在《墨学复兴与近代思潮》一文中阐述了近代墨学复兴的四个原因：其一是近代精神与传统价值的冲突和融合导致了墨学复兴。受冲击的主要是正统儒学，融合的则首先是作为正统异端的墨学。其二是救亡需要促使墨学复兴。其三是凝聚人心的需要。近代社会，旧的价值观已经动摇，新的价值观尚未建立，人心涣散，有识之士皆以墨家精神唤醒民众，凝聚人心。其四是西方逻辑学的输入促进了墨学的复兴。他们的观点与解启扬的观点相通或相类似。

上述观点都与事实相符，但也都限于表层的分析，这些原因的背后还有两个更根本的原因未被揭示：一是墨家思想的阶级本质，二是中国思想文化自身的演变。

第一点薛柏成在《论墨学在近代的复兴及其在辛亥革命时期的历史作用》一文中曾经讲道，他把近代墨学复兴的原因归结为以下三点：一是乾嘉时期的“墨子”考证热使墨家学说再次得以传世，为墨学在近代的广泛传播创造了条件；二是明清以来兴起的广泛的市民运动为墨学复兴准备了一定的阶级基础；三是资产阶级改良派与革命派的宣传鼓动使墨家革命精神与小资产阶级相契合，促使墨学最终复兴。后两点揭示了墨学的阶级基础。

从墨学兴衰的历史看，战国时期为显学，秦汉统一之后渐隐，魏晋时期，作为独立的学派虽不复存在，其思想却在名辩思潮中和民间宗教中变相地再现。唐宋时期墨学几乎成了绝响，至明清时，学者对墨学的兴趣渐浓，乾嘉年间，墨学开始复兴。其中东汉和宋代，《墨子》版本、《墨子》研究和墨学影响都处于最低谷，战国、魏晋和明清以及近代是《墨子》版本、《墨子》研究和墨学影响比较繁荣的时期。

从《墨子》版本看，西汉有《孔丛子·诘墨》一卷，东汉则无。晋有鲁胜《墨辩注》和庾仲容的《墨子钞》。隋唐有乐台《墨子注》、魏徵《墨子治要》和马总的《墨子要语》，宋代没有。元代有陶宗仪的《墨子节抄》，明代《墨子》刻本最多，据台湾学者严灵峰先生《墨子知见书目》所载，达二十八种之多，而此前历朝不过八种。明版本中有道藏本、郎兆玉本、陶宗仪本等。清代《墨子》版本也不少，康熙九年（1670年）有马骕的《墨子之言》，后有傅山的《墨子大取篇释》、陈梦雷和蒋廷锡的《墨子汇考》等，据秦彦士《〈墨子知见书目〉校补》所载，从清初到孙诒让《墨子间诂》，清代有《墨子》版本三十六种。

不难看出，社会秩序僵化、思想禁锢的时期，人们对《墨子》和墨学的兴趣就小；社会变革、思想文化多元争鸣时期，《墨子》和墨学研究就会复兴。由此可见，墨学是与社会变革时代的社会需要相适应的。社会固有秩序的动摇造成的社会流动的可能性，使社会中下层有了上升的机会，而《墨子》则为他们提升自己的社会地位，改造社会以改善自己的生活和命运提供了理论依据。

东汉时期，经学一统天下，平民子弟只有读经才有望提升自己的社会地位，改善自己的生活。南宋以后，理学垄断科举，平民子弟只有诵朱熹的《四书集注》才有出人头地的可能。其间招贤纳士之道虽然名义上是向全民敞开的，实际上因为社会等级分明，平民子弟与官宦后代、贵族后裔之间的竞争还不是平等的。在这种情况下，《墨子》的平等竞争意识就无从谈起，因而乏人问津。一旦这种森严的等级壁垒与禁锢稍有松动，社会上层的控制力出现危机，《墨子》就会成为社会中下层奋起斗争、改造社会的驱动力，从而引起广泛的关注。

魏晋、明末清初和近代都是社会变革时期，平民阶层在社会危机的刺激下，斗争的主体意识增强，他们纷纷借助《墨子》表达他们的意志，争取和维护自己的利益，以期改造社会，提升自己的社会地位。

再从《墨子》的思想内容来看，无论是墨子“兼爱”“尚贤”“贵义”“交利”“非攻”“节用”等社会政治伦理思想，还是后期墨家的唯物主义世界观、崇尚客观的科学精神、求真求是的逻辑思想，都是处于上升时期的社会阶层才具有的。那些反动的保守的社会统治者基于其既得利益的考虑，不可能接受或容忍这种平等观念、功利意识、科学精神、求真求是的思维方式，因为这些思想观念和方法的普及，势必危及他们既得的地位、利益和特权。战国时期，当地主阶级尚未获得稳定的统治地位和权势之前，是百家争鸣的积极倡导者和支持者，一旦大权在握，就要统一思想，不允许“处士横议”。只要统治者有能力就会首先控制人们的思想。与此相反，只要统治者的控制能力稍减，人们的思想就会趋向“异端”，这也是历史上众多统治者采取恐怖政治手段的原因之一。

所有这些都表明了《墨子》作为“贱民”的思想代表，总在社会变革时期得以复兴的原因。近代墨学复兴也不例外，其根本原因之一，就是《墨子》思想所代表的平民阶层的阶级本质，与社会变革时期的时代特征之间存在着必然的联系。在历史流变中两者总是相互促进、互为因果的。

中国思想文化自身的历史演变是中国社会历史演变的反映。人们对于近代中国社会及其思想文化的研究，大多注重西方列强的入侵和西学东渐的挑战。这显然是正确的方向，但从根本上看，这些仍是中国社会和思想文化变革的外因。假如没有这一外因，中国社会和思想文化或迟或早同样会变，只不过，具体过程和道路会呈现不同的特点，封建王朝绝不会长久延续下去，这是不容置疑的。因为中国社会和思想文化内部的否定因素已经积累到一定程度，内在的量变已经达到度的临界点，质变的发生指日可待。

从社会经济结构来看，以农为本、工商皆末的政策和结构的对立面已有相当的发展。早在战国秦汉时期，工商业就很发达，在当时的国际上处于领先地位，后虽经千余年的压制，历代封建统治者为维持“寡而均”的低水平平衡，千方百计地用政治控制经济，但经济运作自有其固有的规律，仅靠外力的控制难以完全遏制其内在的发展，虽几经曲折、倒退，但发展的势头百折不回。到南宋时期，浙东沿海一带工商业发展已初具规模，城市平民阶层也基本形成，明代工商业继续发展。自汉至清初的大部分时间里，对外商业、文化交流都未停止过，汉唐尤盛。清初外国传教士亦活跃于中国朝野。这种开放政策与心态和工商业的发展相互促进。清中叶闭关锁国和实行高压政策之后，工商业发展才趋于缓慢。但政府的高压控制形同水上按葫芦，只有一时之效，而且压制越烈，升腾之势越强。至鸦片战争前，许多有识之士就已预见到社会变革大潮即将来临。

社会的发展趋势也从思想文化观念上反映出来。如南宋陈亮、叶适已明确提倡“功利主义”，为富商说话，肯定工商业发展的社会价值，反对打击富商巨贾的重农政策，认为士农工商是平等互利的关系，不应有本末高下之分。朱熹虽反对陈亮、叶适的观点，但也不得不同意贫家子弟可经商谋生，而陆九渊的家里本就开铺经商。元儒许衡率先提出“为学亦当治生”。黄宗羲在《明夷待访录》中明确主张“工商皆本”。陈确著《学者以治生为本论》论证学者经商、士商结合的必要性与合理性。颜元将董仲舒“正其谊不谋其利，明其道不计其功”，改为“正其谊以谋其利，明其道而计其功”。明清时期，民间甚至将商业置于四业之首。

这些都是商品经济的理论前奏，表明经济发展的客观规律终要冲破政治压制。《墨子》思想正是因其与这种社会结构的变迁相契合，而在明清受到广泛关注，并在近代得以复兴。

墨家代表的小手工业者，虽与宋明市民、近代的商品生产者有所不同，但中国封建社会的商品经济基本上都是小商品经济，近代的商品生产者也只是小资产阶级，因此宋明时期兴起的市民和近代的商品生产者，在整个社会结构中和墨家所代表的小生产者，在社会地位和利益要求上是基本一致的——都可以说是处于上升时期或要求提升社会地位，争取平等权利的平民。

（5）近代《墨子》研究的意义

近代《墨子》的研究取得了前所未有的成就，又受到时代的局限，存在一些不足。

近代《墨子》研究的成就可概括为以下五点：

其一，在前人考据训诂的基础上，对《墨经》四篇文字通例的研究，取得重大进展。《墨子》一书因长期受冷落，以致错舛极多，学者难以卒读；体例独特，也使读者茫然无绪，尤以其中的《墨经》四篇为甚。近代学者发现了“旁行”与“牒字标题”的体例，使《墨经》露出庐山真面目，为人所理解。

《墨经》旁行体例最早的发现者是毕沅，他首先根据《经上》篇末“读此书旁行，正无非”一语，将《经上》“依录为两截，旁读成文”，作成《新考正经上篇》一文。张惠言依例在《墨子经说解》中把《经下》也旁行排列，并引说就经。后来的曹耀湘、伍非百、栾调甫等对旁行本的产生时间、缘由及《墨经》体例的演变过程进行了探讨，大致认定《墨经》体例经历了由连文直写到旁行再到连文直写的演变过程。孙诒让在《墨子间诂》中将两种体例都列出，方便了读者对照参校。

“牒字标题”是曹耀湘在《墨子笺》中首先揭示的《经说》体例。他说：

> 《经说》二篇，每遇分段之际，必取《经》文章首一字以识别之，其中亦有脱漏数处，必明乎于此，然后此四篇之章句次序始可寻求，而校讹补脱，略有依据可从矣。

梁启超进而将“牒字标题”定为公例，认为

> 凡《经说》每条之首一字，必牒举所说《经》文此条之首一字以为标题。此字……在《经说》文中，决不许与下文连读成句。(《墨经校释》)

胡适则对梁启超所定公例作了几点修正，大意是对此公例不必过于拘泥，如牒字不一定是一个，也可能是两个。

这两种体例的发现，为后人研读《墨经》，挖掘《墨子》的科学思想，尤其是后期墨家的思想扫清了障碍。

其二，近代墨学研究对西学的传播起到了促进作用。这种作用表现为两个方面：一是近代学者对墨学与西学的比较研究，既弘扬了墨学，也宣传了西学，使墨学成为西学进入中国人心中的主要中介，特别是西方科技知识和意识形态中的民主、平等等观念。二是促进了西学的中国化。西学在中国的传播往往是以墨学的概念、术语和观念诠释的。像魏晋时期佛学的中国化，是以玄学的概念、术语来格义和诠释的一样，近代西方基督教、科技思想、逻辑学、启蒙思想、社会主义等大都是通过墨学化的格义和诠释才得以中国化的。如吴雷川在《墨翟与耶稣》一书中，把墨子、基督的言行、思想学说进行了全面比较，并从墨学角度阐释基督教。张纯一也写了《墨学与景教》一文，将二者的概念、观念一一比较、互释。还有胡适等对墨辩逻辑学与西方逻辑学的比较研究等都促进了西学的传播和中国化。

其三，近代《墨子》研究开启了墨学国际化的历程。近代以前，外国人几乎不知中国孔、孟儒学之外还有墨子其人其事其学，中国人不去宣传，外国人自然无从得知。近代学者则不同，因为《墨子》研究的复兴和墨学价值的发现，中国宣传者大多自觉地向外国宣扬墨学，开墨学迈出国门之先河。如梁启超向欧洲学者宣传中国文化时，既讲孔子,也讲墨子。胡适的《先秦名学史》和冯友兰的《中国哲学小史》都用英文向西方系统地介绍了墨学。梅贻宝撰写了两部墨学专著，即《墨子——被人忽视的儒家对手》和《墨子的伦理和政治著作》，1929 年在伦敦出版。这些学者的努力使墨学走出国门。

其四，近代《墨子》研究使墨家精神成为近代中国人救亡图存的精神驱动力和理论武器。谭嗣同慷慨就义、勇于牺牲的精神和行为就深受墨家精神的影响，改良派和革命派都将经过近代改造的墨学作为他们的理论基础。当时一些主要由新兴的市民阶层组织的帮会、行会，他们互利互助的帮规行律和尚义精神也是以墨学为归依的。薛柏成认为孙中山广泛吸取了中国传统优秀文化，其中更富含墨家价值观的精华，成为资产阶级革命指导思想的一部分，同时墨家精神不时于革命初期的武装斗争中再现，为革命的成功作出了不可磨灭的贡献。

其五，近代《墨子》研究使墨学本身实现了近代化。

这主要表现为两点：一是先秦墨学中长期隐晦难解的内容被揭示出来，并与近代思想相融合，如其中的自然科学知识和逻辑思想的显现，都得力于近代研究。二是思想体系结构被赋予近代特征。《墨子》本身内容和结构的系统性、逻辑性虽比同时代的《论语》等典籍要强，但仍是隐性的，近代以前未被揭示过，而且以前的墨学体系带有中国古代学术的综合性特征，没有分门别类。近代研究则参照西方学术体系对《墨子》进行了分门别类的阐释，并揭示了其不同部分之间的逻辑关系。如梁启超在《子墨子学说》中就把墨学分为墨子之宗教思想、墨子之实利主义、墨子之兼爱主义、墨子之政术、墨子之论理学、墨子之实行及其学说之影响和墨学之传授等几部分进行分门别类的评述。胡适则着重探讨了墨学的哲学方法论和逻辑方法及其内在联系。这些研究既使墨学内容充分显现出来，也使墨学体系结构获得了自觉的认识，这都是近代以前所没有，也不可能达到的成就。

近代《墨子》研究的局限性是相对的，往往具有两面性。主要有以下三个特征：

第一，近代《墨子》研究中所阐明的墨学并非先秦墨学的再现，而是被西化了的墨学。近代研究者一方面受西学东渐的影响，一方面由于《墨子》书中多错舛难解之文，因此在运用西学体系和方法阐发《墨子》内容的过程中，难免有比附、夸大、失真不实之处。这种现象的意义具有两个不同的方面：一方面导致墨学认识的失真，为消极的一面。另一方面，近代人与先人对《墨子》的理解不同，不见得全是近代人失真。实际上，先人也有其时代的局限性，他们的理解和释义不一定都是符合原意的。也许近代人由于摆脱了所谓正统的束缚，反而理解得更为透彻，而且近代的许多前所未有的新解中未尝没有符合《墨子》基本精神的发展。但是，近代《墨子》研究缺乏对墨学本身的批判，有全盘肯定的片面性，则是不可否认的缺憾。

第二，近代《墨子》研究有过于实用主义的嫌疑，紧随当时的政治主题。学术与政治关系的过于贴近，则会失去其独立的学术价值，成为纯粹的政治工具。这也是导致学术研究失真、夸大的原因之一。这种学术政治化的倾向是阶级社会，特别是专制社会所不可避免的。在古代中国，任何学术只有与政治联姻才有生存发展的机缘，墨学一度中绝的原因之一就是失去政治力量的支持，反遭政治打压。近代社会救亡图存、社会变革成为压倒一切的中心问题，任何学问都不可能远离这一时代主旋律，何况《墨子》研究就是以此为驱动力的。因此，过于实用是近代《墨子》研究不可避免的时代局限，自然对《墨子》研究产生了负面影响，但也正是这种切近现实的实用性研究，使墨学对近代社会的影响具有很强的实效性。

然而，近代《墨子》研究的实效性局限于在社会中只占少数的精英人物的意识形态范围，没能像先秦墨学那样深深根植于广大民众的实践过程中。这与中国资产阶级和市民社会的软弱不无关系。墨学在近代的社会基础本身的薄弱导致《墨子》研究的现实根基不深。正是这一局限使墨学的复兴既没能最终取代儒学，五四以后，东方文化派又回到儒学的怀抱，《墨子》研究趋缓，也没能真正成为新文化的生长点。近代《墨子》研究没有认识到新文化不仅是中西文化的融合，更要根植于社会现实的实践，只有客观地反映现实的社会存在，才能形成新文化的生长点。五四以后，马克思主义迅速与中国实际相结合，成为新文化的主流；墨学研究转入低潮。

第三，近代《墨子》研究一直是在与西学的比较、互释中进行的，但在比较、互释中，人们关注的主要是二者的趋同性和相通性，对二者的不同之处缺乏深入分析。因此，总体上的研究尚处在表层，未能深刻剖析“同中之异”和“异中之同”，在《墨子》研究的深度和广度上均有待深入和扩展。分析基础上的综合工作也尚未进行。这一点同样具有两面性：一方面表明近代《墨子》研究成果的局限性和不足，另一方面也表明了他们的研究给后人提供了基础和空间。可以说，无论是他们的成就还是他们的局限，都是后人立足的基石、前行的起点和发展的条件。

2. 现代《墨子》研究

（1）20 世纪 30—70 年代《墨子》研究概述

20 世纪初研究《墨子》的学者群，30 年代以后分裂为三个不同的阵营：一部分成为马克思主义者，致力于宣传和研究马克思主义，如陈独秀；一部分成为东方文化派，研究传统文化的重心转向儒学，如梁启超；一部分成为全盘西化派，学术研究的重心完全倒向西学，如胡适。他们对《墨子》的热情已不如从前。

有学者认为从 30 年代到 70 年代，《墨子》研究再度中绝。此说不够确切。据不完全统计，此间有关《墨子》的研究先后有五十余部专著和约三百篇论文面世。20 世纪前三十年有五十余部专著和百余篇论文。应该说 20 世纪中间这五十年里，《墨子》研究并未中断，但比起前三十年的"墨学热"确实冷清了许多，也没有形成前期那种热烈的争论和集中的焦点，与时代主题的联系也没有前期鲜明、切近，基本上属于学者分散的志趣所趋性的研究。而且港台成果多于内地和大陆。

究其原因，一方面大概是近代《墨子》研究大多带着强烈的情感，使讴歌、颂扬与肯定不够理智，因而必然会转入一个冷静反思的更理性的研究阶段，为下一次高潮的来临作量的积累。由高潮到低潮再到新的高潮，或许正是

《墨子》研究内在规律性的体现，与近代以前的中绝受到政治的打压不同（“文革”期间另当别论）。另一方面，在这除旧布新之际，由于两千年间儒学传统主流的地位和影响根深蒂固，因而成为批判继承的主要对象，而马克思主义理论作为无产阶级革命和建设的理论武器，理所当然地成为占统治地位的意识形态。环境已与前三十年不同，其学术焦点和中心地位的转移也是时代的必然。

这是否表明《墨子》思想在现代社会已失去积极意义了呢？答案显然是否定的。80年代以来，又一个《墨子》研究高潮的兴起就是明证。这一段低潮的存在，最内在的原因也许还是《墨子》思想在两千年隐晦之后，要得到充分认识和恰当运用，需要经过长时间的整理和疏通，犹如一条河道，虽有流通之功能，却因长期闲置和糟踏以致阻塞不通，不经过一番疏浚，就难以畅通。20世纪中间这五十年，学者们冷静理智的研究虽没有形成高潮，却巩固和完善了近代的研究成果，为现代研究积累了素材，创造了条件。其开路铺石之功不可埋没。

三四十年代代表性的研究成果有：张纯一的《墨子集解》，张其锽的《墨经通解》，范耕研的《墨辩疏证》，鲁大东的《墨辩新注》，顾惕生的《墨子辩经讲疏》，陈无咎的《墨经悬解》，方授楚的《墨学源流》，叶玉麟的《白话译解墨子》，高亨的《墨子新笺》，杨宽的《墨经哲学》，于省吾的《墨子新证》，张心澂的《伪书通考》，吴毓江的《墨子校注》，陆世鸿的《墨子》，蒋建侯的《墨子及墨者》，岑仲勉的《墨子城守各篇简注》，等等。

其中《墨辩》或称《墨经》的研究仍是重心所在。有些对前人的研究成果进行了总结，如张纯一的《墨子集解》在分析前人得失的基础上汇集了近代研究成果，并作了大量的修正和补充。他在《墨子集解》叙中说：

> 逊清乾嘉诸老，取而研校之，功莫高焉，然阙误犹不少，孙仲容作《间诂》，富搜罗，勤甄讨，大义粗明，而精蕴多未揭晓也。傅青主《墨子大取篇释》，从事独先。……王晋卿有万历本、焦竑校本《墨子斠注补正》，树义精坚。王壬秋《墨子注》，时有创获。刘申叔《墨子拾补》，考证明备。尹候青《墨子新释》，详假借字，具新颖义。梁任公《墨经校释》，间亦见及微旨。张子晋《墨经注》及《大取篇释义》，颇得墨髓。伍非百《墨辩解故》，察名实于毫芒，陈立破之方轨，《大取篇注》及《墨子大义述》，亦资之深而原逢左右。栾调甫《墨学五书》，独往独来，阐明声光之义，剖析名谓之理，辩悟敌非，证成己是；即故理类，显真摧似，更据道藏本、唐尧臣本、俞弁钞三卷本校文，精核无比。……余自民国八年春研寻是书，迄今十有

> 七年。尝终日覃思屡忘寝食，辩古字声形之转变，稽故书记载之异同，正伪补脱，期得真诠，凡以明兼体，弘兼用也。……是书据前贤诸说，择善从长，拾遗义，振玄纲，冀转世间有漏之道学，为世出世间无漏之至仁。

此书用诸子比较、墨学与西学比较的方法，集近代《墨子》政治思想、宗教思想、科学思想、逻辑思想等方面研究为一体，同时对《墨子》各篇作者、真伪和文字进行了考证。由于作者自身观点和见识的局限，其所取舍，不一定都允当，如他的佛教立场就使他多以佛教为标准和参照来评说墨学和西学，认为墨子和基督教的思想均不及佛教圆满等。但其中仍不乏许多创见和卓识，如他不像前人仅仅为了抑儒或引进西学而扬墨，而是把墨子思想和诸子百家的思想放在平等的地位上进行客观的比较。因此他不仅比较儒、墨，以及墨学与西学，而且比较了墨家与名家、农家、道家等之间的异同。他还把墨子思想宗旨归结为“贵兼”，基本教义归结为“尚勤”与“尚俭”两条，有其独到之处。

这个时期的《墨子》研究，既有继承，也有发展。岑仲勉的《墨子城守各篇简注》就是填补空白之作。前三十年的研究几乎无人涉足这一领域，认为这几篇文字与墨子的哲学与科学思想无多大关系。其实这几篇蕴含着丰富的科学技术和墨家具体的实践经验，是先秦时期科技成果的集中体现，也是那个时代最先进的科技水平的代表。岑仲勉同时还揭示了极有价值的积极防御的军事理论与技术。此书在50年代又有了进一步的修改和补充，为人们对《墨子》这部分文字的研读和内容的了解奠定了基础。如“杀，俚两罂，深平城，置板其上，䀨板以井听”句，他修正了孙诒让的解读：孙诒让以“杀”字与上文连读，释为地道两边的旁穴，岑仲勉则认为“杀”为置于城上向敌人投掷防守武器之处，并解“䀨”为“册”（覆盖之义），揭示了墨家“地听”装置的结构。

三四十年代的《墨子》研究论文不算少，涉及的范围也很广泛，如作者考证、文字体例、考据训诂、学说评述和墨学源流等。思想方面从政治、伦理思想、宗教科学、逻辑学的范围扩展到经济思想、社会思想、非攻思想、教育思想、人口思想等新的领域，也有人将《墨子》研究与抗日战争、民族运动相联系，但为数很少。

50到70年代，大陆《墨子》研究成果主要有高亨的《墨经校诠》、詹剑峰的《墨家的形式逻辑》、汪奠基的《墨辩的逻辑科学思想分析》、陈孟麟的《墨辩逻辑学》等专著。重心仍沿袭胡适以来的传统，重逻辑与科学部分。其中高亨的《墨经校诠》受到当代《墨子》专家杨向奎先生的高度评价，被称为“近几十年来研究墨经最有成就之书”，是孙诒让以后“第二个集大成者”。

陈孟麟的《墨辩逻辑学》也是一部力作。此书以客观科学的态度在准确把握《墨辩》朴素唯物主义反映论的基础上，系统揭示了《墨辩》中关于“名”“辞”“说”三部分的逻辑范畴、关系、类别和论式，并把《墨辩》思维规律归结为“所得而后成律”“类同律”“不两可两不可律”三条，既肯定了《墨辩》逻辑学的独特价值，又指出了它与亚里士多德逻辑学的异同关系。

这一时期的研究虽仍以逻辑、科学为重点，但论及的范围则有所扩展和深入，除在前人已涉及的领域继续探讨外，还论及墨子的阶级立场、墨家团体、美学观、时空观、文艺观等，并深入辨析了一些基本范畴和命题，如“时”的观念、“物”的范畴，以及“一少于二而多于五”“杀盗非杀人”等命题。

总而言之，30 至 70 年代，《墨子》研究不仅没有中绝，还取得了一些进展，但其间没有形成高潮，也是事实。这期间《墨子》研究与前三十年相比，具有如下特点：一是具有比较单纯的学术意味，与现实政治之间的联系不像前三十年那么紧密。二是比较理智客观，较少情绪化的夸张断语，较多客观的辨析和理性的论证。三是心态由非抑则扬转向平等看待，既摆脱了正统异端的偏执，扬墨抑儒的心态也趋于平静，开始将儒、墨和其他先秦诸子，以及西学平等视之，客观科学地分辨异同，评析优劣，探究因果。四是对前人的研究成果既有继承，也有发展。一方面循着前人的足迹，重点一直放在《墨辩》逻辑学和科技思想的介绍和研探上；另一方面又扩展到《墨子》思想的其他许多前人未曾论及的方面，进行了深入的剖析和近现代化的诠释，其中不乏填补空白的创见。五是这段时间的研究者基本上是各自独立地在自己志趣所在的领域进行研究，没有大范围的切磋、争鸣和交流，因此研究的影响范围较小，但为下一个高潮的来临打下了基础。

（2）20 世纪末《墨子》研究的新高潮

随着改革开放政策的制定和实行，思想学术界也开始活跃起来，《墨子》研究在 80 年代有了很大的发展。据秦彦士统计，其间发表论文约八十篇，专著近二十部，差不多超过此前三十年的总和。其中不乏突破性的成果。如在考古发现的基础上，对《墨子·备城门》各篇的研究就有很大的突破。陈直的《〈墨子·备城门〉等篇与居延汉简》一文以考古新发现为根据辨别了这几篇的真伪，证明了它们是战国后期秦墨的作品，而非前人认为的为汉人伪托。

方孝博的《墨经中的数学和物理学》一书系统地介绍了《墨经》中有关教学和物理学问题诸条文的含义，阐明了它在中国科学史和世界科学史上的重要地位。其中不乏对前人看法的修正和完善之处。如《经上》:“中,同长也。”《经说上》的“心中,自是往相若也”条,梁启超《墨经校释》删去“心”字;张纯一《墨子集解》改“心”为“正”,归属上条;谭戒甫《墨辩发微》改“心中”为“中心”。方孝博认为都不对,认为本条所说的“心”实质上是形体的中心,与一条线段的中点之“中”是有区别的。辨析精当至微。又如《经上》:“端,体之无序而最前者也。”《经说上》“端,是无同也”条,方孝博认为“端”的含义有两种,一种相当于几何学上的“点”,另一种指物体的最前端,或一条直线的两极端。他认为文中“端”的数学概念,深刻严密,言简意赅,达到了高度的抽象。他订正了许多前人由于数学和物理学知识的贫乏或一知半解所造成的错误:王引之将“序”当作“厚”,引起诸家仿效,梁启超改《经说》中的“同”为“间”,是不能领悟文中深刻含义,主观武断所致;谭戒甫将“体之”与“分物”混为一谈,认为“是”为“题”之省文,乃穿凿附会;梁启超称“极微”即“端”,因电子不能再分解,处于一种不可再分的极微小的“端”的状态,是一切物质之本原,因此《经上》称为“最前者”,这是将数学概念解成物理学范畴,也是一种附会。同时,作者作学问的态度很客观,不得确解则存疑。《经说上》中“厚,惟无所大”条中的“无”和“大”字,他不安于范耕研的解释,又未充分证明自己的看法,就说是和惠施的意见可能有联系，尚待研究。

方孝博的研读十分精微，把隐含其中的丰富而深刻的意蕴清晰地揭示出来，大有阐幽彰隐之功。他认为《经上》“体，分于兼也”条，揭示的是部分和全体之间的关系，而时空是无穷无尽的，只可能有相对的意义，《墨经》作者在此处只用“兼”字而不用“全”字，更突出了这种相对的意义，而且用字考究，用意深微，令人寻味。他关于“兼”“体”“全”之间关系的辨析，对我们准确把握兼爱的理论很有启发。他研读《经说上》“圜，规写支也”和“方，矩见支也”两条，指出，对“规”言“写支”，对“矩”言“见支”，一个字的不同，非常明确地表明了“规”“矩”这两种工具性质和作用的差异，精简又不失严密。墨者科学严谨的精神被细致深入地展示出来。

80年代《墨子》研究的领域也有所拓展，如严清华的《墨翟和后期墨家的经营管理思想》、曾立格的《〈墨经〉的心理学思想》、谭家健的《〈墨子〉在先秦散文史上的地位》、牟世金的《墨家的“贱民”文艺观》、张少康的《试论墨子的文艺思想》、郭志坤的《墨子宣传思想简论》等所论及的都是前人较少涉足的领域。这些新领域的研究赋予了墨学现代特征，表明《墨子》研究在继承近代以来的基本思路的同时，开始与现代社会实践中所提出的问题相联系。

80年代《墨子》研究成果中，比较突出的还有杨向奎的《墨经数理研究》(张知寒编辑成集)，秦彦士认为杨先生是这一时期最有影响的《墨子》研究专家。他既有自然科学的根基，又有训诂学的功底。杨先生的研究一方面使墨家不同领域的思想相互结合、印证；一方面用现代数学来印证墨学，如他用线性函数与极限公式来阐述“有久”“无久”，用抛物线坐标轴解“次，无间而不相撄”等。杨先生的观点不一定完全被他人认同，但他把墨家科学思想既放在其整个思想体系中，又放在世界科学体系中来研究的方法，其识见是高于前人的。另外，王焕镳的《〈墨子〉校释商兑》一书在文字校释及补订脱误等方面也有不少超越前人的精见。

总之，80年代《墨子》研究取得了不少超越前人的成果，无论是从数量上还是质量上都是成就卓著，并且已开始将《墨子》研究与现代社会相联系。但是这十年间除召开过《墨辩》逻辑思想研讨会外，绝大部分研究仍是分散的、独立的，没能展开广泛的研讨与交流。直到90年代，现代《墨子》研究的高潮才真正来临。

90年代《墨子》研究进入高潮的突出表现是墨子学会的成立和墨学国际研讨会的定期召开。20世纪30到80年代的研究影响很有限，其中一个重要的原因就是没有可以把研究者联合起来的组织形式，学者之间缺乏充分交流的场所和条件。组织形式和交流时空对于学术发展是极为重要的。近代墨学复兴以来,《墨子》研究的成果不断涌现，领域不断扩大，学者日众，观点日多，且日深日广，众说林立。相互切磋和交流成为进一步发展的必要条件，否则就会因各执一端，不能相互交流而自我窒息，难以有新的突破。

改革开放以来,社会进入一个大变革时期,经济、政治、文化、生活等方方面面都在发生着日新月异的变化。变革过程中也提出了许多新的问题，学者们面对如此深刻而多层面的变革，深感单个力量的不足，只有联合起来，集思广益，才能更充分、更有效地从优秀传统文化中发掘出现代社会创造力的精神源泉。

90 年代《墨子》研究高潮形成的直接导因，是墨子故里研究的突破性进展。关于墨子故里的考证，历来说法不一，歧见较大。许多学者对此进行了深入考证，到 80 年代末 90 年代初，取得了突破性进展，墨子故里所在地最终剩下两种主要见解：一是山东滕州，即古代小邾国境内；二是河南鲁阳。在张知寒先生的不懈努力下，山东滕州说渐占上风，得到多数学者的同意。张先生联络山东大学和滕州市政府，于 1990 年成立了墨子研究中心。1991 年 6 月 4 日至 6 日全国首届墨子学术研讨会在山东滕州举行，吸引了包括张岱年、杨向奎、任继愈、匡亚明等知名学者在内的全国二十八个省、市、自治区的四十所高校及科研单位的一百二十多位墨学专家学者，共收到论文五十多篇。学者们集中讨论了墨子学说的历史地位和当代价值，儒、墨、道三家的关系，墨子的尚同、法律、伦理和教育等具体思想观点，以及墨子里籍等问题。

1992 年 10 月 6 日至 10 日，首届墨学国际研讨会暨中国墨子学会成立大会在山东滕州召开。来自美国、瑞士、韩国、南斯拉夫等国家和国内二十多个省、市、自治区的一百二十余位与会专家学者参会，大会共收到专著七部，论文七十余篇。在全国首届墨子学术研讨会的基础上，这次国际研讨会进一步讨论了墨学的历史地位及其当代价值、墨子的思想与东方传统伦理道德、《墨经》所涉及的范畴等问题。

到 1999 年 8 月，墨学国际研讨会已举办四届。1997 年在河南鲁山还召开了一次墨子研讨会。这些研讨会的召开对《墨子》研究取得突破性进展创造了条件。这些会议也展示了 90 年代《墨子》研究的丰硕成果。

（3）20 世纪 90 年代《墨子》研究的特点

与 20 世纪初的第一次高潮一样，90 年代《墨子》研究的特点一是密切联系时代的主题，关注墨学的时代价值；二是运用现代科学研究的新方法、新视角研究墨子，对《墨子》思想体系的认识由感性具体、理性抽象上升到理性具体的阶段；三是《墨子》研究渐趋国际化。

90年代，建设有中国特色社会主义的主要课题不外两个：一是健全社会主义民主与法治建设，二是科教兴国。科学技术与教育发展既是经济发展的需要，又是社会主义精神文明建设的需要。90年代《墨子》研究大多围绕着《墨子》的政治学说、法律思想、科学精神、教育思想等方面的现代价值而展开，学者们试图从墨学中发掘对现代社会实践有启发意义的经验、教训，探讨现代社会实践的正确思路与方法。

有的学者肯定墨子“尚同”政治思想中含有民主意识；有的学者指出墨子以“兼爱”为核心，以“天志”为准则，以“赏罚”为重点，以刑法为代表，比较全面地论述了法律的内容和形式，墨子站在奴隶主贵族的对立面，从法律角度维护自由平民的利益，具有重大的进步意义。有的学者认为墨家的教育机会均等原则、“有道以教人”的积极行教精神、“不扣自鸣”主动往教的教育态度、注重生产技术和自然知识等内容的教学、实际操作和科学实验的教育方法都是值得充分肯定和借鉴的，对指导和帮助今天教育改革的实践有着很大的现实意义。台湾学者王谮源先生强调研究墨子，除学术、历史方面的意义外，更要对现代生活有所指导，要发挥其现代价值，并从七个方面对此作了具体论述，特别指出墨子“兼相爱，交相利”思想可以为现代企业管理借鉴。陈鼓应先生提出“墨家伦理动力说”，认为墨家思想精神更有利于推动当代社会经济的发展，墨家所倡导的兼爱、非攻、强本节用和勤奋劳作等主张都值得借鉴。

有的学者认为墨家人生哲学由“强”“力”劳动的生存观、“利天下为志”的价值观和尚俭抑奢的生活观构建，属于一种奋斗型、事业型和外向型的人生哲学，对我们民族精神、民族性格和民族道德的形成有不可低估的影响，对于培养现代人的危机感、使命感和艰苦奋斗的进取精神，仍有可开发和利用的价值。

也有学者认为墨子的社会化私学，在我国古代教育史上占有重要地位，开创了我国教育社会化和私学中技艺、技能教学的办学方式，是我国古代师徒相授教学形式的先导，促进了我国古代手工业和科技的发展，对现代职业技能教育仍有指导意义。

在诸如此类的研究中，学者们均把对《墨子》思想学说内涵的现代阐释与其历史地位、现代价值相结合，而对其内涵的解释、历史地位的揭示，归根结底还是为了发掘其现代价值，以指导现代社会实践。

90年代的《墨子》研究中借鉴了现代系统论的方法和视角，许多学者不再孤立地研究墨子其人、《墨子》其书和墨家学说，而是一方面把《墨子》、墨家和墨学都视为一个多元一体的、动态的系统，既超越《墨子》自身的排列次序和其表层逻辑，深入揭示其各种学说之间内在深层的逻辑结构，如其政治哲学、经济理性、人生哲学、唯物主义反映论、经验论、逻辑学、心理学、教育观、文艺美学观、科学精神、人格精神、军事思想等各个方面的各自特点和内在联系都得到了比以前更深入、全面的解构与重构；另一方面又把墨学和墨家视为一种元素，纳入多元一体的传统文化大系统之中，从系统与要素、要素与要素的关系角度，揭示了墨学与墨家在传统文化体系的形成和文化传统的构建及其流变中所处的地位和所起的作用，以及墨家学说与其他诸子百家之间既互相排斥、互相斗争，又相互吸取、相互交织的辩证关系。在进一步研究墨家思想的独特个性的同时，更加注重其与其他学派之间的异同，特别是异同之间的过渡性与边际性相联结的关系，如陈炎的《论儒、墨、道、法系统》、王成儒的《论先秦儒墨道法之间的边际思想》就是这类研究的力作。

90年代《墨子》研究的国际化，从历届国际研讨会众多的外国来宾中可见一斑。20世纪初，外国人开始认识中国古代的墨子和墨学。到90年代，已有许多外国学者致力于《墨子》的研究。特别是改革开放政策的实施，为《墨子》研究的国际化提供了前所未有的便利条件。

总之，90年代《墨子》研究凭借改革开放的有利条件和集体研讨的优势，取得了比以前更全面、更深入、更系统、更有综合性和现代性的研究成果，使墨学的现代价值得到了更广泛，也更有高度的认同。同时，也有学者冷静地提出了墨学的内在局限性，但这方面的探讨还不够深入。其实，弘扬墨学应该内在地包含对墨学的发展，而对其局限性的深入剖析和修正就是一种发展，对这方面的忽略是20世纪墨学复兴以来的一大缺点。如：在中国古代思想史中，墨家的平等观和民主思想无疑是最激进、最彻底的，但并非完美无缺。如墨子“尚贤”中只讲“贤可者”为天子、诸侯公卿、正长等，没讲到如何择贤，由谁选择，也没讲到“贤可者”违反民意、不称职时该当如何。他所凭借的天志、鬼神的惩罚毕竟是不可操作的。正长乃至天子的选择、任用与更换的程序是政治上的一个根本问题，对此，墨家与其他各家各派一样没有论及。中国古代政治史上政权的转移也一直未能规范化、程序化，其实这不仅在中国古代不能实现，现代国际社会中各种民主政体也未能真正解决这个问题。因此，对这一问题的深入探讨不仅是对墨学的修正与发展，也有利于现代民主政治的建设和完善。

八　《墨子》的文化精义及其价值

墨子是中国思想文化史上最早实现“哲学的突破”，并建立系统的思想体系和独立的学术派别的哲学家、思想家和社会活动家之一。墨家是先秦百家争鸣中有影响的学派之一,《墨子》一书作为先秦墨家的论文集，在哲学、逻辑学和科学领域均达到了当时的最高水平。其社会政治思想，代表着社会中下层平民的利益和他们提升社会地位的要求。它是中国思想文化史的源头之一，和儒、道、法诸家共同构筑了多元一体结构的思想文化传统，在古代和近代历史演变中产生了深刻的影响，也是中国当代建设有中国特色社会主义新文化可资借鉴的思想资源之一。但是，墨学本身是一种“死”的传统文化，其生命力源于与现实社会实践的结合，要将它转化为活的文化传统的一部分，有待于现代人自身的努力。只有联系现代社会实践的实际，将其中蕴含的文化精义阐发出来，才能发挥其现代价值。

1.《墨子》在古代历史中的文化精义和积极影响

从前文的叙述中，我们可以将《墨子》一书对古代传统文化发挥积极影响的文化精义归纳为如下几点：

第一，“尚贤”的政治原则。

以贤能与否为选拔官吏的唯一标准是墨家“尚贤”的基本原则。这一原则被吸收到各个朝代的选官制度中，尽管在实施过程中，很少得到真正彻底的奉行，但作为一种指导思想，仍起着不容忽视的积极作用，是消减贵族政治，引导开明的民本政治的积极因素之一。一方面，封建选官制度及其指导思想中所包含的“尚贤”原则，成为官吏自律和互相监督的约束机制之一。有任选职责的官吏可能徇私枉法，违反这一原则任人唯亲，但也可能运用这一原则攻击对手，同时对手也可以运用这一原则保护自己。在权力之争中，这一原则并不完全是一纸空文，它既使清官自律，也让污吏设防，能或多或少地减少任人唯亲的流弊。另一方面也给社会平民开启了一扇天窗，始终保留一线希望，成为一种进取的动力和社会价值观的导向。历史上也不乏胸怀大志的平民子弟凭借这一制度获得为民兴利除害的机会。虽然历代贤能的具体内涵和标准的规定与墨家本义不尽相同，但作为一般原则，还是体现了并在一定程度上实现着墨家对社会平等、公正的追求和平民提升社会地位、参与政治的愿望。

第二，“兼相爱，交相利”的思维方式。

墨子“兼相爱，交相利”的思维方式中蕴含着对社会关系两个一般特征的认识：一是关系各方平等的主体性，二是关系各方的相互作用。第一点在封建社会里虽被否认，第二点却引起统治阶级及其思想家的高度重视。中国古代政治思想史上影响深远的民本主义，虽一般被认定是孟子首先提出的，却明显受到墨家“兼相爱，交相利”思想的影响，其中“爱利民”的经济政治观，就是孔子所无而墨子先有的。历代统治者及其思想家无一不是因为君国利益与民众利益之间的相互作用，才提倡和施行民本主义政策的。也只有当民众的苦难威胁到君国利益的时候，才会引起官府的重视。所谓的民如水，君如舟，水能载舟，也能覆舟，就是对这种相互作用、互相制约关系的深刻认同。这种注重相互作用的双向相对的思维方式，在以绝对的单向作用的“三纲”为主要行为准则的封建社会里，起着重要的修正作用。特别是对统治者，它时时提醒他们考虑自己行为的后果，关注民众的利益。

第三，“尚同”的社会理想。

墨家“尚同”的社会政治学说包含着统一和平等两项基本原则，在历史上产生了双重影响。一种是消极的，其中统一观被统治者及其思想家利用为强化专制独裁和中央集权的理论工具，转化为专制主义理论的一部分。另一种是积极的，其中的平等观与“尚贤”“兼相爱，交相利”中的平等意识相一致，起着冲破等级差别、反对剥削阶级不平等的特权等推动历史前进的作用。墨家的“大同”和儒家的“太和”既有共性，又有差异。共性在于都以和谐、统一、秩序为社会理想的标准；区别在于，墨家的“大同”建立在否定宗法等级差别的基础上，儒家的“太和”则以宗法等级差别为前提。“尚同”作为一种社会理想和治国措施，运用得当可以成为推动社会由不平等向平等发展的动力；“太和”则起着维持社会不平等现状的作用。

“尚同”有可能引导社会的变革与发展，“太和”则侧重于社会的平衡与稳定。这也是儒学总是被夺取政权的统治者用来指导守成，墨学则总是在社会变革时期发挥作用的原因所在。统一与平等相结合的“大同”是墨家“尚同”的本义和精义，统一与平等相背离则是墨学被正统儒学歪曲利用产生的流弊。前者是激励历代进步思想家、改革家和平民侠士等不懈努力的精神动力。

第四，“尚力”“非命”的人生观。

揭开墨家“天志”“明鬼”的宗教外衣，不难发现其宗教形式中的内容是积极进取的人生观：“尚力”“非命”等。儒、墨均强调人的主观能动性，但两家主观能动性的作用不同：儒家将人的主观能动性局限于先天道德品性的自觉与践履，不主张人有平等地争取社会权益、提高社会地位的权利，并忽视了人有发挥智能改造自然、改造社会的主观能动性，而且把后两者均归结为神秘的天或命；墨家则将这三个方面的能动性结合起来，认为在平等互利的前提下，通过提高和发挥自己的智能和才力，可以获得行使自己权利的机会。

由于儒家人生观在传统文化中的主导地位，导致了中国历史上道德至上的人生价值取向，制约了中国古代科学智能和民主政治的发展。但是中国古代科学智能并没有完全停滞不前，每一个朝代都会出现一些科学家，都会使科学技术得到虽缓慢却持续的发展；思想史上也不时有人提出重智能、重实用的呼吁，追求经世致用的实学一直是历代有识之士的共识。对民主政治的追求在古代主要表现为对专制体制的抨击和反抗，虽不曾触动专制制度的根基，却从未停止过抗争与追求。这些包含在传统文化体系之中的非主导因素，都与墨家“尚力”“非命”的人生观的潜在影响分不开。墨家的影响力虽受到正统儒家的打压，但其积极进取的人生观却是传统文化中最有活力的要素之一。

第五，勤劳节俭的经济理性。

在“尚力”“非命”的人生观指导下，墨家首先倡导了勤劳节俭的经济理性。他们一方面注重生产实践，认识到发展生产在社会发展中的首要意义，同时克服了农家对劳动的狭义理解。他们在强调生产劳动的同时，重视政治活动、人文活动和其他各行各业的活动，主张无论是王公大人、诸侯公卿，还是农与工肆之人，都应“强力从事”，即勤奋工作、尽职尽责。另一方面，在“强力从事”的基础上注重节流，无论是君国的公用开支，还是私人消费，都要遵循节用的原则，一切开支均以是否增加民利为标准予以取舍。墨家倡导的这种勤劳节俭的经济理性深深积淀于中国人的民族心理之中，成为历代开明君王、清官循吏和平民百姓共同遵循的经济原则，也是历代开明政治家、思想家和民众反对贪官污吏、反腐倡廉、促进生产、保护民利的理论根据和指导思想之一。

第六，义利统一的伦理观。

墨家“义，利也”的伦理观既受到正统儒家的否定和排斥，又被先秦荀子、《易传》和后来的王安石、陈亮、叶适、王夫之、颜元等思想家继承。作为正统儒家义利对立、重义轻利观的对立面，墨家义利统一观起着促进物质生产、为民争利的积极作用。正如颜元所揭露的那样，儒家义利对立观在历史上实际上只是压制平民谋取正当的生存和发展的权益，统治者则以行义为名，谋取私利为实。墨家义利统一观则是一柄双刃剑，对上制约着统治者谋取不义之利以扰民、奢侈浪费的行径，对下肯定平民百姓获得“义之利”的正当权利。

第七，赖力仗义、杀己利天下的人格精神。

儒家讲的“舍身成仁”“杀身取义”与墨家的人格精

神相比有两个明显的不同：

第一，儒家的仁义由于与功利相对立，往往只是一种抽象的信念，为此而牺牲有时只是徒然的悲壮。明代方孝孺就是一个典型，他只为了恪守明太祖的一条遗训，拘守所谓的“君臣大义”，导致十族近千人的无辜牺牲。于国于民，究竟有何实际利益？这个切实的问题被正统儒家置之脑后。其实明成祖朱棣与他侄子相比，作为皇帝孰优孰劣，方孝孺当时并不明白，只有后人才有公论。方孝孺只落得一个其情可悯、其行可悲的评价。墨家自我牺牲的大义因为与天下公利相统一，所以具有比儒家现实得多的实际意义。像墨子“摩顶放踵”，布衣粗食，不远千里奔波于诸侯之间，为弱小国家及其民众消弭战争之祸，其功其利虽有限却显而易见。墨家不主张无谓的牺牲，只在利害权衡中取大利、舍小利，取公利、舍私利，两利取其大，两害取其小。墨家的人格精神建立在理智的基础上，儒家则多基于情感方面。

其二，墨家行侠仗义，凭借自己的智能、胆识和勇力，为此而勤学苦练，求知力行。因而其人格精神不仅是一种理想，而且和务实力行的精神相结合，能落实为行动，达到实际的效用。儒家则往往只凭信念，没有可行的条件保障，因而达不到实际的效果，只是无谓的牺牲。如宋明道学家那样：“无事袖手谈心性，临危一死报君王。”于国于民，何利之有？非但无利可言，反而导致国贫民弱。因此后人斥之为文弱书生误国误民。墨家人格精神与其务实力行精神相结合，在历史上同样起着虽非主导却很积极的作用。

第八，“非攻”的和平意识和积极防守的军事思想。

墨家“非攻”思想对后世影响也很大。墨子对“攻”与“诛”的分别率先提出了战争的伦理问题，后来的军事家、思想家、政治家在讨论战争问题时，几乎都要强调战争的“道”和“义”,形成了最早的反对非正义战争的观念。无论是先秦时期的《孙子兵法》《孙膑兵法》，还是后来的军事著作，都强调战争的不得已性，反对轻易发动战争，反复指出战争的危害性和巨大代价等。正是这些理论培养了中华民族追求正义，反对侵略的和平性格，墨家“非攻”思想无疑是这种和平意识的滥觞。

墨家并不简单绝对地反对战争，而是在严格区分正义战争与非正义战争的基础上，主张积极防守，反击侵略。墨家不仅在观念上支持反侵略的防守战，而且在理论上深入研究防守的战略战术，提出了系统的积极防御的军事理论，设计制造了许多先进的防御器械，并在实践中亲自参加防御战斗。墨家积极防御的军事理论和军用器械的制造，在古代反对侵略、保家守土的战争史上，发挥了重要作用，同时也陶冶了中华民族不畏强暴、勇于反抗一切外来侵略的不屈不挠的性格。

第九，自然科学成就和科学精神。

《墨子》一文中记载了许多先秦最先进的自然科学知

识和理论，为后人的继续研究提供了理论基础，也反映了中国古代自然科学的先进水平，是中国科技史上的宝贵遗产。墨家坚持正义、追求真知、捍卫真理的科学精神在历史上也发挥了积极的作用。几乎历代都有一些有识之士，克服重重困难，继续着科学研究和技术发展的事业，如李时珍的医药研究、徐霞客的地理探索、张衡的天文学研究等。虽然受到正统儒家重德轻能的人生价值观的影响，许多墨家所注重的对生产生活有深刻影响的科学技术未得到发展，以致近代中国科技远远落后于西方，但是墨家首倡的科学精神还是被继承下来，既在古代起着促进科技发展的作用，又在近代成为中国文化传统中融合、吸纳西方科学技术文化的动力。

第十，方法论和逻辑学。

墨家实利主义方法论贯穿其思想学说的方方面面，和上述思想学说一起对中国古代思想文化的发展产生了积极的影响，是中国古代哲学方法论中的重要组成部分，对儒家道德主义和道家自然主义方法论都起着一定的修正和纠偏的作用。如将儒家道德从虚幻的精神境界中拉回到日常生产生活实际的现实世界;将道家“无为”还原为自然天道，强调人道积极有为的能动性。正是这种相互修正和纠偏的作用形成了中华民族“多元一体”的文化特征。

墨家逻辑学经过近现代研究者的整理与阐释，已被公认为可与古希腊亚里士多德的逻辑学、古印度的因明学相媲美的古代逻辑学。但人们大多以为墨辩逻辑学在古代没有什么影响，特别是其中的形式逻辑部分，差不多完全被遗忘了。事实并非如此，墨辩中建立的形式逻辑体系，在古代没有得到足够的重视，也没有任何发展，但是其中的逻辑原则、规则和方法并没有被丢弃，而是作为公共财富被广泛地运用着。这种情形在先秦就存在，孟子、庄子、荀子、韩非的论说文风和论理方法都与《墨子》存在渊源关系，汉以后学者的论说文风、论理方法以及政治家给皇帝奏疏中的论理方法，广泛地体现着墨辩逻辑方法与技巧的运用。中国古代的论说文风和论理方法有些长期不变的特征，溯其源头，自是《墨子》无疑。

许多人都认为中国古代擅长辩证逻辑，却短于形式逻辑。这个特点在墨家逻辑学中也有体现，或者说这也是墨家逻辑学影响的结果。墨辩中的形式逻辑与亚里士多德的逻辑学的一个重要区别在于：墨辩偏重“学理”，亚里士多德偏重形式。胡适认为墨辩有“学理”的基本，却没有形式上的累赘，其“学理”就体现在辩证的内容与逻辑的形式二者的统一。墨辩逻辑不完全是形式逻辑，其中贯通着客观辩证法的基本原则。后世学者所运用的也正是这种形式与内容相统一的逻辑“学理”，从而形成了中国古代逻辑思维的基本特征。

以上十个方面是对《墨子》一书中在古代有积极意义和深远影响的学说及其文化精义的大体概括。《墨子》思想学说及其文化精义在古代思想文化史上，基本上就像一个隐姓埋名或改名换姓的人，其贡献和作用不是记在他自己的真名实姓之下，而是以隐性的潜在方式被暗暗地吸取或运用着。同时，它的影响和作用也不占主导地位，而是代表着一种缓慢成长着的历史动力和长远的趋势，而且因与封建社会的僵化体制与超稳态结构的矛盾，只有当这种体制与结构有所松动的时候，墨家学说的影响力才会从深层的静水深流中探出水面，激起一些波澜。平民小生产者在奴隶社会和封建社会都不是先进生产力的代表，这就注定了墨家思想学说长期扮演着一个类似于《易经》中所说的“潜龙勿用”的角色。但是，这个漫长的潜伏期也是一个自我酝酿、自我完善的过程，一旦时机成熟，潜龙就会腾空而起，一展身手。近现代就是墨家学说这条潜龙现身的大好时机之一。

2.《墨子》的近代价值

近代墨学的复兴，对近代思想文化的发展产生了深远的影响。

首先，墨家学说和其中的文化精义是近代批判正统儒学的有力武器。在近代思想文化舞台上，儒墨两家的学术地位发生了根本的变化，由尊儒黜墨转变为扬墨抑儒。墨学的复兴和对儒学的批判是同一思想文化运动的两个方面，相辅相成。因此墨家学说在近代起着抵制正统儒学消极影响的作用。

其次，墨家学说是近代融合和吸纳西方文化的内在动力。西方文化正是在与墨学的比较、互释中为中国各界人士所了解、接纳和传播的。墨学的复兴与西方文化的引进也是同一文化运动的两个方面，两者相互促进，共同推动着中国文化的近代化历程，成为推动近代科学技术、民族实业、民主政治、逻辑学等兴起与发展的精神动力之一。

最后，墨家济世救民、杀己利天下的人格精神，在中国近代救亡图存的民族复兴运动、资产阶级改良运动和革命运动以及抗击外来侵略的斗争中，都起着明显的激励作用。许多激进人士都自觉地效法墨家人格精神，用墨家人格精神要求自己，激励民众。谭嗣同就是其中的典型，他不仅吸取了墨家兼爱济人的学术宗旨，而且亲身实践着墨家“杀己利天下”的人格精神。正如他在《仁学》自叙中所说的：“深念高望，私怀墨子摩顶放踵之志矣！”“以为块然躯壳，除利人之外，复何足惜。”他以自己的生命，慷慨赴死，希望用自己的热血激励国人的斗志。

近代墨家学说及其文化精义差不多处于《易经》中所说的“见龙在田”的状态，其中的政治思想、逻辑学说、科学精神和科技理论等都得到高度的评价与推崇。但是墨家学说及其文化精义的深层底蕴和丰富内涵远未被深入而充分地揭示，近代人所看到的几乎只是露出水面的冰山一角。墨家学说所包含的各个方面还有待更充分、更深入的发掘和阐释，才有可能真正实现墨学这条“潜龙”的腾飞。

这种进一步的研究近代以来一直在继续，近现代墨学研究取得了巨大的成就。现在人们对墨学可以说已有了比较全面系统和深入的了解，为我们讨论《墨子》一书的文化精义及其意义提供了较充分的根据。

3.《墨子》中具有现代价值的文化精义

19 世纪中叶到 20 世纪中叶，这个百年是继春秋战国之后，中国历史上又一次根本变革时期。伴随着社会制度的根本变革，思想文化也进行了激烈的斗争，在古今、中西以及其中各种不同学派、主义的对立斗争、批判否定和交流、融合的过程中，重新整合、建构，力图建立适应时代需要的新文化。但在中国向何处去的问题尚未彻底解决，国家的前途茫然、命运未卜之际，新文化的构建也只能是在迷茫中摸索前进。

20 世纪下半叶，特别是改革开放以来，建设有中国特色的社会主义理论明确了新中国走向现代化的方向和道路。建设有中国特色的社会主义新文化的任务也同时明确地摆在思想文化工作者的面前。中共十五大报告指出：

> 有中国特色社会主义的文化，是凝聚和激励全国各族人民的重要力量，是综合国力的重要标志。它渊源于中华民族五千年文明史，又植根于有中国特色社会主义的实践。

立足于有中国特色社会主义的实践，弘扬民族优秀文化传统，成为建设有中国特色社会主义的文化的重要内容。《墨子》是中国思想文化史上最早的典籍之一，墨家学说及其在古代和近代具有重要影响和积极意义的文化精义，已被公认为民族优秀文化传统的重要组成部分。在现代社会中，面对建设有中国特色社会主义的实践以及世纪之交世界文化的变迁，墨家思想学说的地位、价值及其表现成为现代墨学研究的焦点。

我们民族的优秀文化传统，显然不是由一家一派的思想学说单独构成的，而是从一开始就是一个多元一体的系统，是由历史上许多优秀人物和诸多学派共同建构和培育的。其中孔子、墨子、老子是影响深远的三位文化巨人，他们分别创立的学派——儒家、墨家和道家则是中国多元一体的文化系统中的主干。现代新文化的建设，无疑要从他们的思想学说中吸取丰富的营养，对它们必须兼收并蓄，不应该也不可能将其中的任何一人一派排斥在新文化思想资源的体系之外，因为他们的思想学说在几千年的文化长河中，已经融为一体，相互之间的斗争和交融已成为他们各自的思想学说传承和发展的根本途径和方式。它们共同构成了现代社会发展的传统文化资源。

然而，在不同的历史时期，他们的思想学说在文化传统中的地位和价值是不同的，有主次之分。在先秦，儒、墨并称显学，道家影响相对较小，因为那是一个激烈竞争的时代，道家的“无为”“不争”不合时宜，儒、墨则分别代表着竞争中的两种势力和趋势，适应了他们各自的需要。汉以后，儒学独尊，墨、道皆隐。同样是因为儒学亲亲、尊尊、贵贵的社会政治学说适应了重建大一统王朝的新贵族与统治阶级享有和巩固等级特权的需要，其中贤贤、亲民的主张也在一定程度上稳定了社会中下层，有独特的守成之功。而一统后的平民同时被剥夺了进取的权利和可能，墨家因此而衰微；道家所追求的个体人格的独立自由也与大一统的等级秩序、集权统治格格不入。道、墨遂逐渐转入民间，创立了民间道教，为社会改革和农民革命摇旗呐喊。近代墨学复兴，儒学在一段时间被彻底否定和清算之后，二十世纪三四十年代在民族复兴运动中又复活了。势单力薄的东方文化派逐渐发展成为具有国际影响的现代新儒家。道教、佛教等其他传统思想文化体系在近现代也都受到广泛重视和深入研究。特别是改革开放以来，“双百”方针真正地为各种优秀文化传统的弘扬创造了宽松的环境。在经济建设快速发展和宽松政策的带动下，思想文化的百花园里更是万紫千红，争奇斗艳，日益繁荣。在这百花齐放的文化大花园中，儒、道、墨等传统学派的研究都非常活跃，墨家思想学说在新文化的构建中应处于一个什么样的地位、担当一种什么样的角色呢？

许多学者认为墨学在新文化构建中的地位和价值高于儒、道诸家，对现代和未来的中国乃至世界的积极影响也大于儒、道诸家。蔡尚思先生就认为在中国古代思想史上价值最高的是墨家，而不是儒、道、名、法、佛等家，现代墨家也比儒学等更能起积极作用。虽有些夸大，却表明墨学现代价值的存在不容忽视。

墨、儒、道诸家学说对现代和未来的影响表现在不同的方面，是一种互补的关系。现代社会经济、政治、文化等方面都发生了很大的变化，墨学的发展必须与现代社会诸方面相适应，才能起到影响现代社会并推动社会进步的作用，自身也会因此壮大、完善。下面不妨从其对现代社会的适应性方面做些探讨。

第一，平民的高度觉悟和社会地位的提升。

在古代，平民的受教育程度和文化知识都受到经济条件和政治环境的制约，只有极少数平民能得到受教育的机会，掌握一定的文化知识，因而平民的自觉程度很有限。

现代教育的普及和经济条件的改善、政治制度的保障，使绝大多数平民都有平等地接受教育的机会，平民才普遍觉悟到自己的社会主体性。墨家提出的追求平等地位的平民诉求是以先秦平民阶级觉悟程度的提高为条件的，这一诉求的真正实现也依赖于平民的高度自觉。在现代中国和世界许多地方，这个条件都已基本具备。墨学与现代世界各国民众争取真正的民主和平等的需要相适应，近现代已在中国人民争取民主与平等的斗争中发挥了积极的推动作用。在当代与将来，也必定是这一斗争的精神动力和理论武器之一。因为真正的民主与平等既是墨家的理想，也是人类共同的追求和社会发展的方向。正是在这一点上，儒家和道家不太适应时代的潮流。儒、道的理想在本质上都是非民主和不平等的，他们均致力于从思想意识中淡化或抹掉平民对非民主、不平等的不满和反抗心理，而这实际上是阻止平民自觉的蒙昧主义，对现代社会的民主与平等来说，则是一种起消极作用的精神阻力，是一种惰性。

第二，商品经济的发展与墨家平等竞争、兼爱交利的行为准则相适应。

平等竞争、兼爱交利在经济特权无所不在的古代社会是行不通的，在商品经济社会中，则与市场运行机制相契合，商品经济的发展也迫切需要以平等、公正、兼爱、互利的行为准则取代各种特权观点。因此，墨学与商品经济之间存在着相互促进的良性互动关系。这也是儒、道所不具备的，儒、道都强调社会秩序的本然性、固定性和等级特权的神圣性、先定性，反对竞争，惧变求常，劝服民众安分守己，听天顺命，这与商品经济的市场竞争原则相悖，这些理念与心态的消极影响，也会阻碍商品经济的发展。

第三，民主政治与墨家“尚贤”“尚同”的原则相一致。

许多人把“尚同”说成专制主义，这其实是一种误解。墨家“尚同”首先以“尚贤”为前提，以唯贤唯能为原则，否定一切等级特权，并以体现兼爱交利的“天志”为最高标准。这两点都与家天下的专制主义格格不入。当然，“尚同”有被歪曲利用为专制理论的可能性，但这只能说是流弊，不是墨家本义。“尚同”的前提条件是打破宗法等级差别，取消等级特权，这个条件只有在民主社会才具备。“尚贤”“尚同”要求从天子到诸侯公卿以及各级正长均选择其所辖范围内最贤能的人担任，这也只有在“公天下”的民主社会才可能。至于墨家政治学说的一大缺陷，没有提出谁来选择和如何选择各级正长，即只提出了“尚贤”“尚同”的纲领，却没有设计出具体落实和实施的方案与程序。这在先秦乃至整个古代历史中都是不可能的，民主政治弥补了这一缺陷，为“尚贤”“尚同”原则的真正实行创造了条件。然而，现代社会的民主政治本身同样存在各种缺陷，有待进一步发展和完善。墨家“尚贤”“尚同”的政治纲领经过现代诠释和转型在民主政治进程中仍可发挥一定的积极作用。儒、道虽重民，也主张爱民、利民，但从未将民利视为目的，民利、民心无论多么重要，都只具有工具价值，不具有目标价值。儒家的目标价值是君国，道家的目标价值则是个人的全性葆真，只有墨家以民利为根本的最高目标，而这正是民主政治的实质。

第四，“能力本位”的文化价值观与现代社会关系的发展相适应。

儒、道、墨三家的文化价值观可分别称为“道德本位”“自然本位”和“能力本位”。在古代，儒家“道德本位”的文化价值观占主导地位。这种文化价值观在传统文化中形成了重情感轻理性的偏向，在社会关系中只重亲缘关系和恩施关系，漠视或掩盖功利关系和业缘关系；通行不对等的权利义务关系准则;把人生的社会价值定位为“尽伦尽制”而不是尽职尽责，自我价值则定位为道德体验而不是功利价值的实现；把社会管理的重点放在平衡矛盾各方的心态上，而不是组织和发展生产；但求心安，不问利害。这些文化理念在古代曾起过积极的作用，在现代也有一定的价值。然而在总体上是与现代社会关系的发展不相适应的。道家“自然本位”的文化价值观，对现代环境保护意识的树立和环保事业的发展具有积极意义，但不适应人们积极努力参与社会竞争的需要，其中全性葆真的自我价值取向对现代竞争所需要的积极进取精神是一种精神阻力。其反文化、反文明的倾向不利于科学技术和智能、技能教育的进步，过分强调个体自在、自由、自治的观点也会对现代社会所倡导和亟需的协作精神起消极影响。

现代社会关系中占主导地位的是业缘关系和功利关系。现代人已经认识到发展生产力是社会发展的根本问题，因而生产关系是第一位的，而生产关系的纽带是能力而不是血缘或地缘。经济关系在现代社会关系中的凸显，要求人们遵循等价交换的关系准则。任何人都只有尽职尽责，努力实现自己的价值，证明并不断提高自己的智能，才能在竞争中立于不败之地。墨家“能力本位”的文化价值观正好与此相适应，弘扬墨家“能力本位”的文化价值观更有利于建立健全现代社会关系，从而促进生产力的发展。

第五，尚贤尚同、兼爱交利的政治原则与现代法治观念相一致。

墨家特别强调法的作用，但墨家所讲的“法”与法家不同。法家所讲的“法”是君国利益的体现，即黄宗羲所反对的“一家之私法”，是专为治民而设的专制统治之法。墨家所讲的法则是公理，是正义的代名词，包括认识论上的三表法，逻辑学上的“摹物论言”“以类取、以类予”“异类不比”等客观法则。在社会政治领域的法则是“兴天下之公利，除天下之公害”的客观准则，以尚贤尚同、兼爱交利为核心。这才是黄宗羲所赞赏的“天下之公法”，是为利民而设的社会管理之法。社会主义国家“依法治国”之法显然是兴公利之法，而不是谋私利之法。而且，现代社会主义国家，党和国家的利益同民众的利益是一致的。这种一致性也是弘扬墨家政治法则的基础。同时，墨家尚贤尚同、兼爱交利的思想也有利于人们观念的转变，从而为人治向法治这一政治管理机制的根本转变扫清思想上的障碍。

第六，勤劳节用的经济理性与发展生产力的要求相符合。

墨家和儒家的经济观有很大的区别，儒家经济观中一个突出的特点是把经济消费作为区别社会等级的一个尺度，政治等级决定着消费的标准，而不是由生产来决定。墨家经济观中的消费观则是与生产紧密联系的。也许有人认为墨家“节用”的消费观与现代刺激消费、以消费促生产的理念相背离。其实不然，墨家具体的消费标准当然不符合现代的消费需求，但墨家的消费原则却与现代经济理念相一致。墨子的消费原则是：“诸加费不加于民利者，圣王弗为。”用现代的话说，就是消费要实现增加民利的功能，而民利不外发展生产、改善生活两个基本的方面。促进生产的发展、改善民众的生活质量、提高生活水平不正是现代社会从政府到市场一致的消费功能观吗？无论什么社会组织，也无论什么产品的广告宣传，推销自己的秘诀都在于强调该产品对公众生产或生活的利益相关性。反过来说，无论是现在还是将来，凡不利于生产和生活的消费都是不应该的。这正是节用原则的精义，节用不是简单绝对的低消费，而是要节制古今贪官污吏的奢侈浪费。这一点具有普遍而永恒的意义。

第七，兼爱交利的人道精神对世界和平与发展具有积极意义。

墨家呼吁人们淡化我界、家界、国界观念，视人若己，“视人之国若视其国，视人之家若视其家”。这与现代国际主义是一致的。荣获 1999 年诺贝尔和平奖的“无国界医生组织”就是这种国际人道主义的体现。康有为把各种“界”观视为人生诸苦之源。倘若人们能更多地接受墨家的兼爱交利的文化理念，人类社会中就可以避免或减少许多本不必要的流血冲突和痛苦，多一些相助，少一些争斗。墨子主张有力相助、有财相分、有道相教，这是一种普遍适用的人道精神，小有利于建立良好友善、平等互利的人际关系；中有助于缩小地区之间、城乡之间、行业之间等等的差别，实现先富带动共同富裕的愿望；大有益于加强国际合作，强国带动弱国共同发展。和平与发展是人类自古以来共同的梦想，如果不能真正做到兼爱交利，互利合作，共同发展，和平就难以实现。没有和平的环境，发展也无从谈起。现代社会需要更多的人像墨家那样为和平与发展不辞辛劳,不避艰险,不惜牺牲,奔走呼号:“非攻”“救守”!少一些儒家那种“扣则鸣，不扣则不鸣”的矜持和“穷则独善其身，达则兼济天下”的明哲，多一些墨家那种为天下兴利除害的主体意识和摩顶放踵以利天下的积极精神。

第八，重实行和实利意识与现代管理需求相符合。

现代管理实践中有两种倾向：一是重宣传承诺，轻落实实行；二是重管理的方便，轻管理的实效。这两种倾向与现代管理以经济规律为指导的理念是相背离的。墨家重实行，强调言行一致，言必行，行必果，与市场经济运作中的重信誉原则不谋而合，其重实效、求实利的观念也与市场经济运作中的效益原则相遥契。因此，弘扬墨家实行和实利主义，对现代管理理念的建立和落实都有积极的作用。

第九，科学精神与发展科技的要求相适应。

墨家的科学精神表现在许多方面，如认识论上坚持求真求是的客观反映论原则，逻辑学上主张“摹略万物之然，论求群言之比”，强调对客观自然的探索和规律性的研究，以及对应用工艺技术技能的钻研和重视等。这种科学精神正是现代社会所需要的，有助于推动现代职业技能教育和科学技术向生产力的转化。

4. 结语

需要说明的是，我们认为墨家思想学说中蕴含着丰富而深刻的具有现代价值的文化精义，但是，并不意味着其他学说特别是儒家和道家不具有现代价值，也不等于墨家学说就不存在不适应现代社会需要的消极因素。实际上，儒家和道家同样蕴含着具有现代价值的文化精义，也是现代新文化必须吸取的优秀文化传统的一部分。只是各自的价值表现不同。其间的主次之分也只有相对的意义。墨家学说也不能全盘照搬到现代新文化之中,必须抛弃其中“天志”“明鬼”“非乐”等错误的或消极的因素，对其中具有积极意义的部分也必须进行现代化的阐释和解构转换，才能转化为现实的精神动力。而且前面谈的九点，大多是现代社会的一般原则和发展趋势，并非具体的现实。在现实状况中，无论是平民觉悟、市场经济、民主政治、平等、法治还是社会关系、国际关系等等，都远没有完善。现实世界中，无论是资本主义社会，还是社会主义社会（初级阶段），都不是纯粹单一的社会，而是从生产力、生产关系到上层建筑、意识形态都存在着多样性和复杂性。因此现代社会的精神需求、文化心理需要也是多方面、多角度、多层次的。真正需要的是人类全部优秀文化传统的互补与结合。我们的任务不是机械、简单、绝对的取舍，而是联系现代社会实践各方面的实际需要，调整文化传统的结构，对其中的各种要素进行现代的阐释、解构、重构、转换和整合。总之，建设新文化是继承与创新相统一的过程，弘扬墨学同样要将继承和发展相结合。

首先，我们要认识到墨学本身是一种传统文化，有其形成的特定历史背景，因此不能拘泥于其中的每个具体观点。

其次，墨学是古代文化传统中的一部分，和古代文化传统的其他因素一起互补交融了几千年，共同造就了中华民族的文化特质和品格。现代需要的是发掘利用一切可以利用的前人留下的精神财富，充分发挥它们的价值，不让其埋没。这才是最主要的。门户之争已没有必要，也有违墨家的“是则是，非则非”的科学精神。

再次，传统文化本身像兵法一样是“死”的，其生命力和意义都在于用，而“用在一心”。同一种文化理念和一种技术一样，可以用来造福人类，也可用来危害社会。儒家思想学说可以用来为统治者培养顺民，也可为平民造就明君贤相；可以用来维系等级差别，也可用来缓和阶级矛盾，使人们在不平等的现实社会中和谐相处等。道家思想学说既可用作“君南面之术”，也可成为平民造反的理论依据；既可强化个体意识，又可消解纷争；既有反文化之弊，也有求质实之明。墨家思想学说也一样，比如“尚同”，可用来支持专制集权，也可用来促进民主政治，全赖不同的理解和运用。因此，讨论墨学的文化精义和价值，应坚持两个尺度：一是现实需要的尺度，二是墨学自身本义、真义的尺度。把这两个尺度结合起来衡量，适应现代社会实践需要，对现代社会发展起推动作用的墨学本义、真义，才称得上具有积极意义和现代价值的墨学文化精义，才是应该吸取和弘扬的优秀文化传统的一部分。因此，既不能撇开现实的尺度抽象地谈论墨学的价值，也不能根据对墨学的误解、曲解来抬高或贬低墨学的价值。

最后，关于《墨子》在中国文化传统中的地位和影响，我们的基本观点是：①《墨子》是中华民族优秀文化传统的源头之一，包含着许多思想文化史上的第一：第一个平民学派，第一部科技百科全书，建立了第一个形式逻辑体系，第一个提出真理标准问题，建立了第一个朴素辩证法和朴素唯物主义相结合的哲学体系，等等。②《墨子》思想学说的历史命运是一个否定之否定的过程：先秦两百多年间与儒家并称显学，与诸子一起构筑了民族文化传统的基本特质。汉至清初，处于隐伏、潜踪的状态，但并未消失，而是一方面由文化源头的弄潮儿转化为静水深流，积淀为民族文化的深层心理意识的一部分；另一方面改头换面融于正统和非正统的文化体系之中，积极引导和推动着社会上层的变革和下层平民的革命。在近两千年的古代史上，不起主导作用，却代表着一种缓慢生长着的否定因素和未来发展的趋势，对历史的缓慢发展起着积极的推动作用。近现代进入由隐而显的否定之否定阶段。一方面，墨学本身得到了全面而深入的研究，基本上露出其庐山本来面目，并在与古今中外各种相关的文化理念、学说体系的比较、互释中实现了并将进一步实现现代化的阐释、解构、转换与整合，融入现代新文化的大系统之中，成为正在建设中的现代文化传统的一部分，发挥其应有的价值和影响；另一方面，在近现代史上，墨学也一直起着积极的推动作用，在被近现代社会推崇的同时，也激励着近现代社会的进步，对近现代革命者和激进人士而言，墨学是精神动力和观念上的来源之一。③虽然现代社会已不复存在贵族和平民的对立，每个人平等的权利已得到法律的承认和保障，在这个意义上，墨家的平民意识已无意义。但是，由于现代社会中仍存在着特权和特权阶层，平民百姓争取平等权利的要求和活动尚存，因此，追求平等的平民意识仍有其现代价值。④墨学价值的实现依赖于现代人的努力，大力弘扬墨学的文化精义和墨家的平民意识、人道精神、科学精神以及伟大的人格，是弘扬民族优秀传统文化、建设现代新文化传统的内在应有之义和重要任务之一。